Andreas F. Cornelius

Veltenhöfer spricht ab fünf

Explikationen am Nachmittag

neue prosa

(Foto: Anna Cornelius)

Andreas F. Cornelius: geb. 1946 in Gerolstein, Spitzendreher in der Stahlindustrie, Werkstoffprüfer, Schlagzeuger, Chauffeur, Mietwagenfahrer, Fotograf, Theaterautor, Sachgebietsleiter im medizinischen Einkauf der Universitätsklinik Heidelberg; wohnte lange Zeit in Saarbrücken, nun in Eppelheim bei Heidelberg.

Andreas F. Cornelius

Veltenhöfer spricht ab fünf

Explikationen am Nachmittag

Roman

Leipziger
Literaturverlag

„Es gibt nur weniges, das uns zugleich mehr fasziniert und erschüttert, als der ungetrübte Blick in uns selbst.“
Andreas F. Cornelius

In drei Dingen mag ein Mensch sich täuschen:
in einem Mann, bis er ihn kennt,
in einem Baum, bis er ihn fällt,
und in einem Tag, bis er vorüber ist.
Walisisches Sprichwort

Ich danke an dieser Stelle den Menschen, die an mich glaubten, mich ermutigten und entdeckten. Das sind im Besonderen meine Frau Anna, meine Tochter Vera, der Verleger Viktor Kalinke und dessen Team sowie die französischen Freunde Gerard Malek und Vincent Lejeune.

Des Weiteren danke ich dem Mann des Meeres, der Schiffe und des guten Geschmacks, Frank Hilbert, für seine großzügige Unterstützung.

Einigen Islay Destillerien, der einen und anderen Landschaft in Irland und Norwegen, den Pfeifentabaken Alfred Dunhills sowie dem Komponisten György Ligeti und den Musikern Chet Baker und Kimmo Pohjonen sei gleichfalls gedankt.

Zeitpunkt des Geschehens: Freitag, 02. Oktober 2009, 14^h19

Ort des Geschehens: eine Parkbank in der Schwanenteichanlage nahe der Kurfürsten-Anlage in Heidelberg, Deutschland. Koordinaten: geografische Breite 49.407061°, geografische Länge 8.688527°, Höhe 114 Meter über Normalhöhennull (NHN)

Wetterbedingungen zum Zeitpunkt des Geschehens: mild, sonnig bis leicht bewölkt, Temperatur 15,3° Celsius

Vier Zeitungsmeldungen des Tages:

Hannoversche Allgemeine: Die insolvente US-Starfotografin Annie Leibowitz wird sechzig Jahre alt

Neue Zürcher Zeitung: Ein Erdbeben auf der indonesischen Insel Sumatra hat über 770 Todesopfer gefordert. Unter den Trümmern der Städte Padang und Pariaman werden allerdings noch Tausende von Toten vermutet

Süddeutsche Zeitung: Beim Entrümpeln einer Wohnung in Berlin-Charlottenburg findet ein Mann die Überreste von vier Babys. Deren Mutter hat sich im Juli das Leben genommen

Frankfurter Allgemeine: Der FC Schalke 04 besiegt Eintracht Frankfurt mit 2:0 – Die Torschützen sind Gerald Asamoah (66. Minute) und Jefferson Farlan (Foulelfmeter in der Nachspielzeit)

Ein Student, Mitte zwanzig, sportlich, schulterlanges Haar, salopp gekleidet, verlässt das Gebäude der Heidelberger Stadtbibliothek. Er nimmt den Weg durch die Parkanlage in Richtung Schwanenteich, wo sich am Ende des Teichs nahe der Kurfürsten-Anlage eine Sitzbank befindet. Aus der Ferne erkennt er, dass dort jemand Platz genommen hat – merkwürdigerweise auf der äußersten linken Seite der Bank. Es scheint ein älterer Mann zu sein, der unentwegt zu seinen Füßen hinunterschaut, wo eine Tasche steht. Mit einem Mal bewegt sich der Mann, zeigt mit dem rechten Arm nach vorne, hält einen Moment inne und reibt sich sodann mit der Hand über die Stirn. Vermutlich wird er in Kürze nach seinem Gehstock greifen und weiterziehen.

Der Student, der ein wenig Herbstsonne genießen möchte, zögert zunächst, geht dann jedoch auf die Sitzbank zu, beugt sich zu dem betagten Herrn hinunter, grüßt ihn und fragt, ob er sich eine Weile zu ihm gesellen dürfe. Nachdem es der Angesprochene erlaubt, erkundigt sich der Student nach dessen Befinden. Es ist eine Sache des Anstands für ihn. Nicht mehr, aber auch nicht weniger.

Der alte Mann indes – niemand anderes als der vierundachtzigjährige Professor Veltenhöfer – antwortet mit unerwartet fester Stimme und fügt, ganz seiner Art gemäß, noch einige Bemerkungen hinzu.

„Nein! Nein, nein, nein!

Da haben Sie falsch vermutet. Da liegen Sie daneben, wie man gemeinhin sagt. Mich fröstelt nicht. Gewiss nicht. Überhaupt nicht, nein, nein! Solche Temperaturen können mir nichts anhaben. Und außerdem sind wir noch ein gutes Stück vom Winter entfernt.

Aber danke, dass Sie fragen!

– Wissen Sie, junge Menschen sprechen heutzutage aufs Geratewohl nur selten mit einem Mann meines Alters. Wenn aber doch, ist das überaus bemerkenswert.

Um indessen auf Ihre Frage zurückzukommen: Mich fröstelt nicht, wiewohl ich bereits seit Stunden hier sitze.

– Sie scheinen aber gleichfalls recht wetterfest zu sein.

Ein ausgeprägter Sportsmann, nicht wahr? Und noch so jung!

– Andererseits klingt vernünftig, was Sie sagten, insbesondere auch um diese Jahreszeit schon Handschuhe und Schal parat zu haben. Auf Vorrat sozusagen.

– In den vorjährigen Oktobern war es ja ebenfalls bemerkenswert warm. Ich erinnere mich gut, denn die Leute, die seinerzeit mit ihren Tüten aus dem *Aldi* kamen und an mir vorübergingen, schienen mit den Temperaturen überfordert. Ich sah es ihnen an, und für solche Dinge habe ich ein Auge.

– Ist der Oktober sonnig und mild, nehmen wir es hin, sticht indes die Sonne wie im Juni oder Juli, beklagen wir uns. Zu warm wettern wir, zu heiß. Es sei wieder eine Affenhitze, stöhnen wir. Und dabei hatten wir das unzählige Male, doch in jedem Herbst, im Herbst weitaus mehr als im Frühling, lauern wir auf kleinste Abweichungen.

Ist es zu warm, klagen wir über die unerträglichen Temperaturen, ist es zu kühl, sind wir betrübt. Die Herbst- und Wintersachen seien noch oben, argumentieren wir, seien törichterweise noch im Zweitschrank des Gästezimmers und ebendort mottensicher verpackt wie nach jedem Frühling.

– Was mich betrifft – es ist kein Geheimnis –, so sorge ich seit Jahren für jede Witterung vor: Hängt links im Schrank die Leinenjacke, hängt rechts davon der Blazer, hängt linker Hand der graue Einreiher, hängt rechter Hand das marineblaue Sakko, ist auf der einen Seite Platz für den Lodenmantel, ist auf der anderen Platz für den Ulster; Westen und Pullunder liegen unten, obenauf die Baumwollteile.

– Auch jetzt, wie Sie unschwer erkennen, bin ich der Jahreszeit gemäß gekleidet. Mit einem Dufflecoat ist man Ende Oktober stets gut beraten. Ich halte es da wie Montgomery, der dem Dufflecoat sozusagen auf die Sprünge half, denn er machte ihn erst populär.

– Sie glauben kaum, was Leute heutzutage alles tragen, sich zu tragen wagen. Vor allen Dingen Frauen um die sechzig. Ich meine, da ich ununterbrochen draußen bin – neun bis elf Stunden pro Tag sind keine Seltenheit –, sehe ich allerhand Kurioses.

Wissen Sie, ich nehme nicht bloß meinesgleichen in Augenschein, also die Ausgedienten, wie es heißt, nein, ich beobachte auch die vielen Studenten und Bürokraten, ebenso alle Bäckereiverkäuferinnen, Hausmeister und Briefträger, freilich auch Advokaten, Bauarbeiter, Stricher und Kammerjäger; im Grunde alle, die an mir vorübergehen.

Manchmal kommen Schwimmlehrerinnen vorbei. Allein am Gang erkenne ich sie. Schwimmlehrerinnen bewegen sich wie sonst niemand. Sie atmen intensiver und bewusster und gehen anders als andere Frauen.

– Sie fragen wie? Wie Schwimmlehrerinnen gehen?

Ich will es einmal so beschreiben: Sie bewegen sich mit relativ kleinen Schritten, beinahe kerzengerade, wobei sie die Schultern zurücknehmen und zugleich das Becken um eine Nuance nach vorne schieben. Ein gleichermaßen elegantes wie auch erotisches Fortbewegen. Ebenfalls am Gehen erkenne ich Akademiker. Und unter ihresgleichen namentlich die Professoren. Fast alle Geisteswissenschaftler gehen nach vorne gebeugt, die Mediziner nicht ganz so ausgeprägt, dafür aber mit weit ausholenden Schritten.

– Erfreulicherweise hat mich bisher noch keiner meiner ehemaligen Kollegen entdeckt. Freilich meide ich Bänke unweit der Alten Universität, wohingegen ich ab und an, und zwar vor allem Ende März, Anfang April auch im Neuenheimer Feld anzutreffen bin. Auf den Bänken des Botanischen Gartens halte ich mich im Frühjahr besonders gerne auf.

Wissen Sie, es macht mir Freude zuzusehen, wie man die Lastwagen entlädt, die die Mensa versorgen. Überhaupt hat das Neuenheimer Feld seine Eigenheiten, denn die Medizin – das wissen Sie womöglich – hat das Neuenheimer Feld geradezu überrollt, sich wie eine Armee Parasiten in die Gebäude, Räume und Flure eingenistet.

Alles, woran Sie je einmal sterben könnten, wird dort behandelt. Grundsätzlich gibt es zwei Verfahrensweisen; entweder man lindert Ihre Leiden oder Sie gehen halbwegs medizinisch umsorgt daran zugrunde, ganz nach Arzt, der angewandten Operationsmethode sowie Ihrer Krankenkassenzugehörigkeit. Doch keine Sorge, denn die Pathologie ist ebenfalls dort draußen!

– Im Neuenheimer Feld ist man sozusagen auf jede Eventualität vorbereitet. Kann nicht mehr operiert werden, wird transplantiert, kommt auch dies nicht mehr in Frage, werden Sie schlussendlich obduziert. Heutzutage sind Organe gefragt; en gros, wie ich denke.

Doch ist es nicht merkwürdig, junger Mann, denn mittlerweile müssen wir bei allem, was wir *nicht* anstreben, dem wir abgeneigt sind, ausdrücklich widersprechen?

– Möchte ich kein Organspender werden, muss ich einen Wisch in meiner Tasche haben, der mir die Chirurgen vom Leibe hält, möchte ich im Fall des Falles nicht von einem Sozialbürokraten bevormundet werden, verlangt man, dass ich eine Patientenverfügung bei mir trage – und dies, obwohl ich zwei Schwestern habe, Zwillinge übrigens, die, da über zehn Jahre jünger als ich, für mich sorgen könnten; was ich indes bezweifle, da ich meine Schwestern kenne.

Man sollte seine Geschwister ohnehin – und zwar in regelmäßigen Abständen – in Augenschein nehmen, sie sozusagen einer Inspektion unterziehen; ihren Geisteszustand sowie ihr Wohlwollen auf den Prüfstand stellen.

Um indes beim Thema zu bleiben: Kommt die Zeit, werden wir – ich beschränke mich hier nur auf wenige Beispiele – entweder Konfirmand oder Konfirmandin, Balletteuse oder Geräteturner, Computerspieler oder Leseratte. Und irgendwann drängt man uns womöglich auch dazu, die Ventiltrompete zu spielen oder die Tuba, bisweilen auch – und gewiss ein Stück leichter zu erlernen – die Triangel. Es hört nicht auf, in keinem Alter, niemals. Immer folgen wir einem Zwang. Ob von außen oder innen ist zunächst einmal relativ unbedeutend. Haben wir einen abgelegt, befällt uns der nächste, haben wir diesen überwunden, lauert bereits ein anderer auf uns.

Glauben Sie mir, ich weiß, wovon ich spreche!

Falls Sie nun denken, dies alles irritiert mich, muss ich Sie enttäuschen. Ich finde es auch weder besorgniserregend noch eigenartig, dass mich in all den Jahren – es geht nunmehr ins zweite Jahrzehnt – nie einer meiner früheren Kollegen erkannte, er sozusagen vor meiner Bank stehenblieb, auf mich deutete und sagte: *Na, wen haben wir denn da? Sind Sie nicht der Veltenhöfer? Ich hätte Sie ja beinahe nicht erkannt, Sie müssen doch jetzt schon über achtzig sein.*

– Sehen Sie, ich weiß freilich nicht, wie Sie darüber denken, ich zumindest möchte nicht mehr erkannt werden, schon gar nicht von Professor Hentschel oder Professor Sander oder Frau Professor Janikovsky, mit denen ich reihum, wie gesagt wird, hin und wieder zusammenarbeiten musste. Musste, nicht wollte.

– Wissen Sie, ich bin Verhaltensforscher, doch Verhaltensforscher zu werden, war nicht gerade mein Traumberuf. Da ich aber als Bub bereits die meisten Käfer erforscht und sprichwörtlich unter die Lupe genommen hatte, sie jedoch mehr nach ihrem Verhalten beurteilte als nach ihren physischen Bestandteilen – denn ich zerschnitt sie nicht, weil ich den Anblick von Blut vermeide –, riet mir mein Vater, ich sollte mich stattdessen an der Menschheit versuchen. Nachdem ich folglich alle Insekten, vorrangig Käfer, eigentlich jedes heimische Gliedertier sowohl auf meinem Kinderschreibtisch als auch der obersten Stufe unseres Gartens *ausstudiert* hatte – der Hirschkäfer war über Monate mein Lieblingsobjekt –, ich also die Beobachtungen an den Wasserskorpionen, europäischen Maulwurfsgrillen und Blattläusen eingestellt hatte, blieb mir nichts anderes übrig, als mich an Menschen zu versuchen. Ergo hockte ich im Wartezimmer meines Vaters, der seinerzeit als Hals- Nasen und Ohrenarzt tätig war, jedoch keineswegs renommiert oder anderweitig geachtet, und besah mir dessen Patienten.

Es war nicht ersprießlich, wie Sie wahrscheinlich vermuten, denn stets dachte ich: Eines Tages wirst du einer der ihren sein; mit Schmerzen, Tinnitus – ich kannte diesen Begriff bereits als Dreikäsehoch –, Kehlkopfkrebs, einer Speiseröhrenentzündung oder sonst einem Leiden bei eben einem solchen Arzt im Wartezimmer sitzen und angstvoll an die Instrumente denken, mit denen er die Untersuchungen durchführen wird.

– Es ist grauenvoll, an medizinische Instrumente zu denken, sie sich beim Einsatz vorzustellen. Und wird man erst mit ihnen konfrontiert, ist es noch weitaus schlimmer. Alle nur möglichen, nur denkbaren Untersuchungen sind an mir vollzogen worden: Magen- und Darmspiegelungen, das Vermessen meiner Prostata, auch diverse Augenuntersuchungen. Furchtbar, sage ich Ihnen. Zwei Herzkatheter-Untersuchungen habe ich ebenfalls überstanden, auch das leidige Schneidezahnaufbohren und vieles mehr. Als Verhaltensforscher weiß ich freilich, was mich bei Ärzten erwartet.

Sie als junger Mensch malen sich womöglich gar nicht aus, welche Macht diese Weißkittelträger haben. Machtausübende in Reinkultur. Und trotzdem brauchen wir diese Geschöpfe, denn niemand, kommen Sie erst einmal in die Jahre, wird wichtiger als ein Arzt.

Freilich weiß ein jeder von ihnen um seine Autorität und das Prestige, das wir ihm zubilligen, notgedrungen zuteilwerden lassen, da er unbestritten ein Herrscher über Tod und Leben ist. Der Arzt ist in Wirklichkeit der Politiker, nach dem wir rufen, derjenige, der es richten soll und uns noch ein halbes Jahr, einen Monat, zwei Wochen oder eine letzte Nacht lang zugesteht. In manchen Fällen sind es nur Stunden oder mit Morphin gestreckte Minuten.

Die Todesstrafe, eine Unmenschlichkeit sondergleichen, haben wir zwar abgeschafft, dafür aber haben wir Ärzte, insbesondere Internisten und Neurologen, die mit ihren Tumormarkern, Apparaten sowie dem angeblichen Wissen, das sie sich zuschreiben, über den Zeitpunkt unseres Ablebens bestimmen.

Keuchhusten heißt Begnadigung, Demenz fünf Jahre auf Bewährung, Krebs der Bauchspeicheldrüse heißt Verenden – Gang zum Schafott. Unzählige Varianten und Fehlurteile dazwischen.

– Mein wesentliches Manko sei die Aorta. Verkalkt, sagen sie. Altersgemäß verengt, behaupten sie. Wobei mein Kopf hervorragend arbeite. Ich nehme alles wahr, jetzt sogar besser als in meiner Jugend, in der ich zerstreut gewesen bin, wie in jener Phase üblich.

– Sie werden es kaum für möglich halten, doch ich war ein angesehener Säbelfechter. Betrat ich die Fechtbahn, hieß es: Aufgepasst, der Veltenhöfer macht es wieder! Meistens ging ich ungeschlagen aus einem Turnier. Meine *Terzparaden* waren einzigartig und meine *Botta dritta* von jedermann gefürchtet. Kein Gedanke an die Aorta und die Sprunggelenke.

– Sie sind bestimmt ein Leichtathlet. Hochsprung, nehme ich bei ihren Beinen an. Ich schätze, Sie schaffen ohne Weiteres eine Höhe von eins achtzig.

Wissen Sie übrigens, dass die Zwei-Meter-Latte bereits 1912 übersprungen wurde, sozusagen springend gemeistert?

Falls ich mich recht erinnere, war es George Horine, der es schaffte.

– Wie auch immer und alles in allem betrachtet, sind wir Menschen armselige Springer, insbesondere, wenn wir uns mit Heuschrecken und Flöhen vergleichen. Früher hieß es, Afrikaner seien die besten Läufer, was mittlerweile widerlegt wurde. Und heutzutage laufen auch die Frauen schnell. Weglaufen ist überhaupt eines unserer Übel. Wir rennen vor vielem davon und werden von sehr vielem eingeholt.

Anfangs befähigt uns die Aorta zu rennen, später zwingt sie uns zur Stagnation. Manchmal komme ich mit diesen Tatsachen zurecht, zeitweise ängstigen sie mich. Doch nur, wenn ich *nicht* draußen, *nicht* auf *meinen* Bänken bin, gehen mir solche Gedanken durch den Kopf.

Wissen Sie, der Kopf ist das Wichtigste an uns. Obwohl er auch das Penibelste ist.

– Denken formt und zerstört gleichermaßen. Man glaubt es nicht und dennoch ist es so. Im Alter zerstören wir mit unseren Köpfen mehr als in der Jugend. Auch Sie werden das eines Tages erfahren, zwangsläufig erkennen, insbesondere dann, wenn Sie alt geworden sind und neidisch und mit zerstörerischen Gedanken auf die Jugend blicken, die durch und durch attraktiven weiblichen Angestellten, die an Ihnen vorüber tippeln oder die muskulösen Burschen, die Sie beim Beachvolleyballspielen am Neckarufer sehen und erwartungsgemäß beneiden.

In Ihrem Kopf glauben Sie zwar, Sie seien weiterhin jung, doch wenn Sie am Abend zur gewohnten Stunde nackend in den Spiegel schauen, wenden Sie die Augen ab. Was Sie sehen, ist welkes Fleisch, das entsorgt gehört. Kein Fechter mehr, kein Beischläfer, nicht einmal mehr der Mann, der ohne Schmerzen in den Keller gelangt.

Jede Flasche Wein, die Sie aus dem Weinkeller nach oben tragen, gleichgültig ob ein Sauvignon Blanc oder ein Syrah, ob in der Hand getragen oder einem Tragekorb, bereitet Ihnen Qualen. Im Kopf tragen Sie säckeweise Kartoffel nach oben, Waschmaschinen, Kühlschränke, Fernsehgeräte, hübsche Frauen oder was auch immer, in Wirklichkeit schaffen Sie aber keine vier Flaschen Weißwein. Das ist bitter.

– Wissen Sie, manch einer von uns Alten hält es mit dem Spruch: *Immer schön langsam mit den jungen Pferden*, doch das ist nicht bloß unbedacht daher gesagt, es ist auch ein Spotten auf die Jugend, denn kaum etwas ist wichtiger, als junge Pferde zum Springen zu ermuntern. Wenn Sie erst die sechzig oder siebzig überwunden haben, bleibt Ihnen nämlich kaum etwas anderes als die zermürbende Wahrheit, dass es mit dem Springen und Toben zu Ende ist, zu Ende geht.

Andererseits, und hier nähert sich die Verhaltensforschung dem Fach der Philosophie, müssen Sie stets ein Faktum im Auge behalten, denn springt man in der Jugend zu üppig, will sagen, über die Maßen, wobei wir wahrscheinlich bereits beim Bemessen dieses Maßes scheitern, ist es für einige gar nicht mehr möglich, über ein Zuviel des Springens in früheren Jahren nachzudenken, da sie gerade des übergebührlichen Austobens wegen schon mit zwanzig oder dreißig über den Jordan gingen.

Verstehen Sie, was ich sage? Ich muss mir bei Ihnen doch keine Sorgen machen?

– Nicht dass Sie mir hier infolge eines zu auszuschweifenden Lebens Knall auf Fall hinweg sterben, neben mir auf der Bank sitzend sozusagen ins Jenseits gehen, was bedauerlich wäre, da wir uns so ausgezeichnet unterhalten.

– Sie sollten, es ist gewissermaßen eines meiner Geheimrezepte, auch der Muße stets gebührend Platz einräumen. Hier Sport, dort Frauen und dazwischen ein wenig Kultur. Barockmusik entspannt auf ideale Weise, doch Heavy Metal bewirkt das Gleiche.

Da staunen Sie, nicht wahr?

– Aber ich bin weitaus mehr als nur der Professor. Den Professor habe ich immer abgelegt, wenn ich mich auch nur einen Schritt von der Uni entfernte. Kaum die Seminarstraße oder den Unteren Faulen Pelz betreten, gab es nur noch den Veltenhöfer, keinesfalls den Professor Veltenhöfer. Ich habe es nicht ertragen, dieses dämliche *Herr Professor*, das Professorengetue, das Um-den-Professor-Schwänzeln. Innerhalb der Uni hatte ich es hinzunehmen, außerhalb fand ich es abstoßend.

Als ich damals meine bevorzugten Gasthäuser aufsuchte, ob es hier oder in Mannheim war, ob in Schriesheim, dem Grenzhof oder in Ladenburg, stets blieb der *Professor* draußen. Nicht indes der Verhaltensforscher. Den können Sie nicht ablegen. Niemals. Er ist wie eine Geschwulst. Den Verhaltensforscher in sich werden Sie zu keiner Zeit los. Alles können Sie abschütteln, niederlegen und vergessen machen, selbst die abscheulichsten Attacken und Kränkungen, die Sie beispielsweise ihrer Mutter oder ihrem Neffen oder sonst wem zugefügt haben, nie aber werden Sie den Makel des Verhaltensforschens los; er sitzt in Ihrem Kopf, macht sich breit, quartiert sich auf Lebzeiten ein, nimmt, als sei er unkündbar, alles und jedes in Beschlag.

Den Verhaltungsforscher haben Sie stets dabei. Er steckt in Ihrer Rocktasche, der Unterhose, den Socken, unterm Kragen, in den Fäustlingen, wo immer ein wenig Platz; selbst wenn Sie nackt sind, quasi nicht einen Fetzen am Leib tragen, der Verhaltensforscher ist permanent dabei. Weil er im Kopf ist, im Hauptquartier; weil er an strategisch bedeutender Stelle sitzt.

Einen Professor können Sie ablegen, können Sie an der Garderobe zurücklassen, einen Verhaltensforscher nicht. Nehmen Sie mich! Denn jetzt auf genau dieser Bank studiere ich Sie, mache mir ein wissenschaftliches Bild von Ihnen. Ich ordne Sie ein und katalogisiere Sie, vergleiche Sie sowohl mit einem Affen als auch einem Rotmilan, stelle Sie ebenso selbstverständlich einem Eskimo gegenüber wie einem peruanischen Ureinwohner.

Ich schaute mir in der kurzen Zeit, in der wir miteinander reden – Sie bemerkten es freilich nicht – Ihre Achillessehnen an, gleichfalls Ihre Schultermuskeln, Handwurzelknochen sowie den Oberbauch. Und auch jetzt in dieser Sekunde achte ich auf Ihre Stimme, Ihre Sitzhaltung und darauf, wie schnell Sie atmen.

Es ist verwerflich, ich weiß. Dennoch kann ich es nicht lassen, denn wenn ich draußen bin und auf einer *meiner* Bänke sitze, was ich ohnehin jeden Tag über Stunden tue, verfalle ich in diese abscheuliche Gewohnheit. Oft beneide ich andere Pensionäre und Menschen, die ihre Profession vergessen können, die losgelassen haben und sich nur am Herbst erfreuen, dem Fallen der Blätter und an der warmen Abendsonne, die das Schloss bescheint.

– Habe ich Ihnen schon von meiner Vorliebe für Fahnen und Flaggen erzählt?

So lange ich mich erinnere, faszinieren sie mich.

– Münzen interessieren mich nicht, dafür bewundere ich wiederum Installateure. Mich begeistert, wie sicher sie mit Werkzeugen hantieren, den Kombizangen und Rollgabelschlüsseln, der Gewindekluppe und dem Lötkolben. Einen Durchlauferhitzer zu reparieren, nenne ich Geschick.

Einmal versuchte ich mich am Spülkasten meiner Toilette, jenem fragilen, in die Wand eingelassenen Teil. Es war verheerend, wie Sie wohl vermuten. Am Ende stand mein WC unter Wasser. Knöcheltief. Ich war fix und fertig, wie man gemeinhin sagt. Ohne Handwerker sind wir verloren; sie sind auf ihre Weise wie Ärzte, insbesondere die Installateure.

– Seinerzeit faszinierte mich alles, nicht wie heute, wo mich zwar auch noch vieles interessiert, wenngleich auf gänzlich andere Weise. Nunmehr bin ich nach meinen Erkundungen oftmals verwirrt und narkotisiert, mehr betäubt und beunruhigt als begeistert oder gar hingerissen. Dazu kommt, dass ich die Jagd nach den sogenannten untrüglichen Wahrheiten mittlerweile aufgegeben habe.

Und wissen Sie weshalb?

– Ich sage es Ihnen. Weil die meisten dieser abertausend in die Welt hinaus posaunten Wahrheiten nichts als Falschheiten sind. Und zwar häufig die infamsten, die Sie sich vorstellen können. Viele dieser zur Wahrheit erhobenen Täuschungen sind – ich habe es eingehend recherchiert – darüber hinaus hochgradig irreführend, gewissenlos und in mancherlei Hinsicht sogar zerstörerisch.

Jetzt übertreibt der Veltenhöfer, werden Sie denken. Aber falls Sie so denken, irren Sie sich. Denn kaum etwas, junger Mann, ist dermaßen niederträchtig wie eine Halbwahrheit, die sich hinter einer Lüge versteckt, nicht einmal der Mensch selbst, obzwar er das niederträchtigste unter den Geschöpfen ist.

Es liegt freilich an unserem Metier, dass wir Verhaltensforscher erbarmungslos alle Verhaltensweisen zerlegen und bis ins Kleinste hinein analysieren. Naturwissenschaftliche Studien nennen wir das Ganze. Doch nehmen Sie Irenäus Eibl-Eibesfeldt, nehmen Sie Otto Köhler, nehmen Sie Rolf Gattermann oder Jürgen Aschoff, nehmen Sie, wenn Sie wollen, meinetwegen auch mich, obwohl ich keineswegs so bedeutend bin wie die zuvor genannten: Wir alle sind mehr oder weniger katastrophal an der Verhaltenslehre gescheitert, im Detail verhaftet geblieben, haben den unumstößlichen Fakten bestenfalls die Schuhe poliert, kein einziges Mal jedoch ihre Hosensäume berührt. Stets Detaillisten geblieben, nie zu Generalisten aufgestiegen.

– Sehen Sie, nun sind Sie sprachlos. Es geht Ihnen wie den anderen, mit denen ich mich unterhalte.

– Immer wieder geschieht es, dass ich angesprochen werde, gleichgültig auf welcher Bank ich sitze. Nie – ich veralbere Sie keineswegs – dauert es länger als zwanzig Minuten, bis sich jemand neben mir niederlässt, um mich anzusprechen oder auszuhorchen, das Wetter zu erwähnen oder nachzufragen, ob ich beispielsweise auch den Auffahrunfall vor dem Gaisberg-Tunnel gesehen hätte, weil mal wieder ein Mosbacher Sonntagsfahrer im letzten Moment von der rechten und somit in den Tunnel führenden Spur auf die linke gewechselt sei, um über die Friedrich-Ebert-Anlage in die Sofienstraße zu gelangen. Bei einem solchen Manöver liegt die Unfallwahrscheinlichkeit übrigens bei siebenundzwanzig Prozent.

Manchmal, insbesondere wenn ich auf der vorletzten Bank am Neckarstaden sitze, versucht man mich auch schon mal anzubetteln oder jemand steckt mir ein Almosen zu, obgleich ich nicht wie ein Bedürftiger ausschaue.

Oder sehen Sie dies anders?

– Wissen Sie, ich nehme solche Lappalien hin, sie stören mich keineswegs. Die meisten meiner Gesprächspartner halten es allerdings nicht lange neben mir aus. Sie, ich darf das sagen, sind eine Ausnahme. Aber Sie sind auch ein aufgeweckter Bursche, einer, wie mir scheint, der recht gestählt im Leben steht.

– Die beste Zeit zum Banksitzen ist frühmorgens. Gewöhnlich bin ich ab fünf Uhr unterwegs. Zwischen fünf Uhr morgens und neun Uhr abends sitze ich üblicherweise auf Bänken. Mitunter, aber dann nur im Mai oder September, verbringe ich auch die Nacht auf einer Bank. Es ist allerdings nicht, weil ich an Schlaflosigkeit leide, sondern weil es mich in besagten Monaten reizt, die eine oder andere Studie an den vorübergehenden Nachtmenschen vorzunehmen. Außerdem bin ich im Freien dem Leben offenkundiger ausgeliefert, was ich unentwegt suche. Und, es ist kein Geheimnis, ich wünsche mir, auch draußen zu sterben; womöglich auf einer Bank unter Bäumen. Allerdings, wie Sie nun wahrscheinlich mutmaßen, zieht es mich keinesfalls zu Friedhofsbänken. Wenn nur irgendwie möglich, meide ich Friedhöfe, denn auf einem der ihren werde ich ohnehin einmal landen, nicht wahr?

– Wissen Sie, ich hänge auch heute noch am Leben, möchte so wenig sterben wie eine Schmeißfliege, obwohl ich nunmehr beinahe dahinvegetiere wie ein altersschwaches Rhinozeros. Dazu um mich herum all die Leute, die in den *Aldi* hinein sowie aus der *Edeka* heraus eilen. Und jeder von diesen Vorüberstürmenden macht im Grunde genommen das Gleiche, völlig unerheblich ob sie nun Pensionäre, Pastoren, Taxifahrer oder Gummilieferanten sind, ob Hoteliers oder Huren, Ehebrecher oder Kleinkriminelle, aller Voraussicht nach sind auch

Heizungsmonteure, Stadträte, Klofrauen und Journalisten darunter sowie die einen oder anderen ungelenken Biochemiker.

Wie auch immer, sie machen stets das Gleiche. Eilen an mir und *meiner* Bank vorbei, hetzen irgendwohin und nirgendwohin, wiewohl sie sich ebenso gut neben mich setzen könnten. Es wäre, es ist sogar letztendlich das Gleiche. Es führt nämlich zum selben Resultat: einer Tat des Augenblicks in Erwartung einer neuen Tätigkeit.

Falls Ihnen das zu philosophisch ist, zu weit hergeholt, wie es heißt, dann stoppen Sie mich! Denn manchmal ufere ich aus, überschlage mich sozusagen geistig, vollführe Gedankenpurzelbäume.

– Wenn ich im Advent in beleuchtete Fenster schaue, stets von weitem – denn ich bin kein Heimlichtuer oder Voyeur – und hinter diesen Fenstern Geborgenheit vermute, Ruhe, Verweilen, ein Zusammensein mit Freunden und ein wenig Familienglück, dann schaue ich irgendwann auch zu einem Baum in meiner Nähe und entdecke erwartungsgemäß zumindest einen Vogel im Geäst.

Ist er geborgen? Ist er weniger glücklich als ein spielendes Kind hinter einer solch einladenden Fassade?

Sagen Sie es mir! Können Sie es mir sagen?

Dann sagen Sie es mir geradewegs ins Gesicht! Keine Scheu!

– Sehen Sie, Sie schweigen. Und das ist vernünftig.

Ich habe mich pausenlos mit ebensolchen Fragen beschäftigt, herumgeschlagen sozusagen, habe kontinuierlich um Ergebnisse gerungen, sie infrage gestellt, mit anderen Professoren besprochen, habe meine Studien denen meiner Kollegen gegenübergestellt, alles immer wieder verworfen, geglaubt, die Fehler innerhalb meiner Untersuchungen ausgemerzt zu haben und bin dann trotzdem von neuem losgezogen, zwei Ferngläser um den Hals gebunden und Gummistiefel an den Füßen.

Ich habe über Jahre, nein, Jahrzehnte hinweg Vögel beobachtet, Singvögel, Raubvögel, was immer fliegt und irgendwann in Bäumen hockt. Ich habe mit den Vögeln experimentiert, bin bis an die Vorgaben der Tierschützer gegangen und manchmal darüber hinaus.

Und weswegen?

Um der Menschheit, einer Minderheit von Menschen, also gewissen Fachidioten, das Ergebnis zu präsentieren, dass Vögel per se nicht glücklich sind, sie keine Glücksgefühle kennen. Na, bestens, Herr Professor!

Das klingt sonderbar für Sie, ich weiß. Und sonderbar ist auch die ganze Wissenschaft samt ihren sonderbaren Wissenschaftlern.

– Was habe ich nicht alles untersucht und ergründet, erforscht und entschlüsselt: Krallenfrösche, Beuteldachse, Botam- und Blässhühner, Sturzbachenten, Maulwurfsgrillen, Bärenraupen, Erlenzeisige und Grottenolme.

Und was kam dabei heraus?

Ich weiß, wie und zu welcher Zeit sich diese Tiere paaren, nach welchem Muster sie ihre Weibchen wählen, wann, was und weshalb sie genau das fressen, was sie fressen, zu welchem Anlass sie die Farben wechseln und sich in dieser und jener Situation verhalten.

Ich habe sie dechiffriert, gläsern gemacht, eingeordnet und katalogisiert, hunderte Abhandlungen über sie geschrieben und bin für all das bezahlt, mit Ehren, Ehrendoktorwürden, läppischen Preisen und aufgeblähten Huldigungen überhäuft, ja vielmehr überschüttet worden.

Doch was, junger Mann, sagen Sie es, brachte es mir außer meinem Salär? Was bringt es Ihnen und dem Rest der Menschheit?

– Es bringt weder der Menschheit noch meinen abscheulichen Schwestern etwas, so wenig es Ihnen etwas bringt, höchstens falls Sie planen, sich ins Fach der Zoologie einzuschreiben, wovon ich Ihnen nachdrücklich abrate. Nachdrücklich.

Ich glaube, eines Tages werden Sie irgendwo sitzen, womöglich auf einer Bank unweit eines Teiches, und denken: Der Veltenhöfer hatte recht.

– Ich sage Ihnen: Wir erforschen uns zu Tode, gehen zugrunde am Erforschungswahn. Anstatt zu leben, erforschen wir das, was wir Leben nennen, anstatt uns selbst zu ergründen, ergründen wir das uns am weitesten Entfernte. Und jeder zum Scheitern verurteilte Wissenschaftler stellt sich somit zwangsläufig irgendwann auch selbst infrage, was eine erneute Forschung nach sich zieht.

Wir wollen uns sowie die Welt begreifen, für andere begreifbar machen, und bedienen uns dazu aller Mittel. In jede nur denkbare Richtung wird geforscht. Wir dringen dabei auch in Bereiche ein, die man von vornherein meiden sollte, da sie nur auf Hirngespinsten fußen. Nehmen Sie nur die Religionen! Und dazu kommt, dass wir nämlich nicht die Söhne und Töchter Gottes sind, sondern ebenso erbärmliche Kreaturen wie Gott, da auch er ein Blendwerk ist.

Ich möchte Sie nicht beleidigen, falls Sie noch ein Kirchgänger sind, was ich, wenn auch nur schwer, verstehen könnte, andererseits erscheint mir das bei Ihrem forschen Wesen nicht plausibel.

– Das Denken per se, wissen Sie, ist schon ein Übel, wiewohl es auch eine Herausforderung ist. Ich selbst bin ein ununterbrochen Denkender. Das ist alles andere als erquicklich, denn ich möchte oftmals ja nur sitzen und die Menschen betrachten, die an mir vorübergehen; auch die Vögel und Aromafalter, die im April und Juni im Botanischen Garten flattern, und freilich die Ahornbäume, die ich schon immer mochte. Aber nein, ich werde unentwegt von meinem Gehirn torpediert, von Gedanken angegriffen, ein Gedanke jagt den nächsten durch mein Gehirn.

Ich werde, um es einmal militärisch auszudrücken, mit Gedanken beschossen, mit Kopfproblemen und Überlegungen bombardiert, unaufhörlich. Zu jeder Stunde. Ein Dauerbeschuss.

Sie haben zweifelsohne schon bemerkt, dass ich gebrandmarkt bin; ein zum Denken genötigter Mensch. Immer eine Geisteskreatur gewesen, oft mit, doch häufig auch gegen meinen Willen. Und es hört nicht auf. Ob ich nachts oder frühmorgens unterwegs bin, ob in der Dämmerung am Russenstein oder mittags an der Molkenkur: denken, denken, denken.

– Sie haben nicht zufälligerweise Brombeeren dabei? Vielleicht in Ihrer kleinen, blauen Leinentasche?

– Nein, sagen Sie?

Keine dabei. Also gut, dann eben nicht. Das ist vollkommen in Ordnung. Es war bloß eine Frage. Alles bestens, junger Mann!

Trotzdem ist es schade, denn seltsamerweise habe ich einen ausgesprochenen Heißhunger auf Brombeeren. Ausgerechnet hier und jetzt. Es ist freilich närrisch anzunehmen, dass ein Mensch Anfang Oktober mit Brombeeren in der Tasche spazieren geht. Aber es hätte immerhin sein können, wie es heißt, möglich sein können als eine Folge von irgendwas. Und außerdem weiß man nie, was Leute in ihren Taschen mit sich herumtragen.

Sie glauben nicht, was Menschen aus ihren Taschen kramen, wenn sie länger als eine Viertelstunde neben mir sitzen. Am leichtesten zu durchschauen sind Diätassistenten, Waldarbeiter und Bergsteiger, auch Zimmerleute, Maskenbildner und Huren mittleren Alters, am schwierigsten hingegen Chefsekretärinnen und Dompteure.

Künstler und Zirkusleute sind generell schwer einzuschätzen; was sich in ihren Taschen befindet, weiß man nie. Und wenn man es letztendlich weiß, macht es einen mitunter fassungslos. Opernsänger vermeiden Taschen. Ebenso Priester, wenn sie inkognito zu Dirnen schleichen.

– Jetzt Brombeeren essen und den Vögeln lauschen, wäre eine sinnvolle Beschäftigung. Finden Sie nicht auch?

Um jedoch auf den Inhalt von Taschen zurückzukommen: Es ist in der Tat verblüffend, was Passanten mit sich schleppen; mitunter völlig nutzlose Dinge. Lippenstifte sind ohne Frage vonnöten, ebenso Kämme, Slipeinlagen sowie Taschenschirme. Auch Ausweise, vor allem Schwerbehindertenausweise sind nützlich. Straßenbahnfahrkarten sollte man gleichfalls mit sich führen, wohingegen ich schwarzfahre.

Grundsätzlich. Seit nunmehr fünfzig Jahren fahre ich schwarz, wie es heißt. Nur vierzehn Mal erwischt worden; Sie sehen, es rechnet sich über die Jahre.

Jetzt habe ich Sie schockiert, nicht wahr?

– Es ist nun einmal so, dass manchmal auch meine schlechten Eigenschaften zum Vorschein kommen. Es sind nicht wenige. Gewiss nicht. Wir sollten unsere abscheulichen Seiten ohnehin nicht leugnen, denn sie sind uns näher als die guten.

Meine Schwestern und zwar die eine wie die andere sind der Beweis dieser Theorie. Von Kind an niederträchtig, von klein auf falsch und hundsgemein. Ich glaube, es liegt daran, dass sie nicht verheiratet sind, keine Männer abbekommen haben. Und so sind die närrischen Hühner ausgetrocknet, innerlich und äußerlich zusammengeschrumpft; verdorrt ohne je zu blühen.

Und wissen Sie, was die hutzligen Hyänen tagaus, tagein so treiben?

– Ich sage es Ihnen: Die beiden verfluchen die Männer, wo und wann sie können. Sie verdammen aber auch jede Frau, die einen Mann an ihrer Seite hat, selbst wenn die meisten von diesen wiederum Alkoholiker sind oder impotent oder schwerhörig, oft alles zusammen, wie allgemein bekannt.

Auf jeden Fall schimpfen sie über jedermann und jedes, auch über mich, obwohl sie es still und leise tun, also hinterrücks, doch sofort nachdem ich die Haustür nach einem meiner seltenen Besuche hinter mir geschlossen habe.

Meine Ohren sind noch leidlich wohlauf, wissen Sie. Und folglich höre ich das boshafte Gezischel dieser Schlangen. Die beiden wohnen noch immer zusammen und das ist des Übels Steigerung. Als Kind zusammen, als Teenager zusammen, wiewohl sie niemals wirklich Teenager gewesen sind, jedenfalls stets zusammen: als junge, alte und nunmehr ganz alte und vergrämte Frauen; will sagen Furien. Ein Elend, sage ich Ihnen.

– Ich selbst war nie verheiratet, nicht einmal verlobt, gleichwohl verliebt, allerdings nur vier oder fünf Mal und zwar geraume Zeit, bevor ich Professor wurde.

Ich mag Frauen durchaus, nicht indes das Fleischliche, eben das, was man gewöhnlich mit Frauen macht, wenn man sozusagen den Bund der Ehe schließt. Tatsache ist, dass mich das Fleischliche ekelt, seit ich es bei Tieren in Augenschein nahm, also sowohl die Gewalt des Eindringens als auch die Bereitschaft, in sich eindringen zu lassen. Und ein Beischlaf, wie er bei den meisten heißt, ist nun einmal nichts anderes als ein ungeschöntes Eindringen: die Taube gebückt im Geäst, der Täuberich, mit den Flügeln schlagend über ihr und auf das Rücksichtsloseste in sie eindringend. Eine gewaltsame Penetration, unbestritten.

Das Beobachten solcher Handlungen habe ich dann mehr und mehr gemieden. Wenn es in den Kastanienbäumen zur Paarung kam, nahm ich meinen Gehstock und ging stadteinwärts zu einer anderen Bank, einer Bank, die fernab von Bäumen stand.

Ich bin – Ihnen kann ich es sicher anvertrauen – zweifelsohne auch schon eingedrungen, doch es war keine Freude für mich. Immer sah ich dabei nämlich mehr als die Frau, die ich penetrierte. Ich sah zugleich stets auch ihre inneren Organe, quasi aufgedeckt vor meinen Augen. Und diese Eindrücke, diese Organ- und Nerven- und Innereien-Bilder vergällten mir den Genuss am Sex. Es ist nun einmal so und ich vermisse und bereue nichts. Bin und bleibe halt der Veltenhöfer, der Professor, der Kopfmensch, der nunmehr auf Bänken sitzende Kopfmensch Veltenhöfer. Doch weil ich eben der Veltenhöfer, der Professor bin, sah ich immer schon Sekunden, nachdem ich in eine dieser durchaus hübschen Frauen eingedrungen war, deren Organe bildhaft vor meinen Augen. Sah ihre Eierstöcke, die Gebärmutter und das Bauchfell und sogleich verging mir die Lust am Weitermachen. Ich kam mir vor wie ein Täuberich, der die Flügel schlagend und die Taube befruchtend, sowohl von ihr als auch dem Ast zu stürzen droht.

Jetzt fragen Sie sich bestimmt, weshalb ich nicht meine Hände zu Hilfe nahm.

Das tat ich selbstredend, vor allem, wenn ich a tergo, um es halbwegs gebildet auszudrücken, meiner Pflicht als Mann nachkam. Doch selbst wenn ich die Hände um die Schultern einer Dame legte, sah ich diese verflixten Bilder, das Anatomische, was ich bereits als Kind nicht leiden mochte, mit dem ich als Verhaltensforscher aber permanent konfrontiert wurde.

Ob es die Hohlvene der entsprechenden Dame war, die Lymphknoten, ihr Zwölffingerdarm, die Leber oder die Harnblase – Vesica urinaria, wie sie im Lateinischen heißt –, ich sah diese Teile übergroß. Und dann – Ihnen kann ich es ja sagen, da wir unter Männern sind – schrumpfte mein Penis und die Geschichte war zu Ende, bevor sie überhaupt begann. Nach mehreren Versuchen, hin und wieder glückte es sogar, steckte ich dann auf, wie manche sagen, und vermied meinerseits alles Fleischliche. Man sieht und sah es mir nie an, ich sprach allerdings auch mit keinem Therapeuten darüber.

– Ich weiß, mein Verhalten den Frauen und somit der weiblichen Natur gegenüber ist fraglos regelwidrig, da alles um uns herum generell nichts anderes tut, als sich unentwegt fortzupflanzen: die Tiere, Feld und Wald, die Menschen und zwar die einfältigen wie die gescheiten. Wir wollen es freilich nicht wahrhaben, jedenfalls in dem Ausmaß, indem es geschieht.

Das ganze Leben ist im Grunde genommen nur ein andauernder Fortpflanzungsexzess, eine hormongesteuerte Weltbegattungsorgie. Sich suchen, paaren, sterben. Vögeln, bis der Tod eintritt. Und zwischendurch eilen wir zum *Aldi* oder zum *Kaufhof*, werden Professor, Schreiner oder Bestatter und glauben, es gehe immerfort so weiter.

Wir sehnen den Tag unserer Pensionierung herbei, die Hochzeit der Tochter oder die Einweihung des neuen Reihenhauses, lesen Romane, nicht mal schlechte, gehen ins Kino, zum Tanzen und fahren am Wochenende nach Crailsheim oder Gunzenhausen. Und wenn wir dann abends in unseren Betten liegen, sagen wir entweder: Dies war ein schöner Tag oder es war wieder einmal ein ganz furchtbarer Tag. Dann paaren wir uns von vorne oder hinten, manche, wie ich, lassen es bleiben und stehen am nächsten Morgen auf, um genau dort weiterzumachen, wo sie am Vortag aufhörten.

– Haben Sie sich – ich weiß, es ist eine gewagte Frage – schon einmal Gedanken darüber gemacht, nach welcher Methode Sie sich umbrächten, falls es Ihnen in den Sinn käme?

– Ich selbst stellte mir diese Frage über Jahrzehnte. Mittlerweile nicht mehr, da ich zu alt für einen Freitod bin. Wäre doch geradezu lächerlich, wenn ich so kurz vorm Ende sozusagen noch vor einen Eilzug spränge. Zum Selbstmord zu alt, ich weiß, das klingt bizarr.

Wenn ich wie gegenwärtig auf einer Bank sitze und mir die Menschen betrachte, überlege ich bisweilen, wer derjenige ist, der als nächster stirbt, und zwar gleichgültig ob durch eigene Hand oder auf die natürliche, also biologische Weise.

Wissen Sie, wir alle schleppen Krankheiten mit uns herum; sie wohnen uns inne von Anfang an, ja, seit der Stunde der Geburt. Bei den einen brechen sie früher aus, bei den anderen später, doch sie kommen immer zum Vorschein, wie alles irgendwann ans Tageslicht gelangt. Auch unsere dunkelsten Seiten kommen ans Tageslicht und werden meist sogar – überaus kurios, wie ich finde – von uns selbst enthüllt.

Ich denke, dies sind Momente, in denen sich das Leben lohnt; wenn wir uns quasi eins zu eins gegenüberstehen, die Schubladen öffnen und uns eingestehen, welch miserable Lügner und Betrüger wir sind.

Waldarbeiter sind relativ ehrliche Naturen. Schon der ständigen Verletzungsgefahr wegen gehen diese Leute aufrichtig mit sich und ihresgleichen um. Denken Sie nur an eine Kettensäge!

Man berichtete mir, durch Kettensägen entstandene Verletzungen heilen meistens langsam, da derartige Wunden oftmals recht tief seien, bis ins Fleisch hinuntergingen, mitunter sogar bis zum Knochen.

Sie werden es kaum glauben, doch ich kürzte einmal, es liegt Jahrzehnte zurück und zwar mit der Kettensäge meines Nachbarn, der ein angesehener Graphologe war, einen Ast meiner Gold-Gleditschie. Ich sage Ihnen: Das war kein Spaß, denn da musste ich über die Maßen zupacken. Mir war nicht wohl in meiner Haut.

Sie bekämen so etwas ruckzuck hin, nicht wahr?

– Also ich hatte reichlich Bammel vor der Teufelsmaschine, obwohl ich ein hochkarätiger Säbelfechter war. Stehst da, dachte ich, und ehe du dich umsiehst, fehlt dir die linke Hand. Der Verlust der rechten Hand wäre freilich schlimmer, denn ich bin nun einmal Rechtshänder, wohingegen meine Schwestern Adelind und Adeltrud Linkshänderinnen sind.

Alles ist bei ihnen anders als bei anderen Frauen. Sie singen nicht, sie hassen die wirklich nützlichen Hausarbeiten, insbesondere das Bügeln und Stärken von Hemden, die ich seinerzeit wie Sand am Meer benötigte, oft zwei am Tag, und sie gehen schon seit fünfzig Jahren in kein Kino, Theater, ein Museum oder zu einer kulturellen Veranstaltung. Nicht einmal den Weihnachtsmarkt besuchen sie.

Ob sie noch immer beten, weiß ich nicht, es wäre ohnehin Heuchelei. Sitzen nur stumpfsinnig in ihrem Haus in der Albert-Ueberle-Straße und schimpfen auf die Welt, wobei die ausgetrockneten Kellerasseln über den Neckar hinauf zur Schlossruine schauen, was ein jeder einigermaßen gebildete Mensch tunlichst unterlassen sollte.

Man schimpft und flucht nicht und beschaut sich zugleich eine friedvolle Landschaft, ob Fluss oder Berg, ob Rhein oder Elbe, ob den Brienzersee vom Schwarzhorn aus oder die Ostsee bei Greifswald.

– Achten Sie auf Umgangsformen, junger Mann!

Sie sind wichtig. Ich glaube nämlich, dass man solche Selbstverständlichkeiten in den Gymnasien heutzutage nicht mehr genügend vermittelt. Viel zu wenig wirklich Gescheites wird gegenwärtig noch vermittelt, ansonsten, Sie sehen es doch, hätten wir weitaus weniger

Hohlköpfe. Ja, um junge Philosophen ist es rar bestellt, wohingegen es von Betriebswirten nur so wimmelt.

Doch bleiben wir beim Thema!

Wie bereits erwähnt, mit Schwestern wie den meinigen ist man bestraft. Meistens gehen sie nicht einmal ans Telefon, was mich wütend macht.

Zweimal im Jahr laden sie mich notgedrungen zum Essen ein und jedes Mal gibt es Hühnerreis mit Rotkohl. Bisweilen frage ich mich, ob sie je etwas anders kochten. Ich wäre verloren, wenn sie mich versorgen müssten. Sie würden mich, den Kopfmenschen, gnadenlos zugrunde richten.

Nie hat sich eine von ihnen für meinen Werdegang interessiert, nie fragten sie mich, was es in der Welt der Wissenschaft Neues gibt. Stattdessen, ich kann es nicht anders nennen, sitzen sie wie Hühner auf der Stange zu Hause und warten darauf, bis man sie schlachtet, rupft und in die Bratröhre schiebt.

Sie haben weder eine Ausbildung noch einen Beruf gehabt, stets nur von dem Geld gelebt, das ihnen unser Vater hinterließ, vielmehr von den Mieteinnahmen, denn sie vermieteten schon immer die zwei oberen Etagen meines Elternhauses an junge Akademikerpaare.

Wissen Sie, die falschen Schlangen holen sich seit jeher Akademiker ins Haus, weil diese einerseits ein sicheres Einkommen garantieren und sozusagen für eine gewisse Bildung im Hause Veltenhöfer stehen, andererseits kaum Kinderwünsche haben, da sie selbst zumeist noch am Anfang ihrer Karriere stehen und somit mehr mit sich, als der Gründung einer Familie beschäftigt.

Ich bedauere alle, die dort wohnen, denn meine Schwestern sind Nervensägen. Und sie sägen ohne Unterlass. Schon seit langem weiß ich, dass sie stundenlang hinterm Türspäher stehen, um zu beobachten, ob und zu welchen Zeiten ihre Mitbewohner Bohnerwachs auftragen und die Handläufe des Treppenhauses polieren, denn das verlangen sie unter Zuhilfenahme ihrer dubiosen Mietverträge von eben jenen Menschen, die ihnen in die Falle gingen.

Meine Schilderungen werden Sie langweilen und ich weiß auch nicht, weshalb ich mich dermaßen lange über meine Schwestern auslasse, zumal ich Ihnen von den Waldarbeitern und Holzfällern erzählen möchte, die mir dank ihrer einfach gestrickten Lebensweise so nahestehen.

– Zurückhaltende und ungekünstelte Menschen, ob Schmiede, Glasbläser oder Stuckateure, faszinieren mich mit zunehmendem Alter immer mehr. Ich denke ohnehin, dass Handwerker ausgeglichener leben als wir Kopfmenschen. Ihnen fehlt das Spöttische und das ist angenehm. Diese Menschen stellen weniger infrage und werden dadurch weniger hinters Licht geführt, weniger beschissen sozusagen.

So wollte ich immer sein, doch holterdiepolter wurde ich Verhaltensforscher und kurze Zeit später Verhaltensforscherprofessor, der das, was er wusste und noch mehr das, was er nicht wusste, an seine Studenten weitergab. Und während ich forschte und lehrte, rieselten die Samen der Bäume auf die Erde, paarten sich die Distelfinken und auch meine einstigen Nachbarn, die im Nebenhaus wohnten und deren Schlafzimmer an mein Wohnzimmer grenzte.

Diese beiden drangen mitunter dermaßen lautstark in sich ein, dass ich es als Belästigung empfand und dem ich nur entgehen konnte, indem ich meine Stereoanlage in Gang setzte und eine Platte von den Rolling Stones auflegte; denn Ligeti oder Schostakowitsch oder selbst Ives oder Cage hätten nicht ausgereicht, um das unappetitliche Stöhnen der Kopulierenden zu übertönen; an manchen Tagen trieben sie es bis zu vier Mal. Brünstiger als die hitzigsten Hirsche, sage ich Ihnen.

Mit der Zeit, ich war damals sowohl dozierend als auch forschend zugange und wollte erwartungsgemäß am Wochenende etwas Ruhe haben, nahm ich nicht jedes Mal Hut und Jacke und ging nach draußen, sondern drehte den Lautstärkeregler meiner Stereoanlage ganz nach rechts, zumeist mit einer Schallplatte dieser englischen Band.

Und so wurde ich dank des Vögelns anderer Menschen zu einem Rolling Stones Experten.

Fragen Sie mich ruhig nach einem Titel! Ich singe ihn Ihnen vor, nicht wirklich gut, aber immerhin so, dass Sie das Lied erkennen. Mein Favoritensong ist nach wie vor: *Brown Sugar*. Soll ich ihn mal trällern?

Sie werden staunen!

– Nun gut! Jedenfalls dachte ich seinerzeit darüber nach, über solche Verhaltensweisen eine Studie anzufertigen. Es hätte sich womöglich gelohnt, wie es sich wahrscheinlich auch wieder nicht gelohnt hätte, denn wer, außer dem Veltenhöfer, wäre daran interessiert gewesen?

Merken Sie jetzt, wie sonderbar wir alle sind, ein jeder auf seine Weise?

Jede Handlung zumeist nur Ablenkung, Zerstreuung und Flucht vor uns selbst, dem unzulänglichen Ich.

– Tiere sind im Allgemeinen leichter zu durchschauen als Menschen. Wir sind, so ich hin und wieder sage, womöglich durch und durch Fehlentwicklungen der Natur und gehören faktisch nicht auf die Welt.

Wenn damals vor fünfundsechzig Millionen Jahren dieser eine große und folgenschwere Meteoriteneinschlag ausgeblieben wäre, hätten wir heute völlig andere Arten von Lebewesen. Das ist unter Wissenschaftlern relativ unbestritten. Relativ.

– Sich mit Plattentektonik zu befassen, ist eine sinnvolle Beschäftigung. Wie sich Kontinente verschieben, auseinanderbrechen, zusammenwachsen und so weiter, dies zu beobachten ist einigermaßen befriedigend. Vieles andere: mehr oder minder Zeitvertreib.

Wir, die mit Geist ausstaffierten Säugetiere, vertreiben uns die Zeit, weil wir ansonsten mehr oder weniger verzweifeln. Selbst diejenigen, die nur mit wenig Geist beschlagen sind, namentlich meine Schwestern, vertreiben sich permanent die Zeit mit zum Teil aberwitzigen Beschäftigungen.

Verstehen Sie?

– Es spielt keine Rolle, ob wir unsere Mieter beim Bohnerwachsauftragen beäugen, ob wir im Gesangsverein mit dem Kopieren von Notenblättern beschäftigt sind oder heimlich Birnenschnaps brennen, wir müssen etwas tun, sonst werden wir zwangsläufig wahnsinnig, fallen früher oder später dem Wahnsinn anheim.

Die Vögel hingegen, nehmen Sie auch die Insekten, alles was kreucht und fleucht: Sie denken nicht und kommen deshalb in der Welt zurecht, während wir nicht zurechtkommen. Wir denken, wir kämen zurecht, aber wir kommen nicht zurecht. Haben diese Geschwulst im Kopf, die wir großdenkerisch Geist und Verstand nennen, anstatt sie Trümmerwerk zu nennen oder Gedankenfragment oder auch innere Wirrnis.

– Freilich, was haben wir uns nicht alles erschaffen und ausgedacht?

Die Religion – aber wem brachte sie welchen Segen? Und wie viele sind gerade ihretwegen geopfert worden?

Die Politik – doch welche Minderheiten und Andersdenkende schützte sie beispielsweise im letzten Jahrhundert vor Verfolgung und Tod?

Die Kultur – hat sie uns tatsächlich kultiviert, gebildet und unser Zusammenleben nachhaltig gestaltet? Sind wir toleranter und humaner geworden?

Die Wissenschaft und ihre Ergebnisse – dienen sie nun dem gemeinen Menschen oder doch nur einer elitären Schicht?

Überhaupt dieses irrsinnige Jagen nach angeblichen Wahrheiten. Heute grün, morgen blau, alles mit der gleichen Logik, einer stets unzureichenden.

Was bringen uns im Alltag die Neuerungen in der Soziologie, die endlosen Diskussionen um das Ja und Nein zur Atomenergie, das krampfhafte Bemühen mittels Einsicht der Menschen der Erderwärmung Herr zu werden, das Verschicken tausender Soldaten nach Afghanistan? Was bringt es uns konkret, was bringt es Ihnen oder mir oder Ihren Eltern?

– Ich hoffe, Ihre Eltern sind wohlauf? Sie haben doch noch Eltern, oder etwa nicht?

– In der Natur gibt es ein Gesetz und das ist unumstößlich: Der Stärkere frisst den Schwachen. Doch anstatt daraus zu lernen, lernen wir nichts daraus, haben Angst vor dieser Tatsache, wollen sie nicht wahrhaben, verleugnen sie sogar und umgehen sie mit karitativem Geschwätz.

Permanent die Schwachen zu stärken, erweist sich überwiegend als Trugschluss, denn haben wir die Schwachen groß gefüttert, fressen sie uns. Dann staunen wir und sind entsetzt über derart Undankbares und so viel Grausamkeit. Und was tun wir dann?

Wir beklagen das Fehlen christlicher Werte, die es in Wahrheit ohnehin nicht gibt, denn sie wird bloß in unseren Köpfen zusammengesponnen. Auf keinem Platz der Erde gibt es so etwas wie eine konstante, absolut gültige Moral, denn in der Natur überlebt der Starke, nicht der Moralist. Die Natur zeigt letztlich allen Predigern die Schranken. Ist ein Sturm bloß stark genug, so fallen auch die Dome.

Haben Sie einmal bemerkt, wie verwundert manche Menschen sind, wenn sie von einst als harmlos eingestuften Artgenossen angefallen werden?

Man erträgt nur schwer, von genau jenen verhöhnt und missachtet zu werden, die man einst zu Tische bat. Und manch einer erfährt noch weitaus andere Unannehmlichkeiten, denn es geht in einigen Fällen bis hin zur körperlichen Gewalt und dem Rausschmiss aus den eignen vier Wänden. Ein trauriger Umstand.

– Womöglich verlassen wir in einem zu frühen Stadium das Zweidimensionale unserer Natur, bleiben nicht lange genug Kreis, Dreieck und Rhombus, sondern schwingen uns zum Dreidimensionalen auf, messen uns an Würfeln und Kegeln, und sind sodann am Ende unserer

Weisheit, da wir über die Würfelkante stürzen oder von der Kegelspitze kollern. Wir missachten die Natur und scheitern daran.

– Sicher, Ihre Argumente sind nicht von der Hand zu weisen.

Wir bauen Flugzeuge, doch sie stürzen ab, wir bauen Schiffe, die in der Ostsee versinken, wir konstruieren Turnhallen, die über Schülern zusammenbrechen, bilden Psychotherapeuten aus, die es kaum schaffen, zwei Jahre verheiratet zu bleiben, wir bezeichnen uns als tierlieb und werden von unseren Dackeln gebissen, wir lauschen den Worten eines Priesters, der sich eine Stunde zuvor an einem Ministranten verging. Und so geht es in einem fort.

Jetzt habe ich aber lange geredet, nicht wahr?

Das ist nun eben der Restwissenschaftler in mir, das elende Kopfmenschendasein; das Wissen, dass ich nicht genügend weiß und nichts dagegen unternehmen kann.

– Eigenartig, weshalb ich heute so häufig an Brombeeren denke. Als Kind habe ich sie gepflückt. Meine Hände über und über blau. Damals bin ich mit meinem Großvater – nein, er war kein Arzt, sondern Orthopädieschuhmacher und bei den Heidelberger Fußkranken überaus beliebt – zum Leimgrubenweg hinaufgestiegen und habe ihm beim Brombeerpflücken geholfen.

Mein Großvater war ein angesehener Mann. Ich merkte es an der Art, wie man ihn grüßte, den Hut vor ihm zog. Mit ihm, wissen Sie, kam ich besser zurande als mit meinem Vater. Und ich glaube, dass mein Großvater den Forscher in mir weckte. Er war es, der mich, wenn wir sonntags zu den Brombeersträuchern zogen, auf das eine und andere aufmerksam machte. Er zeigte mir allerlei Heilpflanzen, so die Kamille, die Arnika und das Tausendgüldenkraut, aber er zeigte mir auch die Pflanzen, die, so er meinte, der Herrgott für uns Menschen nicht habe wachsen lassen, insbesondere die Tollkirsche, das Bilsenkraut, den Schierling und den Aronstab.

Damals gab es auch hierzulande noch Wiesen, wie es sie nunmehr nur in Bayern gibt, vor allem im Allgäu. Margeriten darauf und Salbei und Glockenblumen, auch Vergissmeinnichte und blaue Gänseblümchen, die mir besonders gefallen.

– Sie kommen nicht aus dieser Kante, ich merke es Ihnen an, denn Sie sprechen ein gutes Deutsch. Und, wie Sie sehen, haben Sie jetzt auch schon etwas Gefallen am Banksitzen gefunden.

Es gefällt Ihnen wohl, hier neben mir im Freien ein wenig zu plaudern?

– Man muss freilich sagen, dass es diesen Herbst auffallend schön ist, noch dazu auf dieser renovierten Bank. Übrigens befand sich uns gegenüber über viele Jahre das Finanzamt. Es ist allerhand gebaut worden. Andauernd wird irgendwas neu gebaut, aufgestockt oder auf andere Weise erweitert.

– Vieles ist neu in dieser Gegend: die Stadtresidenz am Park, das Reutax Gebäude, das *Aldi* und dergleichen mehr. Gebäude, Gebäude, Gebäude. Und somit werden die Stadtstreicher und Obdachlosen weiter in Richtung Bahnhof genötigt. Ständig müssen sich die armen Teufel neue Unterschlupfe suchen. Nun gut, Zeit dazu haben sie ja.

Sie werden es kaum glauben, aber auch ich wurde schon des Öfteren für einen heimatlosen Gesellen gehalten und dies trotz meiner tadellosen Kleidung und obwohl ich nie auf einer Bank schlafe oder den Eindruck erwecke, als schliefe ich gleich ein. Grundsätzlich vermeide ich das Schlafen auf einer Bank.

In der Öffentlichkeit schlafen?

Nein, das ist unmöglich.

– Wissen Sie, es mangelt uns an Geduld und Ruhe. Keine Selbstbesinnung mehr. Wir beschäftigen uns übers notwendige Maß hinaus mit den unsinnigsten Angelegenheiten.

Wenn ich wie häufig auf dieser Bank die Leute betrachte, die aus dem *Aldi* kommen, und zwar gleichgültig ob junge oder alte, so gehen sie nicht bloß von A nach B, also zumeist vom *Aldi* zur Kurfürsten-Anlage und weiter in die Kleinschmidtstraße, nein, sie telefonieren auch noch.

Telefonieren während des Gehens. Und dabei ist es unbedeutend, ob sie die Bergheimer-Straße ansteuern oder die Reutax AG passieren, um von dort zum nur einen Steinwurf weit entfernten *Bauhaus* zu hasten, um auf die Schnelle - wie gesagt wird - noch ein Päckchen Hohlraumdübel oder Reißbrettstifte zu kaufen.

Wie auch immer, gehen und telefonieren - telefonieren und gehen. Allein dieses hektische Umherhasten bringt mich schon aus der Ruhe.

Weshalb nur sind diese Menschen ununterbrochen am Telefonieren?

Immer und ewig telefonieren sie, als unterlägen sie einem Zwang. Könnten nicht anders. Würden von jemandem dazu genötigt.

Haben Sie sich jemals gefragt, was all diese umherirrenden Menschen in ihre tragbaren Telefonmaschinen sprechen?

- Ich glaube, es ist größtenteils Unfug. Bagatellen, die man gar nicht aussprechen müsste, weil das Gegenüber längst weiß, was gleich geäußert wird.

Sie können sich kaum vorstellen, nur annähernd ausmalen, was der eine oder andere neben mir Sitzende schon in sein Telefon gesprochen hat. Die Leute sprechen - es ist unerhört - über die intimsten Dinge, völlig einerlei ob ich ihnen dabei zuhöre. Keine Schranken, keine Hemmungen, keinerlei Skrupel.

Einer sprach während eines solchen Telefonats von seinem Analabszess, den er sich in der Chirurgie habe entfernen lassen. Ein anderer, direkt neben mir sitzend, beendete mir nichts dir nichts eine fünfunddreißigjährige Ehe, indem er seiner Frau sagte, dass seine neue Flamme, die, wie zu erwarten seine Angestellte wäre, so gut im Bett sei, um alles, was er diesbezüglich erlebt habe, in den Schatten zu stellen. Eine junge Frau wiederum unterhielt sich mit ihrer Freundin darüber, an welcher Stelle sie sich ihr fünftes Piercing nun schließlich stechen lasse. Und dann gab es einen Mann mittleren Alters, der plauderte ungeniert in den Apparat, wie er das Finanzamt betrügt, einseift, wie er es nannte, und dabei Summen erwähnte, bei denen mir schwindlig wurde.

Glauben Sie mir, was ich Ihnen hier schildere, ist nur die Spitze des Eisbergs, ist noch das harmloseste, was man als Unbedarfter bei solchen Telefonaten mitbekommt.

Vor zwanzig, dreißig Jahren indes, und dies fand ich angebracht, telefonierte man entweder von zu Hause aus oder ging zum Postamt oder zu einer Telefonzelle, die man, was praktisch war, mit Münzen speiste. Diese sagten einem, wann Ende war. Hatte man fünfzig Pfennig drinnen, reichte es, je nachdem wohin man telefonierte, für eins, zwei Minuten, hatte man bloß noch einen Groschen parat, wurde es Zeit, auf den Punkt zu kommen, vielmehr Lebwohl zu sagen.

Jene Telefonhäuser fand ich nützlich. Darüber hinaus vermittelten sie noch eine Art kommunikativen Respekt. Man musste sie bewusst betreten und sich an gewisse Spielregeln halten. So und so lange kostete so und so viel. Nicht zuletzt waren jene Teile mit einer Tür ausgestattet, die verhinderte, dass Dritte über Gebühr belästigt wurden. Aber dann, wir wollten ja um jeden Preis mit der Entwicklung gehen, gab es plötzlich keine Türen mehr an den Telefonhäuschen, etwas später entfernte man auch die Seitenwände oder beschränkte sie auf ein Mindestmaß, und schließlich schaffte man das Bezahlen mit Münzen ab und erfand die unpraktischen, wenn auch mitunter recht kunstvoll gestalteten Telefonkarten. Irgendwann verschwanden auch diese, weil man wie neuerdings überall alles über Kreditkarten abwickelt. Man nennt es Fortschritt.

Neulich saß eine junge, ausnehmend hübsche Türkin neben mir, die jedoch in zweierlei Hinsicht unerträglich war. Zum einen war es der Geruch, der in ihren Kleidern hing, Lammfleisch und Knoblauch zu gleichen Teilen, doch das wäre auszuhalten gewesen. Was mich die Bank verlassen ließ und das kommt selten vor, war ihr unerträglich lautes Telefonieren. Es war, als würde sie gegen drei oder mehr Muezzins anschreien – aus welchem Grund auch immer. Ihr Gebrüll war selbst für mich zu viel.

Doch wissen Sie, was das Schlimmste war?

– Sie beschimpfte mich aufs Heftigste, nachdem ich sie auf ihr ungebührliches Benehmen aufmerksam machte. Mich, den Veltenhöfer, nannte sie Nazi, ein altes Faschistenschwein und einen Türkenhasser.

Können Sie sich das vorstellen?

– Ich bin davongegangen, was im Nachhinein betrachtet ein Fehler war. Stattdessen hätte ich ausharren und sie zurechtweisen sollen, sie meinerseits beschimpfen, was ich ansonsten vermeide. Ich beschimpfe nur selten jemanden, wohingegen ich...

Aber lassen wir das!

So jedenfalls kann es einen treffen, nicht wahr?

– Da sitzen Sie auf einer Bank und ehe Sie wissen, wie Ihnen geschieht, werden Sie beschimpft. Werden, obwohl Sie kein Nationalsozialist waren, zumindest kein ausgeprägter, zum Nazi erklärt und dies bloß, weil Sie sich erdreisten, gegen das Schreien und Brüllen dreißig Zentimeter von Ihrem rechten Ohr entfernt zu protestieren; einen durchaus noch höflichen Einwand vorzubringen.

Ist dies der Anfang vom Ende der Zivilisation, frage ich Sie? Einer freilich erst embryonalen Stufe von Zivilisation?

– Wissen Sie, wir leben nicht nur gegen unsere Natur, die wir ohnehin kaum kennen, wir erklimmen geradewegs den Gipfel der Dekadenz. Ich halte nichts vom Glauben, doch etwas Demut wäre hin und wieder angebracht. Desgleichen Anstand – ja, Anstand.

Mein Großvater war im Gegensatz zu meinem Vater eine rechtschaffene Natur. Es lag daran, dass er kein Mediziner war und die beiden Weltkriege überlebte, den ersten als Soldat. Und stets vorne im Schützengraben; Kanonenfutter aus Heidelberg, wie er meinte, der mehr oder minder wehrfähige Infanterist, der auch bei der Großoffensive von Fleury dabei gewesen ist.

– Als Knabe haben mich Kriege und Kriegsberichte fasziniert. Ich war, als die Deutschen Polen überfielen, vierzehn Jahre alt und lauschte seinerzeit begeistert dem Nachrichtensprecher, wenn er von der gelungenen Offensive, so es bei ihm hieß, im Radio sprach. Wenn ich alt genug sei, würde ich mich zum Militär verpflichten, sagte ich mir damals unentwegt, und dies trotz der Tatsache, dass ich ein Jahr zuvor ein grausiges Schauspiel der SA unweit unseres Hauses miterlebte.

Jedenfalls wollte ich um jeden Preis Kampfpilot werden, mit einem Hakenkreuz vorm Seitenruder einer Ju 87 zum Helden sozusagen. Ich malte mir aus, welch tolles Gefühl es wäre, eine feindliche Raffinerie in Schutt und Asche zu bombardieren und wie ich dann in Uniform und mit Ehrenzeichen dekoriert in die Praxis meines Vater käme, um ihm, dem Drückeberger, von meinen kriegerischen Triumphen zu berichten.

Es kam gottlob – und hier bemühe ich sogar den, an den ich nicht glaube – nie so weit, dass ich Flieger wurde, geschweige denn ein Mitglied der Luftwaffe. Nicht tauglich, hieß es. Zu dünn, zu bleich, zu hohlwangig, sagten sie, was mich seinerzeit zornig machte. Heute bin ich heilfroh darüber. Doch ungeachtet meiner angeblichen Schwächen bin ich vierundachtzig geworden. Nebenbei bemerkt: Mein Geburtstag war gestern.

– Danke, nett von Ihnen, dass Sie mir gratulieren!

Allerdings bin ich kein Mensch, dem ein Geburtstag viel bedeutet.

Man lebt und lebt und irgendwann lebt man länger als andere, doch was besagt das letzten Endes?

Wir wissen nicht, weshalb wir länger leben als andere, erforschen es aber unentwegt. Unzählige Mediziner, Biologen und Verhaltensforscher ringen um Ergebnisse, fordern Drittmittelgelder an, um weiter zu forschen und dadurch den Tod nach hinten zu verschieben. Ich sage Ihnen, vielmehr behaupte sogar, dass es in höchstem Maße unsinnig ist.

Eine Ameise fragt sich nicht, wie lange sie lebt. Sie existiert, tut, was die Natur einer Ameise abverlangt und dies alles, ohne jemals mit der Wimper zu zucken, wiewohl sie freilich keine Wimpern hat. Und dabei sind Ameisen diejenigen, die jede Katastrophe überleben, ich denke sogar an einen Nuklearschlag dabei. Ameisen sind auf ihre Weise perfekt; sind uns biologisch um Jahrtausende voraus.

Auch Krähen sind gewieft, sind äußerst lernfähige Tiere. Ich habe sie über viele Jahre hinweg studiert. Bisweilen hatte ich den Eindruck, als hielten sie mich zum Narren, als seien sie es, die mich studierten und mein Verhalten erforschten, um es für ihre Zwecke einzusetzen. Hielten sie sich tagelang an meine Versuchsanordnung, so reagierten sie von jetzt auf nachher völlig konträr. Heutzutage haben wir aufgehört, uns gegenseitig zu bespitzeln. Ich lasse sie in Ruhe und sie lassen mich in Ruhe. So soll es sein: ich auf einer Bank, sie auf den Bäumen oder Walnüsse suchend.

Apropos, wissen Sie, dass Walnüsse überaus gesund sind?

– Aber höchstens eine Handvoll pro Tag. Früher hieß es, fünf am Tag seien angemessen, neuerdings soll man nur drei verzehren.

Wir glauben Forschern zu viel und das ist ein Fehler. Die Forschung stellt sich ja quasi selbst von Stunde zu Stunde auf den Kopf. Was gestern anerkannt wurde, hat heute keine Gültigkeit mehr. Deshalb müssen Sie auf der Hut sein, denn morgen schon könnte es heißen: Verzehren Sie bestenfalls zwei Walnüsse pro Tag.

Wenn Sie sich etwas aneignen, wozu Ihnen die Wissenschaft rät, können Sie es anderntags getrost wieder vergessen. Einmal heißt es, Eier seien die Cholesterinbomben schlechthin, ein andermal liest man von preisgekrönten Wissenschaftlern, die akkurat das Gegenteil behaupten. Und selbst die Frage, wem dieser Experten Sie vertrauen, wird zur Wissenschaft, an der sich außer Biologen, Internisten und Ernährungsexperten auch Verhaltensforscher und Psychologen beteiligen; ein jeder nach seiner Methode.

Es geht längst nicht bloß darum, ob Sie ein Ei zu viel gegessen haben oder nicht, es geht um die Frage, weshalb Sie der einen Expertise des einen Wissenschaftlers Glauben schenken, während Sie das Gutachten des anderen Wissenschaftlers in Zweifel ziehen.

Ob es sich um Cholesterin, Eier, Aggressionen, das Verhalten im innerstädtischen Verkehr oder sonst etwas handelt, immer finden Sie konträre Anschauungen, die sich ebenfalls auf die Wissenschaft berufen, da sich mittlerweile alles auf die Wissenschaft beruft, auch die Wissenschaft selbst. Ein Dilemma, sage ich Ihnen.

Mein Großvater ließe sich auch heutzutage von so etwas nicht irritieren. Er bliebe bei einer einmal gefassten Betrachtung, unabhängig davon, ob sie irgendwer später widerriefe oder nicht.

Gern tät ich es meinem Großvater gleich, doch es gelingt mir nicht, da ich selbst ein Wissenschaftsgeschädigter bin. Wenn Sie über Jahrzehnte wissenschaftlich dachten, zum Wissenschaftsdenken genötigt wurden, können Sie ihre bisherigen Vorgehensweisen nicht gerade einmal so im Handumdrehen vergessen, sozusagen zur Seite legen und ignorieren. Schon wenn Sie A sagen, denken Sie an B. Alles, was Sie tun, was sie untersuchen und erforschen, bringt Reaktionen hervor und auf diese müssen Sie wiederum reagieren. Es ist ein Teufelskreis, ein kurzer Galopp auf langer Bahn.

– Habe ich Ihnen schon erzählt, dass ich in London den Rolls Royce gesehen habe, der einst John Lennon gehörte?

– Er parkte vorm Draycott Hotel in Chelsea, in dem ich seinerzeit mit Verhaltensforscherkollegen logierte. Es war zum Anlass eines internationalen Kolloquiums. Der Portier hatte mich freundlicherweise auf den Rolls Royce aufmerksam gemacht; ein exquisites Fahrzeug, wie ich sagen muss. Wir Deutschen sind ja mehr dem Golf zugetan, der unbestritten ein zuverlässiger Wagen ist.

– Der Mensch in seiner Gänze ist immer ein Jäger geblieben. Jeder von uns hat eine klammheimliche Sammelleidenschaft. Freilich weiß ich nicht, nach was Sie suchen, aber ich habe schon von absonderlichen Sammlern gehört. So berichtete mir ein belgischer Busfahrer vor Jahren von einer Versteigerung, bei der eine Unterhose Erich Honeckers versteigert wurde.

Das ist kein Witz, junger Mann. Und die von Jimi Hendrix in Woodstock gespielte Gitarre soll 1990 bei Sotheby's für fünfhundertsechzigtausend Mark über den Tisch gegangen sein.

Was sagt man dazu?

– Auf der einen Seite Kinderarbeit, woanders wird Honeckers Unterhose versteigert. Aber auch ich sammle auf meine Art unübliche Sachen, einerseits Bänke, andererseits Gespräche mit mir wildfremden Menschen.

Es ist indessen so, dass ich mir über diese Gespräche keinerlei Notizen mache, ich habe auch kein Diktiergerät in meinem Dufflecoat, stattdessen versuche ich alles, was ich von den Leuten höre, im Kopf zu behalten; meinen Schwachkopf dadurch zu trainieren, ihn zu einem nicht mehr allzu schwachen Schwachkopf verkommen zu lassen. Vieles, vorrangig das, was ich irgendwann selbst einmal gehört und gelesen habe, ist demzufolge in meinem Gehirn abgespeichert. Sozusagen eingelagert. Magaziniert.

Fragten Sie mich jetzt beispielsweise nach der Nationalflagge Estlands, bekämen Sie von mir zur Antwort: längsgestreift in den Farben Blau, Schwarz und Weiß. Die meisten Flaggen beschreibe ich Ihnen im Handumdrehen, ob quer- oder längsgestreift spielt keine Rolle. Bei ozeanischen Nationalflaggen komme ich gelegentlich ins Straucheln. Sie sind zum Teil aber auch sehr ausgefallen. Denken Sie bloß einmal an die kiribatische!

– In meiner Jugend interessierten mich auch Marktplätze, öffentliche Plätze ganz allgemein, so beispielsweise die Piazza del Campo. Sie gehört wahrscheinlich zu den imposantesten Plätzen weltweit.

Kennen Sie Siena? Sind Sie jemals dort gewesen?

– Der Altstädter Ring in Prag ist ebenfalls beeindruckend. Doch ich reise ja nicht mehr, sondern sitze stattdessen auf *meinen* Heidelberger Bänken, was mir inzwischen genügt.

Wissen Sie, ich sage mir, genug gereist. Außerdem in meinem Alter und fortwährend auf den Gehstock angewiesen, es wäre nur beschwerlich.

Ihnen steht die Welt jedoch offen, obgleich sie in gewisser Weise überflutet ist, ja aus den Nähten zu platzen scheint. Zu viele Menschen, zu viele alte Menschen, zu viele Touristen, touristische Stadtbesetzer und Landeroberer.

Wir dringen permanent in uns fremde Städte ein, besuchen sie nicht, sondern dringen in sie ein, penetrieren sie, nehmen sie – man muss es so nennen – mit Gewalt. Wie der Täuberich die Taube.

– Mein Großvater erzählte mir des Öfteren von den Taten des Oberleutnants zur See, Otto Weddingen, der für die Versenkung von drei englischen Schlachtkreuzern im ersten Weltkrieg mit dem Orden Pour le Mérite ausgezeichnet wurde.

Fragen Sie mich bitte nicht, weshalb ich ausgerechnet jetzt auf diese Geschichte komme, denn ich weiß es nicht. Sie ist mir gerade so eingefallen.

Wissen Sie, wenn mir etwas durch den Kopf geht, springe ich sozusagen von einem Bild zum nächsten. Bin stets ein Schnelldenker gewesen. Es ist erstaunlich, dass die Aorta streikt, während das Gehirn funktioniert. Alles in allem kann und will ich mich nicht beklagen. Und falls ich mich beklage, dann über Dummheiten, über die meinigen am meisten.

– Sie scheinen ein ausgeglichener Mensch zu sein. Und Sie haben eine Fähigkeit, die ich schätze: Sie fallen mir nicht ins Wort. Jemanden das Wort abzuschneiden ist eine unerträgliche Angewohnheit.

Doch lassen Sie mich auf eine Begebenheit zurückkommen, von der ich Ihnen unbedingt erzählen möchte. Es geht dabei um meine Begegnung mit Walter Krämer. Ich traf diesen namhaften Professor für Wirtschafts- und Sozialstatistik der Uni Dortmund vor zirka fünfundzwanzig Jahren und dieser Mann – jetzt kommen Sie ins Spiel – gleicht Ihnen aufs Haar; dieselben wachen Augen, der Schnauzbart und die etwas längeren Haare. Freilich ist er ein gutes Stück älter als Sie. Aber eben jener Kollege Walter Krämer brachte mich damals zum Lachen. Wir saßen nach einer aufreibenden Tagung mit mehr oder weniger sich wichtig nehmenden Verhaltensforscherkollegen noch auf einige Gläser Altbier in einer Brauereischänke zusammen, wobei wir uns über Statistiken unterhielten.

Professor Krämer erwähnte dabei, dass er zurzeit recherchiere, wie es um die sexuellen Gewohnheiten der Deutschen stünde. Das weckte mein Interesse und so erfuhr ich aus erster Hand einige schier unglaublichen Tatsachen.

Wussten Sie zum Beispiel, dass der Lieblingsplatz der Deutschen – und zwar sowohl der Männer als auch der Frauen – zum Beischlafausüben nicht das Bett, sondern der Fußboden ist?

Erst an zweiter Stelle rangiert das Bett. Das Auto nimmt Platz vier ein, der Küchentisch Platz sechs.

So täuscht man sich, nicht wahr?

– Krämer berichtete mir auch, dass der Hirschpenis auf Platz fünf der sogenannten Liebeslebensmittel stünde. Er wisse sogar, wie man ihn fachgerecht zubereite, sagte er, denn es sei wichtig, ihn ohne vorheriges Waschen in Kerbelwasser zu kochen, bis er sich vollständig aufgelöst habe. Und dann recht zügig, wie er sagte, die noch heiße Brühe durchsieben, jedoch erst trinken, nachdem sie völlig erkaltet sei. Abscheulich, sich so etwas vorzustellen!

– Ich erinnere mich gerne an jenen Abend in Dortmund, denn Professor Krämer kannte sich erwartungsgemäß auch mit Biersorten aus und so erfuhr ich, dass mein bevorzugtes Pils, also *Holsten*, zu den beliebtesten Bieren der Deutschen zählte und – wie ich nunmehr herausgefunden habe noch immer zählt. Es rangiert auf Platz vier aller Pilsbiersorten. Gut zu wissen. Und was ich an diesem Pils besonders schätze: Es wird mit Naturhopfen gebraut und nicht mit Hopfenextrakt, wie die meisten der sogenannten Markenbiere. Das spricht ja schon für sich.

Finden Sie nicht auch?

– Mein Leben lang habe ich Bier getrunken, nunmehr zwei Flaschen am Abend, bevor ich mich schlafen lege.

Wissen Sie, weshalb ich eine Schwäche für Bier habe, insbesondere für *Holsten*?

– Ich sage es Ihnen. Einerseits schmeckt es mir, andererseits spült es meine Nieren. Und man sollte immer reichlich spülen. Fragen Sie einen Installateur oder Urologen, beide werden es bestätigen. Wir spülen insgesamt zu wenig. Ich bin gewiss gegen Verschwendung, doch nicht für Sparen am falschen Platz.

Sehen Sie, bei meinen Schwestern ist andauernd die Toilette verstopft. Und wissen Sie weswegen? Weil die dummen Hühner – sie machen es, seit sie Mädchen sind – nicht genügend spülen. Sitzt eine von ihnen auf dem Klo, beansprucht es nämlich auch die andere. Also spült Adelind nicht, denn vor der Tür steht wie zu erwarten auch Adeltrud und drängt ebenfalls darauf zu urinieren. Und somit spült eine der Schwestern immer auch für die andere mit. Durch diese Unart, ich muss es so nennen, spülen sie über Jahre hinweg zu wenig, was zwangsläufig zu Verstopfungen führt. Die Installateure freut es. Mal wieder einen Einsatz bei den Veltenhöfers, sagen sie einander und reiben sich die Hände. Leicht verdientes Geld.

Ich möchte allerdings nicht, dass Sie ein völlig falsches Bild von meinen Schwestern haben: Bei den sogenannten großen Geschäften spülen sie sofort.

Was mich betrifft, waren meine Toiletten nie verstopft, wohl indes die Toiletten meines Hauses. Ich habe ja wider jede Vernunft die beiden Wohnungen über mir an Ärzte vermietet, die dort ihre Praxen haben, was für meine Finanzen von Vorteil ist, mir aber gleichermaßen Ärger beschert.

In meinen jungen Jahren machte ich mir kein Bild von dem Patientenansturm, obwohl ich es hätte wissen müssen, da in meiner Straße – ich wohne, seit ich Professor bin, in der Landfriedstraße – unzählige Praxen sind. Es ist die Heidelberger Praxisstraße schlechthin.

Das Haus ist in gutem Zustand. Es ist das Anwesen meiner Mutter, deren Vater, also mein Großvater mütterlicherseits, Gerichtspräsident war und dem Stadtrat angehörte. Ich habe ihn nicht mehr in Erinnerung, da er nur neunundvierzig Jahre alt wurde und bei einem Lawinenunglück in der Nähe von Innsbruck ums Leben kam. Es hieß, er sei ein strenger Mann gewesen, dessen einziges Vergnügen das Skilaufen war.

Jeden Winter, erzählte man sich in meiner Familie – meistens wenn wir gemeinsam in der Adventszeit beim Abendessen saßen –, dass der Großvater Möckel wieder einmal mit einigen ihm befreundeten Staatsanwälten aus Heidelberg und Mannheim nach Tirol oder in die Steiermark gefahren sei, um drei Wochen lang am Stück, so es hieß, fesch, was fesch heiße, die dortigen Pisten hinunter zu wedeln.

Ich stand nie auf den Brettern und bin auch nur ein leidlicher Schwimmer. Trotzdem mag ich Schwimmlehrerinnen. Alleine, wie sie sich bewegen und an mir vorübergehen, ist eine Augenweide. Schade, dass ich sie so selten zu Gesicht bekomme.

– Jetzt habe ich mich aber schön verhaspelt, Ihnen sogar vom Großvater Möckel erzählt, jedenfalls das wenige, das ich von ihm kenne, denn ich war bei besagtem Unglück gerade erst drei Jahre alt, meine Schwestern nicht einmal geboren. Und für mich, müssen Sie wissen, war er nie ein Großvater, wie man ihn sich als Kind gemeinhin vorstellt, wohingegen mein Großvater väterlicherseits, der Veltenhöfer Opa, ein richtiger Großvater gewesen ist, einer der mit seinen Enkelkindern Brombeeren pflückte und vom Krieg erzählte. Wenn der Großvater Möckel nicht unter jener Lawine begraben worden wäre – seine Leiche fand man übrigens erst sieben Monate nach dem Unglück –, hätte er sich womöglich auch zu einem passablen Großvater entwickelt.

– Sehen Sie, nun bin ich doch wieder vom Thema abgekommen, denn wir sprachen ja übers Spülen, vielmehr das Verstopfen von Toiletten.

Wie auch immer: Seitdem ich die oberen Stockwerke an Ärzte vermietet habe und deren Patienten zwangsläufig die Toiletten der Praxen benutzen, geschieht es immer wieder, dass mich entweder Dr. Darius anruft – er ist Gynäkologe, oder Frau Dr. Sonnek, ihrerseits Fachärztin für Lungen- und Bronchialheilkunde –, sie beide mir also regelmäßig aufs Band sprechen, da ich über Tag kaum anzutreffen bin, um mir mitzuteilen, ihre Praxistoiletten seien mal wieder verstopft.

Wissen Sie, eigentlich habe ich nichts damit zu tun, denn das Tampon-und-Binden-aus-dem-Abflussrohr-Fischen oder was sonst die Ursache der Verstopfung ist, geht zulasten der Ärzte. Doch sie informieren mich. Das ist einerseits anständig, andererseits überflüssig.

Sie werden es kaum glauben, doch die meisten Anrufe, die mein Bandgerät aufzeichnet, sind entweder von Dr. Darius oder Frau Dr. Sonnek, die mir in ihrer medizinisch knappen Art berichten, dass sie wieder den Rohreinigungsdienst in Anspruch nehmen mussten.

– Wenn ich vor vierzig Jahren bereits geahnt hätte, dass eines Tages meine Aorta streikt, wäre meine Wahl, was die Vermietung der beiden Praxen anbelangt, anders ausgefallen. Ich hätte mir einen Kardiologen sowie einen Gefäßchirurgen ins Haus geholt.

Doch wer weiß mit vierzig schon, woran er mit sechzig Jahren erkranken wird?

– Sie, zum Beispiel, könnten im Alter an einer Unterleibsgeschichte zu leiden haben.

Ich möchte Sie keineswegs beunruhigen, aber Sie scheinen mir anfällig für Hodenkrebs, eine Darmkomplikation oder eine Pyelitis, zu Deutsch: Nierenbeckenentzündung. Doch das meiste – keine Sorge, junger Mann – kann man mittlerweile heilen, vorausgesetzt man erkennt es beizeiten. Und nun, da wir die Gentechnologie bereits als überaltert bezeichnen, da die synthetische Biologie den Durchbruch schaffen soll, stehen wir Krebserkrankungen mit neuen Waffen gegenüber.

Wer weiß, ob es nützt?

Medizinischen Neuerungen misstraue ich prinzipiell, wie Sie inzwischen ja wissen. Und der Mensch mutiert langsamer als die Natur, in der er lebt.

Da staunen Sie, nicht wahr?

– Wir denken, wenn wir nur genügend Fortschritt haben, entwickelt uns der Fortschritt mit, gehen wir sozusagen mit der Technik Hand in Hand. Doch dies, junger Mann, ist ein Irrtum. Ihr Magen, selbst wenn Sie es kaum bemerken, wehrt sich nämlich permanent gegen Geschmacksverstärker und künstliche Aromen, doch wo bekommen Sie heutzutage noch ungespritzte Äpfel her, natürlich gereifte Tomaten oder Paprika?

– Da müssen Sie lange suchen. Fleisch- und Wurstwaren, aber auch Käse und Wein – ein Sammelsurium an chemischen Zusätzen.

Wissen Sie, ich war vor Jahren um die Fronleichnamszeit herum im Bregenzer Wald und habe dort während einer Wanderung von einem Gebirgsbach getrunken. Ich garantiere Ihnen, dass Sie ein solches Wasser in keinem Getränkemarkt bekommen, gleichgültig wie viel Sie dafür bezahlen würden.

All diese Etiketten und Stempel, die trügerisch bunten Aufschriften auf den Verpackungen: Schwindel, Schwindel und noch einmal Schwindel. Wir sind in erschreckendem Maße zu gewohnheitsmäßigen Schwindlern geworden.

Nennen Sie das Fortschritt?

– Zuerst treiben wir Schindluder mit unseren Körpern, dann rennen wir zu den Ärzten und flehen um Hilfe. Sitzen auf deren Toiletten und verstopfen sie mit unseren chemisch veränderten Fäkalien, die kaum noch wegzuspülen sind. Wir mästen uns zu aufgedunsen Maden heran, dann erst kaufen wir Sportschuhe.

Auch auf anderen Gebieten, insbesondere der Politik reagieren wir zu spät. Oder nehmen Sie nur die Situation auf unseren Straßen! Die Autos.

Gibt es überhaupt noch normale PKWs?

Ich sehe nämlich in den letzten Monaten immer häufiger diese panzerähnlichen Fahrzeuge. Und in ihnen sitzen zumeist Rentner und gut betuchte Hausfrauen, die kaum übers Lenkrad reichen, geschweige denn in der Lage sind, mit diesen Ungetümen einen hundsgewöhnlichen Parkplatz anzusteuern ohne minutenlang hin- und herzufahren, vor- und zurückzustoßen.

Ist es tatsächlich vonnöten solche Fahrzeuge in solchen Massen zu produzieren?

Alternative Energien – ein weiteres Thema, das längst auf der Agenda stehen sollte. Tempolimit auf Autobahnen, Verpackungsmüll, die Verunreinigung der Luft und Meere ganz allgemein – Angelegenheiten, die nicht rechtens angegangen werden.

Nennen Sie so etwas gesellschaftlichen Fortschritt? Nennen Sie so etwas politische Verantwortung für den sogenannten einfachen Bürger?

– Man braucht nicht unbedingt politisch aktiv zu sein, um zu sehen, dass hier allerhand im Argen liegt. Doch ich sollte mich beruhigen. Mäßigen.

– Nur so nebenbei gefragt, wissen Sie, dass Friedrich Ebert im selben Jahr gestorben ist, in dem ich geboren wurde – 1925?

– Seine Grabstätte ist übrigens hier in Heidelberg. Sie könnten sie von dieser Stelle aus in fünfundzwanzig Minuten zu Fuß erreichen.

1925 war ohnehin ein bemerkenswertes Jahr. Das *Heidelberger Programm der SPD* wurde veröffentlicht, Hitlers *Mein Kampf* erschien und Chamberlain erhielt den Friedensnobelpreis; auch Scott Fitzgeralds *Gatsby* kam heraus und – wichtiger noch – Kafkas *Prozess*.

Sie haben ihn doch gelesen, nicht wahr?

– Kafka lesen, heißt den Wahnsinn begreifen. Dieser Mann ist mir stets wichtig gewesen.

Meine Schwestern hingegen lesen nur Schund, drittklassige Unterhaltungsliteratur, wie sie nunmehr den Büchermarkt überschwemmt.

Haben Sie einmal bewusst darüber nachgedacht, worüber sich Leute unterhalten, wenn sie, wie es heißt, zufällig miteinander ins Gespräch kommen?

Man unterhält sich größtenteils nur über Lappalien und Alltäglichkeiten, vorzugsweise darüber, woran man soeben arbeitet oder momentan erkrankt ist, vielmehr woran man letztes Halbjahr gearbeitet habe oder erkrankt gewesen sei und so weiter und so fort. Bestenfalls werden ein paar kommunalpolitische Themen aufgegriffen und mehr oder minder laienhaft kommentiert.

Jetzt steht in Heidelberg zum Beispiel die Frage an, ob und wie man die Stadthalle erweitern könnte. Mehrere Vorschläge wurden bislang eingereicht. Man hatte einen Wettbewerb ins Leben gerufen.

Mir gefällt der Entwurf des ersten Preisträgers, denn jener Architekt, dessen Namen ich vergessen habe, scheint kein Landschaftsruinierer, kein ausgesprochener Stadtbildzerstörer zu sein, wie die meisten im sogenannten Architektenmetier.

– Ich werde die Erweiterung der Stadthalle allerdings wohl kaum erleben, falls es überhaupt dazu kommt, denn wir sind nun einmal in Heidelberg, wo alles ausgesprochen geruhsam vonstatten geht, ausdiskutiert und mit allen denkbaren Interessengruppen abgestimmt sein muss. Abgesegnet, wie es bei den Lobbyisten heißt, damit einem in letzter Minute nicht ein Dunkelmann der eigenen Fraktion ein Messer zwischen die Rippen rammt.

Sollte ich indes und entgegen aller Erwartungen noch ein paar Jährchen machen, wie es heißt, werde ich in dieser Zeit bevorzugt die Bänke des anderen Neckarufers aufsuchen, mich demnach in der Neuenheimer Landstraße niederlassen, denn von dort hat man eine ungetrübte Sicht zur Stadthalle und somit auch zur geplanten Baustelle.

– Wissen Sie, es fasziniert mich, zu beobachten, wie etwas wächst, ob Blumen, Bäume oder Gebäude, ob *cirsium vulgare* – entschuldigen Sie, das ist der Wissenschaftler in mir – also die gemeine Kratzdistel oder die Rotbuche, *fagus sylvatica*, wie die meisten Botaniker sie gewohnheitsgemäß noch immer nennen. Kirchturmspitzen interessieren mich ebenfalls. Im Grunde genommen alles, was wächst, insbesondere, wenn etwas übergebührlich schnell in die Höhe schießt. Sobald etwas gestern klein gewesen ist, heute groß und morgen sozusagen schon aus dem Rahmen fallend, kann ich mich daran begeistern.

– Während wir einerseits das Wachsen bestaunen, erschrecken wir andererseits, wenn etwas zugrunde geht. Sehen wir ein springlebendiges Kleinkind auf einer Wiese tollen, stimmt es uns zuversichtlich, werden wir Zeuge, wie Sanitäter eine alte Frau in einen Krankenwagen schieben, läuft uns ein Schauer über den Rücken, obwohl das eine so naturgegeben ist wie das andere. Doch ehe wir dies zur Gänze begreifen, sind wir selbst schon kurz davor, in einen ebensolchen Krankenwagen verfrachtet zu werden. Und dann werden wir selbstbestimmten Geschöpfe höchstwahrscheinlich exakt in das Krankenhaus gefahren, das wir freiwillig nie und nimmer beträten. Diese Sanitäter, Rettungswagenfahrer und Notärzte jedoch bringen uns – es ist kaum zu glauben – schier unvermeidlich zu den ungeeignetsten Krankenhäusern mit den untauglichsten Ärzten, also den zweitklassigen, zu jungen, unerfahrenen, den voreiligen, zu schnell entscheidenden und operationsbesessenen.

Ein Glück, sage ich Ihnen, wenn Sie als älterer Mensch eine derartige Fahrt nicht überleben. Für Sie ist es gut, für Ihre Verwandten gleich zweifach.

Sagen Sie jetzt nicht, ich sähe dies zu pessimistisch! Sähe es mit den Augen eines verbitterten, gar einsamen Menschen. Denn das trifft nicht zu. Doch da ich draußen bin, oft zehn, zwölf Stunden am Stück –

ich erwähnte es ja bereits –, habe ich zwangsläufig mitbekommen, vielmehr mitbekommen müssen, nach welchen Plänen und Methoden, vielmehr welchen Richtlinien der entsprechenden Transportunternehmen man die hilflosen Unfallopfer und infolge von Kreislaufschwäche Zusammengebrochenen sowie die Schlaganfälle und Über-die-Treppengestürzten in die Krankenhäuser verteilt.

Das Rote Kreuz fährt sie zumeist ins Universitätsklinikum, die Malteser vorrangig ins Kurpfalzkrankenhaus, der Arbeiter-Samariter-Bund ins St. Josefs- Krankenhaus, die Fahrer der Johanniter bringen sie wiederum entweder ins Salem oder ins St. Vincentius in der Unteren Neckarstraße. Und so weiter und so fort.

Manchmal, Sie glauben es nicht, finden regelrechte Rennen statt. Jede Organisation will die Nase vorne haben, mit den eigenen Rettungswagen zuerst am Unfallort sein.

Sie werden es kaum für möglich halten, doch ich habe sogar schon erlebt, wie sich zwei Krankwagenfahrer um einen Patienten stritten, wie sie handgreiflich wurden, gegenseitig beschimpften und schließlich bespuckten. Es war letztes Jahr um Pfingsten an der Ecke Franz-Knauff- und Schillerstraße. Erst ein hinzu geeilter Taxifahrer brachte die Streithähne zur Räson. Ich bin selbstredend, die Schreie des gestürzten Fahrradfahrers in den Ohren, zur Unfallstelle gegangen, doch ehe ich die Stelle erreichte, war die Streiterei beendet. Furchtbar, sage ich Ihnen. Überaus beschämend.

Es geht nur noch um Geld. Geld machen, Geld verdienen, anderen Geld abnehmen, jeden Nonsens in Geld umwandeln, Geld, Geld und wieder Geld.

– Das Leben ist zu schnell geworden, ist wesentlich schneller, als wir meinen. Man bemerkt es freilich erst als betagter Mensch.

Doch keine Sorge! Ich möchte Sie nicht verunsichern, denn Sie haben garantiert noch jede Menge Pläne, sozusagen etwas vor im Leben. Mich wundert ohnehin, dass Sie so lange hier sitzen bleiben. Die meisten, die sich auf einer Bank niederlassen, machen dies gewöhnlich für eine Viertelstunde, eine halbe Stunde ist schon selten, mehr als eine Stunde schaffen normalerweise nur Arbeitslose, Vagabunden, Geisteskranke und Trinker.

– Falls man sich wirklich ablenken, dem Alltag ein wenig entfliehen und an etwas anderes als an Ambulanzen, Krankenhäuser, Chirurgen sowie Notfallpatienten denken möchte, ist Tanzen keine üble Wahl. Es spielt übrigens keine Rolle, ob Sie es alleine tun oder mit einer Partnerin.

Ich habe, da bekanntermaßen ohne Gattin, zumeist alleine getanzt. Wenn mir danach war, legte ich eine Platte von Led Zeppelin oder Van Halen auf und tanzte, vielmehr wirbelte regelrecht in meinem Wohnzimmer umher.

Ich brauchte auf niemanden Rücksicht zu nehmen, da unter mir nur Keller sind und über mir die Arztpraxen, also abends keiner mehr im Haus, den ich hätte stören können. Am liebsten tanzte ich zu *Jump* von Van Halen, *Good Times Bad Times* von Led Zeppelin und *Lazy Sunday* von den Small Faces; *Good Times Bad Times, Jump und Lazy Sunday* sind im Laufe der Zeit zu meinen persönlichen Tanzliedern geworden. Heute tanze ich nicht mehr, wohingegen ich diese Songs noch regelmäßig höre. Ich stelle mir dann dabei vor, dass ich tanze und das genügt mir. Meine Füße wippen noch immer, wenn ich die harten Scheiben auflege.

Es gibt übrigens keine brauchbare Studie, die belegt, weswegen der eine dieser Musik, der andere jener zugetan ist. Auch die Soziologen brachten diesbezüglich keine mich überzeugenden Ergebnisse.

– Die Verhaltensforschung, wissen Sie, steckt noch immer in den Kinderschuhen. Der Schnelllebigkeit wegen hinken wir Verhaltensforscher der Entwicklung hinterher. Haben wir endlich ein Ergebnis parat, wird es anderntags durch die rapid sich wechselnden Umstände bereits infrage gestellt. Kaum halten wir ein Resultat in den Händen, wird es uns auch schon entrissen. Jeden Tag dasselbe Spiel.

Sehen Sie, ein Tier braucht sich darum nicht zu sorgen. Die Ameise kommt, lebt, stirbt und basta. Es ist die Vielfalt, die uns verzweifeln lässt, obgleich gerade die Vielfalt beispiellos faszinierend ist. Gäbe es bloß Schwimmlehrerinnen und Professoren, es wäre zum Sterben langweilig. Es wäre darüber hinaus auch artifiziell und in höchstem Maße traurig. Und ich, der die Vielfalt braucht wie die Schmeißfliege den Pferdeapfel, wäre der traurigste der Traurigen.

Verstehen Sie mich?

Falls nicht, so sagen Sie es ruhig!

– Unser Dilemma ist, dass wir die Vielfalt in ihrer Gänze niemals begreifen. Wir schauen aus uns heraus in die Welt, keinesfalls jedoch aus der Welt heraus in uns. Wir glauben, wir seien der Mittelpunkt des Lebens, dabei sind wir stets Randfiguren, denkende Ameisen in menschlichen Körpern, wobei wir nicht einmal die Vorgehensweise der Ameise begreifen. Wir haben sie studiert, keineswegs jedoch begriffen.

Manchmal glaube ich, dass unser Denken nie zu brauchbaren Ergebnissen führt, da es unser Gehirn nicht verlässt. Das Denken ist im Kopf eingekerkert, schwirrt dort hin und her wie ein Tennisball. Zwar öffnen sich die Synapsen, doch das Denken dringt nicht nach draußen, stets nur unsere armseligen Worte, die versuchen, das zuvor Gedachte sogleich in Sprache umzuwandeln, was nie und nimmer zu unserer Zufriedenheit gelingt. Nein, das Denken bleibt zunächst einmal im Kopf, der Schädel stoppt es an jeder Front.

Wäre indes das Denken eigenständig – das ist erwartungsgemäß eine rhetorische Überlegung –, so würde dies eine konstruktive Annäherung zwischen unseren Gehirnen sowie den anderen Körperteilen ermöglichen. Wir säßen uns bei einer Tasse Kaffee und Gebäck gegenüber, eine Situation, die erfahrungsgemäß für Entspannung sorgt, und könnten mit uns selbst kommunizieren. Unbeschränkt und ungestört. Könnten jeden Gedanken sogleich in Worte transformieren und auch körperlich wahrnehmen. Eins zu eins sozusagen.

Leider ist dies bloß ein frommer Wunsch, denn unser Denken bleibt zuvörderst im Hirn, von wo aus es sich erst zeitverzögert – wenn auch nur nach Millisekunden – seinen Weg in die unterschiedlichsten Körperteile bahnt. Und nun kommt der springende Punkt: Da nämlich viele Menschen überwiegend destruktive Gedanken haben, bleibt nicht aus, dass sich diese negativen Denkmodule zwangsläufig mit ihren biologischen Funktionen verknüpfen. Eine Art krankmachende Wechselbeziehung zwischen Kopf und Rumpf. Folglich durchdringen all ihre negativen Gedanken jede Zelle und jedes Organ.

Es ist bitter, jahraus, jahrein an Krankheiten zu leiden, die nur im Kopf entstehen und dennoch genau dort immer wieder befeuert werden – ein Teufelskreis. Und dadurch treten alle nur möglichen Konstellationen auf. Ist die Leber erkrankt, malträtiert sie auch das Hirn; unterliegt man einer depressiven Verstimmung, leidet auch der Magen, neigt man zu Psychosen, so verändert sich zugleich die Libido und so weiter und so fort. Und jetzt frage ich Sie allen Ernstes: Welcher Arzt soll und kann das innerhalb seiner üblichen Behandlungszeit auch nur halbwegs richten?

Mehr als zehn Minuten Aufmerksamkeit räumt Ihnen ja kaum ein Mediziner ein.

– Welcher Arzt also könnte derartige Krankheiten heilen?

– Chirurgen gewiss nicht, Psychotherapeuten schon zweimal nicht.

Sehen Sie, meine Schlussfolgerung ist einfach: Wir alle sind auf irgendeine Art krank, erschöpft und leidend. Ob im Gehirn oder an den Knochen ist nur für die Krankenkassen von Bedeutung. Und für die Ärzte, die sich an uns gesund verdienen. Krähen kümmern sich um so etwas nicht.

Bin ich frühmorgens draußen, komme ich mit all dem am besten zurecht. Sitze ich zum Beispiel oben an der Mönchberghütte auf der Bank, wo ich nur den Wind und die Geräusche der Waldarbeiter höre, bin ich für eine Stunde bedürfnislos. Später aber um sechs oder halb sieben stört mich bereits der zunehmende Lärm. Es ist insgesamt zu laut geworden. Lauschen Sie bloß den Raben und Krähen!

Sie krächzen entschieden lauter als noch vor Jahren. Auch bei allen anderen Singvögeln können Sie das Gleiche beobachten. Ich achte auf solche Kleinigkeiten, weil ich von Anfang an auf Kleinigkeiten achte.

Als mein Großvater von den Schlachten bei Verdun erzählte, achtete ich auf jedes Detail, hörte andächtig zu, wenn er davon sprach, wie er sein Gewehr bestückte und das Bajonett aufpflanzte. Auch als er von den Toten sprach und den Schwerverletzten, den Soldaten, die mit abgerissenen Unterschenkeln nur wenige Meter von den Gräben entfernt im Schlamm gelegen sind und stunden-, mitunter tagelang geschrien haben, da man sie infolge andauernden Beschusses nicht bergen konnte, hörte ich aufmerksam zu und empfand in meinem Kindskopf jene Bilder nach.

Oft konnte ich daraufhin nachts nicht schlafen, doch schon anderntags bat ich den Großvater, mir wieder vom Krieg zu erzählen. Ich, der kein Blut sehen kann, mein ganzes Leben lang sozusagen einen Bogen um Blutwurst mache, war auf Großvaters blutrünstige Verdun-Geschichten geradezu versessen.

Ist das nicht sonderbar? Dass ich derart nach solchen Geschichten lechzte. Auf den Krieg und alles, was damit zu tun hatte. Waren wir allerdings im Wald unterwegs und pflückten Brombeeren, erzählte mir der Großvater nie vom Krieg. Nicht ein einziges Mal.

Suchen wir beide Pfifferlinge oder pflücken Brombeeren, sagte er, dann mein Junge reden wir über die Natur und nur über die Natur. Erst wenn wir wieder zu Hause sind, kommt Verdun an die Reihe. Und daran hielt er sich und wich nie von dieser Regel ab. Das imponierte mir. Keine Schaukelpolitik.

Mein Vater war völlig anders, war ein seltsamer, will sagen, mir immerfort fremder Mensch, in sich gekehrt, akribisch und sich um alles Sorgen machend. Das imponierte mir nicht. Dieser Dr. Siegfried Veltenhöfer, mein Vater, einen Kopf kleiner als ich und stets so leise redend wie das Rascheln einer Maus, galt für mich als Inbegriff eines schlechten Arztes. Nie entschied er sich für eine definitive Diagnose. Bereits als Knabe bedauerte ich die Patienten, die ihn aufsuchten, weil sie kranker und verzweifelter aus seinen Behandlungszimmern kamen, als sie es betraten.

Ich sah jedem einzelnen von ihnen an, dass er sie nicht heilte und ihnen dieses oder jenes Medikament, einen entsprechenden Eingriff oder eine Therapie empfahl. Man müsse abwarten, flüsterte er stattdessen in die Ohren der größtenteils gehörgeschädigten Patienten, ein zweites Mal wiederkommen, womöglich noch einen Zahnmediziner oder Neurologen zu Rate ziehen. Doch damit beleidigte er jene Kranken. Sie wollten nicht umsonst die steile Albert-Ueberle-Straße hinaufgegangen sein, um ein solches Wischiwaschi von ihrem Hals-Nasen-Ohrenarzt zu hören, sie wollten nach einem Eingriff, nach der Verödung der Naseninnenwand oder dem unmissverständlichen Satz *Ihr linkes Trommelfell ist nicht mehr zu retten* mit einem Rezept in der Hand die nächstgelegene Apotheke oder einen Hörgeräteakustiker ansteuern. Das verstanden die Leute seinerzeit unter einem Arztbesuch. Doch mein Vater war ein schlechter Arzt, ein unentschlossener, ein das Wagnis scheuender, wiewohl er mit diesen Eigenschaften, die im Grunde keine sind, heutzutage wiederum ein guter Arzt wäre, denn mittlerweile – Sie haben es vermutlich selbst schon erfahren – wagen es die Ärzte auch nicht mehr, sich vor Sie hinzustellen und Ihnen von Mann zu Mann, eine Diagnose zu stellen.

Man teilt Ihnen nicht mehr geradeheraus mit, dass Sie an einer schweren chronischen Krankheit leiden und in absehbarer Zeit auch daran sterben werden. Stattdessen verstecken sich diese Weißkittelträger hinter ihren Computern und tun, als sei noch einiges abzuklären, weitere Befunde abzuwarten und die Meinung eines Experten einzuholen, den man sicherheitshalber hinzuziehen möchte. So und nur so läuft es. Zahnärzte – das muss ich fairerweise sagen – sind die löblichen Ausnahmen.

Verstehen Sie nun, weshalb ich so wenig von Ärzten halte, obwohl ich wie kein anderer von ihnen abhängig bin?

– Aber, und jetzt werden Sie staunen, ich bin gewappnet. Denn ich trage zu jeder Tageszeit, ob Herbst, Winter, Frühjahr, ja, auch im Sommer und völlig gleichgültig mit welchen Temperaturen ich mich herumzuschlagen habe, zwei Utensilien bei mir: ein handgeschriebenes Testament und eine 6.35er *Haenel-Schmeisser M1*, allerdings mit nur einer Patrone im Lauf.

– Nun sind Sie geschockt, nicht wahr?

Jetzt haben Sie die Farbe gewechselt. Sind Sie blass geworden.

– Die Pistole habe ich von meinem Großvater. Er schenkte sie mir, als ich volljährig wurde. Einmal im Jahr, stets am Aschermittwoch und nur am Aschermittwoch – es ist mir zur Gewohnheit geworden –, nehme ich sie auseinander, öle sie und setze sie wieder zusammen. Wie gesagt, nur eine Patrone im Lauf. Das sollte für den Fall der Fälle genügen. Vierundfünfzig Jahre habe ich kein einziges Mal damit geschossen, wohl aber schon aufdringliche Gestalten verscheucht.

Wissen Sie, ich möchte nicht überfallen werden, das muss man verstehen. Denn auch Heidelberg ist längst nicht mehr das beschauliche Heidelberg, das es einst gewesen ist. Schlagen Sie einmal die Zeitung auf, die Regionalseiten, und schon sehen Sie Artikel über Artikel, die von der wachsenden Kriminalität und Brutalität berichten! Es ist besorgniserregend. Und Vandalismus gilt ja heutzutage bloß noch als Kavaliersdelikt. Niemand kümmert sich darum. Alles, was nicht niet- und nagelfest ist, wird demoliert. Vor nichts wird haltgemacht: Urinale, Telefonhäuschen, Laternen, parkende Fahrzeuge, in erster Linie Fahrräder, aber auch Straßenschilder, Mülltonnen und Marktstände. Die Wut der Zerstörer scheint keine Grenzen zu kennen.

– Es ist durchaus möglich, dass ich dies nicht mehr mit der nötigen Distanz betrachte. Indem ich mich nämlich auf die momentanen Zerstörungen konzentriere, täusche ich mich darüber hinweg, wie viel mehr an weitaus schlimmerer Verwüstung und Vernichtung ich schon gesehen habe; auch in Heidelberg, der Stadt der Dichter und Denker, der Stadt der Romantik und des so berühmten Philosophenweges. Von einer schlimmen Sache will ich Ihnen erzählen.

Es geschah mitten in der Nacht. Wir Veltenhöfers konnten ja vom Dachgeschoss unseres Hauses in der Albert-Ueberle-Straße geradewegs auf die andere Neckarseite und somit auf die Synagoge der Großen Mantelgasse hinüberblicken. Und dort ereignete sich jenes infernalische Schauspiel.

Verstehen Sie, es war gewiss nicht der erste Brand, den ich mitbekam, nein, doch es war ein Brand, der sich in meinem Kopf festsetzte, ein Schwelbrand, der bei mir, falls Sie das überhaupt verstehen, erst Jahre später richtig ausgebrochen ist. Und dann wurde er zu einem lebenslangen, schweißtreibenden Kopfschwelbrand. Unauslöschlich.

– Doch lassen Sie uns bei der Sache bleiben! Damals, also an jenem 10. November, es war gegen drei Uhr morgens, stand ich, über die Größe der Flammen staunend, neben meinem Vater, der kein Sterbenswort sagte, und neben meiner Mutter, die gleichfalls schwieg, wohl aber weinte. Ich glaube, sie ahnte oder wusste vielmehr, was in der Großen Mantelgasse geschah, dass dort drüben auf der gegenüberliegenden Neckarseite die Feuerwehr von der SA massiv daran gehindert wurde, die brennende Synagoge zu löschen. Sie richtete die Schläuche nur auf die angrenzenden Gebäude.

Wissen Sie, wenn wir heute in den Medien von der Pogromnacht lesen, denken wir zumeist an Berlin, Brandenburg, Köln, Wien, Gelsenkirchen und dergleichen, kaum mehr an Worms, Speyer und Heidelberg. Doch auch in diesen Städten brannten die Synagogen. Und wenn ich mir wie jetzt das Bild der brennenden Heidelberger Synagoge wieder vor Augen führe, erschreckt es mich, wie still es in jener Novembernacht trotz des Brandes war. Dieses Bild, diese Ruhe und am allerschlimmsten die Ruhe, mit der ich das Bild betrachtet habe: Es fordert mittlerweile ein Schreien geradezu heraus.

Ich weiß, Sie als Nachkriegsgeborener können sich das kaum vorstellen. Sie glauben wie viel zu viele ebenso, dass die Neonazis allenfalls eine Gruppierung seien, die man quasi aus der Ferne belächeln könne. Da liegen Sie aber falsch. Völlig falsch.

Ich sage Ihnen, dass diese Leute brandgefährlich sind. Nicht wegen ihrer Ideologien allein, die ja einzig aus rassistischen Parolen und Diffamierungen bestehen, nein, vor allen Dingen wegen der Radikalität, mit der sie diese verbrecherischen Ideologien umzusetzen versuchen.

Die Verbohrtheit, die Dummheit, die nicht vorhandene Toleranz und schlimmer noch die alles niederwalzende Radikalität, mit der jene Merkmale zur Schau gestellt werden: Das, junger Mann, ist das Gefährliche. Mit einem Radikalen allein kann man durchaus streiten. Mit einem Nichttoleranten ebenso; auch einen Dummen können Sie womöglich belehren. Einen dummen Radikalen können Sie freilich nur...

Nein, ich sage es nicht, sonst wissen Sie ja nicht mehr, woran Sie bei dem alten Veltenhöfer, dem Bänkesitzer, sind.

Aber wissen Sie, was jämmerlich ist?

– Dass ich nie, auch später nicht, meine Mutter fragte, was sie in jener Nacht, in der sie mich weckte, zum oberen Fenster führte und mir die brennende Synagoge zeigte, tatsächlich dachte. Weswegen sie weinte?

Wollte sie mich kindgerecht abschrecken, mir ein Bild einimpfen, an das ich mich auch Jahre danach erinnern sollte, und welches mir meine Vorstellung vom Flugzeughelden endgültig austreiben sollte?

Ich weiß es nicht, da ich in dieser Zeit nicht mit ihr darüber gesprochen habe. Und als ich schließlich mit ihr darüber sprechen wollte, ging es nicht mehr, da sie einen Schlaganfall erlitt, der sie lähmte und für immer schweigen machte.

Nach ihrem Tod zog Tante Gretel in unser Haus. Es lag auf der Hand, denn sie war unverheiratet und kinderlos. Sie versuchte, so etwas wie ein Muttersatz für uns Veltenhöfer-Kinder zu sein. Wäre sie nicht durch und durch braun gewesen und hätte sich mein Vater nur ein einziges Mal eindeutig gegen die nationalsozialistischen Volksaufhetzer geäußert, so hätte sich meine Sichtweise womöglich schon seinerzeit geändert. Der einzige, der unablässig auf die Braunen schimpfte, und das wundert mich im Nachhinein betrachtet keineswegs, war mein Großvater, der einstige Soldat. Er war der Warner in unserer Familie, ein schlauer, weil voraussehender Mann. Solche Menschen vermisse ich. Heute mehr denn je.

Es war ja unbestritten so, dass man auch in den Anfangsjahren – und zwar nicht bloß peripher – bemerkte, wohin sich Deutschland bewegte. Die meisten, die behaupteten, von nichts gewusst zu haben, bekamen sehr wohl mit, wie man die Heidelberger Juden mit ihren Habseligkeiten zum Bahnhof trieb, um sie nach Gurs zu verschleppen. Ja, auch aus der Stadt der Dichter und Denker vertrieb man die Juden. Und die Dichter und Denker schauten größtenteils weg und schwiegen.

– Was ich Ihnen jetzt sage, wird Sie schockieren. Denn ich hätte seinerzeit den Abtransport der Juden in Kauf genommen, wenn man mich im Gegenzug zu den Fliegern gelassen hätte. Heute treibt mir meine Haltung Tränen in die Augen. Bin ich allein und unterhalte mich nicht, sehe ich oft das Bild der brennenden Synagoge und sehe all das Elend, das jener Nacht folgte. Die Masse an Toten in den Konzentrationslagern, die Vergasten und Erhängten, die Verhungerten sowie die vielen Neugeborenen und Säuglinge, die man während der Deportation zertrampelte und in Massengräber schmiss. Ich habe Bilder vor Augen, wie linientreue Richter Dissidenten und Kommunisten, Juden, Zigeuner und Homosexuelle geringfügiger Vergehen wegen zum Tode verurteilten, wie teuflische Ärzte und Helfershelfer hantierten, indem sie unzählige behinderte Kinder und Jugendliche für ihre Experimente ohne Betäubung zu Tode operierten. Millionenfache Vernichtung von Menschen.

Menschen, verstehen Sie? Menschliche Geschöpfe wie Sie, wie ich, wie unsere Nachbarn, wie alle Menschen, denen das Recht zusteht, zu leben. Ich meine damit jeden Menschen, gleich welcher Hautfarbe, gleich welcher Herkunft.

– Nein, der Mensch ist kein Tier, aber er ist mitunter brutaler und grausamer als jede Kreatur, die jemals lebte. Und was wir Deutschen, ich sage ganz bewusst *wir*, weil ich mich von dieser Mitschuld niemals freisprechen kann und auch nicht möchte, an den Juden verbrochen haben, ist mit nichts zu sühnen. Mit absolut gar nichts.

Hitler und seine Gefolgsleute waren keine Kranken, sondern Verbrecher und Unmenschen. Und keine Verhaltensforschungstheorie lässt sich für jene Untaten, jenen Völkermord missbrauchen. Wäre es so, würfe ich meine Professur in den Neckar und spränge hinterher.

– Jetzt bedauern Sie bestimmt, dass Sie sich zu mir gesellten. Hätten Sie sich auf einer anderen Bank zu einer Studentin gesetzt, wäre Ihnen einiges erspart geblieben. Aber man darf solche Gräuel nicht verschweigen, auch nicht siebzig Jahre danach. Nur aus Fehlern ist zu lernen, wiewohl ich das bezweifle.

– Das Erinnern, junger Mann, ist mitunter eine schmerzhafte Angelegenheit. Ich erfahre es Tag für Tag.

Wenn Sie Brombeeren gehabt und wir welche gegessen hätten, wäre unsere Unterhaltung möglicherweise in eine andere Richtung verlaufen.

Wissen Sie, ich bezeichne mich nicht als sentimental oder gar alterssentimental, doch hin und wieder bin ich niedergeschlagen, wenn ich beispielsweise das Radio einschalte und fast ausnahmslos Nachrichten höre, die meinen Verstand und den zweifelsfrei noch vorhandenen, wenn auch nur geringen Glauben an intelligente Menschen Lügen strafen.

– Ich kann es nicht oft genug sagen: Unsere Grundsätze werden nicht mehr genügend geschätzt. Auch die Achtung voreinander ist auf der Strecke geblieben. Werte zerbröseln. Außerdem haben wir uns von handelnden Wesen zu zuschauenden entwickelt. Die Initiative verlassen und uns in die Apathie begeben. Eine verhängnisvolle Entwicklung. Und die Verhaltensforschung kann sie nicht stoppen, bestenfalls erklären.

Doch zu welchem Nutzen? Zu wessen Nutzen?

– Wer hört noch auf die Warnungen der tatsächlich Weisen?

Wir Verhaltensforscher gehören ja keineswegs dazu. Gewiss nicht. Nein, denn auch wir stehen mit demselben Unwissen auf, mit dem wir uns am Vorabend in die Betten legten. Traurig und bejammernswert.

– Gelegentlich wünsche ich mir, mein Großvater käme wieder, säße neben mir, nur wir beide und die Waldarbeiter und die Vögel. Falls Sie noch einen Großvater haben, besuchen Sie ihn so lange Sie können. Man lernt von den Alten, glauben Sie mir! Es ist ihr langes Leben, das Ausharren sozusagen, auch dass sie mehr gelitten und dadurch mehr begriffen haben. Jedenfalls trifft das bei den intelligenten Alten zu.

Wir Alten, sage ich mitunter, sind die Steine, die das Wasser leichter passieren lassen. Aber es ist schon so: Das am dichtesten bevölkerte Land bringt nicht zwangsläufig die gescheitesten Menschen hervor.

– Von den Installateuren kann man einiges über die Natur erfahren, so beispielsweise, dass man Hindernisse beseitigen sollte, Abflüsse begradigen, damit das Wasser besser fließt.

Sich bewegen ist ohnehin gesund. Wer stehen bleibt, ist beinahe schon gestorben. Falls Sie nun denken, der Veltenhöfer, der Professor, spricht zwar ständig vom Sich-Bewegen, bewegt sich selbst jedoch so gut wie gar nicht, sondern sitzt stattdessen über Stunden auf der einen oder anderen Bank – quasi unbeweglich –, so muss ich Ihnen sagen, dass Sie sich täuschen, denn ich bewege mich dort, wo es am schwersten ist – im Kopf.

Jetzt staunen Sie, nicht wahr?

Aber es ist so: Mein Kopf bewegt die Gedanken, die meinen Kopf beweglich halten.

Verstehen Sie?

– Mein Kopf ordnet die Gedanken, sortiert sie, versucht sie, jederzeit abrufbar zu machen. Und häufig geschieht dabei Folgendes: Wenn ich beispielsweise denke, eine Sache sei gestern noch gut gewesen, so stelle ich sie nach wenigen Momenten des Nachdenkens bereits infrage.

Mein Denken ist eine fortwährende Beschäftigung. Doch ab und an – und das ist wichtig – sollte man den Siphon seines Kopfes reinigen. Eine Grundentkalkung durchführen. Die Synapsen entstauben. Es funktioniert auf recht einfache Art, indem man sich etwa für ein paar Minuten etwas völlig anderem widmet als dem Denken. Planlos in einem Wald umherzuwandern oder exzessives Tanzen sind probate Mittel. Auch ein Buch, welches einen herausfordert, also nicht so mir nichts dir nichts zu überfliegen ist, eignet sich zum Hausputz des Gehirns.

– Sie studieren zweifelsfrei, aber auch bei dieser Tätigkeit ist ein gelegentliches Ausmisten des Gehirns vonnöten. Sich innerlich leer machen, heißt Raum für Neues schaffen. Es geht ja nichts verloren dabei, denn alles, was wir je in unsere Köpfe hineingelassen haben, bleibt uns auf die eine oder andere Weise erhalten. Wir müssen nur gelegentlich umschichten, umlagern, die Gehirnregale neu bestücken – oder zeitgemäßer ausgedrückt: die Festplatte parzellieren, Programme updaten und die Prozessoren modifizieren.

Nehmen Sie mich! Hunderte, Tausende, wenn nicht Abertausende Unterhaltungen habe ich seit meinem Ruhestand geführt. Kein Wort davon vergessen, wohl aber verwechsle ich dann und wann die Köpfe und Staturen meiner Gesprächspartner oder ordne einen Satz einem anderen Urheber zu, was bisher jedoch zu keinen Komplikationen führte, da ich erwartungsgemäß noch auf keinen Menschen stieß, der sich zuvor schon einmal mit mir unterhielt, außerdem sitze ich jeden Tag auf einer anderen Bank. Ich vermeide strikt, dieselbe Bank zwei Tage hintereinander aufzusuchen. Gleich zu Beginn als ich beschloss, die Menschen und Vögel sowie die Natur im Allgemeinen auf eine neue, strenge, zugleich aber auch unwissenschaftliche Methode zu erforschen, sagte ich mir, es sei nützlich, jeden Tag eine andere Lokalität auszuwählen.

– Ich will es Ihnen nicht verschweigen, aber ganz zu Anfang kam ich überhaupt nicht auf die Idee, mir Bänke auszusuchen, stattdessen spielte ich mit dem Gedanken, einen Klappstuhl mitzunehmen, wissen Sie, so einen, wie sie Jäger mit sich führen. Es wäre freilich lächerlich gewesen: ein Mann meines Alters auf einem Jägerstuhl inmitten des Bismarckplatzes oder auf dem Kornmarkt oder, schlimmer noch, auf der Wiese vor dem Schwesternwohnheim im Neuenheimer Feld. Man hätte mich wahrscheinlich verhaftet. Ich kenne die Vorgehensweise von Polizisten. Sehr gut sogar.

– Als ich lehrte, noch der Professor Veltenhöfer war, besuchte ich in Heidelberg mehr oder weniger stets die gleichen Örtlichkeiten. Zwischen den Vorlesungen und Audienzen führte mich mein Weg, schon der knapp bemessenen Zeit wegen, zumeist nur in die Straßen und Gassen der Altstadt, wo ich in verschiedenen Kaffeehäusern einkehrte, um einen Calvados zu trinken. Manchmal bestellte ich mir auch einen Campari, selten Kaffee. Wenn ich überhaupt etwas gegessen habe, dann bestenfalls Kleinigkeiten.

Im *Schafheutle* und Café *Knösel*, in denen ich regelmäßig anzutreffen war – gewissermaßen meine Lieblingskonditoreien –, aß ich mitunter auch Spaghetti bolognese, stets die kleine Portion; gelegentlich auch eine Sachertorte, dann freilich mit Kaffee. Doch wie gesagt, dies war die Ausnahme.

Dann und wann setzten sich Studenten zu mir. Ich mochte es nicht, aber lieber saß ich mit ihnen zusammen als mit anderen Professoren. Am aufdringlichsten war Frau Professor Janikovsky, denn sie versuchte gewissermaßen ein Verhältnis mit mir anzufangen. Sie legte, was ich partout nicht leiden kann, ihre knorrigen Finger auf die meinigen und glaubte dadurch wohl, eine sogenannte Intimität zu erzeugen.

Jedes Mal, wenn ich ihr notgedrungen eine Antwort auf eine ihrer pseudophilosophischen Fragen gab, tastete sie, die Lippen dabei geradezu lächerlich gespitzt, nach meiner Hand, vielmehr meinem Oberschenkel. Auch in den Universitätsgebäuden, insbesondere der Bibliothek, machte sie sich an mich heran.

Wissen Sie, aufdringliche und vom Sexualtrieb beherrschte Männer sind schon eine Plage, aber ein Frauenzimmer, das einem permanent Avancen macht, ist eine Schraube ohne Ende. Und Frau Professor Janikovsky schraubte und schraubte ohne Unterlass. Einmal - ich war vollkommen wehrlos, da ich sieben relativ schwere Bücher in den Händen hielt - küsste sie mich nur wenige Schritte vom Büro des Dekans entfernt auf die Wange. Seit diesem Tag vermied ich mehrere Bücher auf einmal zu tragen, vielmehr bat ich einen meiner Studenten, mir die Bücher, die ich aus der Bibliothek benötigte, freundlicherweise zu holen.

Trotzdem, wie Sie sich denken werden, gab diese Frau nicht auf, schrieb mir sogar einen Brief, in dem sie in unverblümter Weise darlegte, wie sehr ihr an einem Liebestreffen mit mir gelegen war. Ich antwortete ihr nicht, denn es wäre ein Fass ohne Boden geworden. Später dann, mir fiel ein Stein vom Herzen, sah ich sie eng umschlungen mit einem schnauzbärtigen Romanistikprofessor durch die Hauptstraße tippeln; sie würdigte mich keines Blickes. Aber an diesem Tag bestellte ich mir im *Schafheutle* die große Portion Spaghetti bolognese sowie einen italienischen Salat. Und ich aß mit Appetit. Wollte zu essen gar nicht aufhören.

Verstehen Sie mich bitte richtig!

Ich möchte Ihnen keineswegs die Vorfreude auf das sogenannte Intime verleiden, ich sage nur: Vorsicht, der Herr!

Beziehungen, das ist unbestritten, sind immer auch Fallstricke, weil bereits im Anfang, in der Phase der Verblendung das Auflösen wuchert.

Da wir denkende Wesen sind, ist unsere Liebe stets mit dem Denken gekoppelt, eine gefährliche Verquickung, wie ich meine, denn es reicht schon eine zu tief gestimmte Geige im Orchester, und sogleich beginnt das Lauschen, Recherchieren und Zutage-Bringen. Der Dirigent ist aufmerksam geworden, die Mitspieler ebenfalls. Folglich sucht man den Täter, den Querulanten, den Zerstörer der perfekten Quinte.

In der sogenannten Zweisamkeit ist es ein ähnliches Spiel. Die Liebe ist der Ton, das Denken die Melodie. Die Liebe ist Natur, das Denken die Kultur. Was daraus folgt, können Sie sich ausmalen. Zumeist nichts anderes als ein Aufrechnen gegenseitiger Standpunkte. Zuerst wird die Melodie zerstückelt, dann der Ton. Ein Fressen für die Psychotherapeuten.

– Wissen Sie, wir leben unter Hyänen und bemerken es nicht. Haben uns nach und nach zu Blutsaugern und Halsabschneidern entwickelt. Verachten und demolieren einander den ganzen Tag.

Wenn ich drüben auf der anderen Neckarseite im Neuenheimer Feld im Botanischen Garten sitze und mir die zukünftigen Mediziner, Biologen, Pharmazeuten und Biochemiker betrachte, bedauere ich zuweilen diese jungen Leute.

Woran machen sie sich fest, an welche Dinge glauben sie und was weitaus wichtiger ist, an welche glauben sie nicht? Wie weit sind sie noch vom gegenseitigen Belauern, Beneiden und Ruinieren entfernt?

Gerne schaute ich in ihre Köpfe hinein und läse ihre Gedanken, doch nur selten verirrt sich einer von ihnen auf *meine* Bank. Das Studium nimmt sie anscheinend derart in Anspruch, dass sie sich keine Auszeit gönnen. Und in den wenigen freien Stunden, die ihnen bleiben, telefonieren sie, sprechen in diese wundersamen Geräte. Wir sprechen in Apparate anstatt zu Menschen.

Ist das nicht grotesk? Zumindest in dem Ausmaß, in dem es mittlerweile üblich ist?

– Ich lege Ihnen nahe, junger Mann, sich einmal gründlich, will sagen, wissenschaftlich umzuschauen. Stellen Sie sich vors *Aldi*, das *Bauhaus* oder die *Galeria Horten* und beobachten Sie die erstbesten zehn Personen, die von links, meinetwegen auch von rechts kommend, an Ihnen vorübergehen! Mindestens vier davon telefonieren gerade, beenden oder beginnen in jenem Moment ein Gespräch. Die Quote ist erschreckend.

Sicher, ich spreche auch, ziemlich viel sogar, doch ich sehe Sie dabei an, schaue in Ihre Augen, registriere Ihre Reaktion, auch die geringste, spüre, ob Sie mir folgen oder sozusagen woanders sind. Diese Fähigkeit habe ich im Lauf der Zeit, will sagen, perfektioniert. Nichts entgeht mir und das ist mitunter quälend.

Wenn man gelernt hat, das Existenzielle zu ergründen, sucht man zugleich auch immer alle Nuancen, die das Existenzielle beinhaltet. Man geht, die Natur sowie die Menschen erforschend, durch die Straßen. Nicht immer angenehm, nein, weitaus häufiger unangenehm als angenehm. Aber es beschleunigt das Denken. Und in meinem Alter ist Schnelligkeit, ist das Auf-den-Punkt-Kommen ungeheuer wichtig. Es wäre falsch, anzunehmen, im Alter könne man es geruhsam angehen. Im Gegenteil, alles muss, möchte man den Tag einigermaßen strukturiert verbringen, effizient geplant sein.

Sehen Sie, wäre ich ein junger Mensch, hätte ich meine Frage, ob Sie Brombeeren dabeihaben, anders gestellt: höflicher, in Nebensätze gekleidet, womöglich mit einer zuvor erzählten, durch und durch humorvollen Episode versehen.

– Ich weiß, dass es mit uns Alten hin und wieder zu Zerwürfnissen kommt, weil wir mitunter als brutal und gefühllos gelten, wenngleich wir nichts anderes machen, als Prozesse zu beschleunigen. Und dies, ich erkläre es Ihnen gern, können Sie am Beispiel Telefonieren gut erkennen und auch nachvollziehen.

Angenommen, Sie wären ein Verhaltensforscher aus alten Tagen, mit dem ich bei zwei Gläsern *Holsten* ein wenig diskutieren möchte, wie würde ich vorgehen, wie mich verhalten?

– Ich ginge, nehmen wir einmal an, wenn ich heute nach Hause käme, in mein Schlafzimmer, denn dort steht seit Jahren mein Telefon und riefe Sie an. Und sobald Sie nun ihrerseits am Apparat wären, brächte ich mein Anliegen vor, bespräche mit Ihnen den Ort und den

Zeitpunkt, an denen ich mich mit Ihnen treffen möchte, höchstwahrscheinlich in der Konditorei *Schafheutle* am nächsten Freitag, sagen wir um $18^{h}15$. So, und nun geben Sie Acht! Sie als mein Gesprächspartner stimmten jetzt meinem Vorschlag zu oder auch nicht. Eine eindeutige Abmachung. Aus und Ende.

Verstehen Sie?

– So etwas nenne ich zivilisierte, auf den Punkt gebrachte Kommunikation. Ja oder nein, heute oder morgen, im *Schafheutle* oder im Café *Knösel*, um $18^{h}15$ oder um $19^{h}30$.

Wie Sie also vernommen hätten, wären wir jetzt entweder miteinander verabredet oder nicht, ein klares für jedermann zu verstehendes Ergebnis. Doch nun kommen wir zu zwei Verhaltensforschern der Neuen Generation. Durch das permanente Mitführen ihrer Telefonmaschinen und Kleinstcomputern bliebe es nicht bei einer Nachricht. Denn spätestens einen Tag vor dem vereinbarten Treffen schriebe oder riefe der eine an, um sich den Termin noch einmal bestätigen zu lassen, was den anderen wieder anrufen oder zurückschreiben ließe, um sicher zu gehen, dass es sich beim vorausgegangenen Telefonat, vielmehr der schriftlichen Kurzmitteilung des Kollegen tatsächlich um eine Terminbestätigung gehandelt habe und nicht um eine Terminverschiebung oder Absage, alles möglich beim schnellen und flüchtigen Abhören und Ablesen einer derartigen Nachricht. Man fliegt ja heutzutage im Affenzahn, wie es heißt, über die Zeilen. Keine Pausen, kein Innehalten bei einem Komma, geschweige einem Semikolon.

Doch zurück zur Sache: So wie gerade geschildert, liefe es in etwa zwischen zwei modernen Verhaltensforschern ab, wobei ich mich bei diesem theoretischen Beispiel bewusst auf die Mindestzahl der in Wirklichkeit zu vermutenden Botschaften beschränkt habe.

Begreifen Sie, was ich Ihnen damit nahebringen möchte?

– Das Meiden von den Maschinen, meine ich. Maschinen nutzen – ja. Sich in ihre Abhängigkeit begeben – nein. Telefonieren – ja. Sich von Telefonmaschinen terrorisieren lassen – nein. Lernen und Studieren – ja. Sich das Gehirn mit Schrott anfüllen – nein. Im Wind umherwandern – ja. Sich Stürme im Fernsehen betrachten – nein.

– Die meisten jungen Menschen und Sie wahrscheinlich auch glauben doch, dass sie fähig seien, multifunktional zu agieren. Es stimmt jedoch nicht, denn wenn Sie lesen und dabei aus dem Fenster schauen, machen Sie weder das eine noch das andere mit gebührender Beachtung. Sie glauben zu lesen, und Sie glauben, dass Sie sehen, was vor ihrem Fenster vonstattengeht, doch Sie bekommen recht wenig davon mit, weder vom interessanten Inhalt, der, falls es ein lesenswertes Buch ist, darin enthalten sein sollte, noch sind Sie in der Lage, dezidiert zu sagen, was auf der Straße unterhalb Ihres Fensters soeben geschieht. Was Sie zusammenbringen, sind bestenfalls Fragmente. Stückwerk.

Die Industrie indessen, insbesondere die Computerbranche versucht uns einzureden, unser Gehirn sei in der Lage, mehrschichtig zu funktionieren. Es ist nicht wahr. Und glauben Sie mir, ich habe in den letzten Jahren genügend Leute gesehen, die mit ihren Minimaschinen telefonierend, gegen Straßenschilder stießen oder über Bordsteine stolperten, häufig mit Blessuren. Zugegeben, ein wenig schadenfroh bin ich dann schon gewesen.

Grundsätzlich neige ich zwar nicht zur Schadenfreude, doch wenn Arroganz und Selbstüberschätzung zu solchen Missgeschicken führen, komme ich nicht umhin, mich zu amüsieren. Es ist oft traurig, worüber wir lachen, doch das Lachen, selbst wenn es ein gehässiges ist, liegt in unserer Natur.

– Falls Sie übrigens einmal wirklich vorzüglichen Kaffee trinken möchten, empfehle ich Ihnen das Café *Knösel*. Dort gibt es den besten Kaffee Heidelbergs, wiewohl ich häufiger im *Schafheutle* anzutreffen war.

Wissen Sie, ich liebte es in den Sommermonaten, im Juni mehr als im Juli und August, auf den Stühlen vor diesen Cafés zu sitzen und meine Menschenbeobachtungen durchzuführen. Die Augustmonate waren damals anders als heute. Der August war zumeist der heißeste Monat des Jahres. Und die Natur, noch nicht von Telefonaten und den Abgasen unserer Autos durchsetzt, zeigte sich von ihrer besten Seite.

Ferien im August bedeutete Sonne. Da brauchten Sie nicht an die Costa Brava zu fahren, da genügte es, sich an den Neckar, den Rhein oder einen der Baggerseen zwischen Heidelberg und Bruchsal zu legen, stets Sonnengarantie. Im Juli und August war es warm und man konnte sich darauf einstellen. Freilich gab es Ausnahmen, doch die nahm man gelassen hin, da es eben Ausnahmen waren, die die Regel bestätigten.

– Guten Kaffee zuzubereiten, erfordert eine ähnlich hohe Fertigkeit wie orthopädisches Schuhwerk herzustellen. Ich weiß es, da ich meinem Großvater häufig über die Schulter schaute.

Ärzte hingegen kann man nicht miteinander vergleichen, da spielt auch die Chemie zwischen Arzt und Patient eine beträchtliche Rolle. Nicht jeder kann mit jedem Arzt. Frauenärzte, wie viele behaupten, sollen besonders problematisch sein. Ich weiß ein wenig darüber Bescheid, da ich mich erwartungsgemäß auch mit Frauen unterhalte, im Grunde genommen weitaus mehr als mit Männern, denn Frauen setzen sich häufiger auf Bänke, was in gewisser Weise für sie spricht.

Bereits als Kind hatte ich Respekt vor alten Frauen, ich weiß nicht weswegen. Womöglich weil sie mir mit mehr Lebenserfahrung ausgestattet schienen als gleichaltrige Männer. Heute sehe ich es nicht mehr so streng. Wir haben uns ja alle nach dem zweiten Weltkrieg mehr oder minder stark geändert, sind einerseits aufmüpfig geworden, andererseits auch außerordentlich angepasst, wobei die besonders Angepassten mit Vorsicht zu genießen sind.

Falls Sie sich für die deutsche Nachkriegszeit interessieren, verstehen Sie, was ich damit meine: Beispielsweise einen mir bekannten Mann, der 1943 das Todesurteil für einen evangelischen Pfarrers unterschrieb und diesen Menschen dadurch dem Scharfrichter zuführte. Dies allein schändlich genug, doch 1946 war jener Unmensch schon wieder ein hohes Tier in einer baden-württembergischen Justizbehörde, angesehen und von vielen respektiert.

Gefälschte Personalpapiere zu beschaffen, war für diese Verbrecher anscheinend einfacher, als für eine Kriegswitwe zwei Dosen Muckefuck aufzutreiben. Die von mir erwähnte Kreatur ist übrigens nur eine unter vielen, denn Tausende von Nazis bekleideten in den fünfziger und sechziger Jahren bedeutsame Ämter in der Justiz. Gerade und bedauerlicherweise dort.

– Wir glauben zwar an den Fortschritt und versuchen mit ihm Schritt zu halten, wie es heißt, doch es gelingt uns nicht, da wir in unseren Köpfen Wasserflöhe bleiben. Wasserflöhe in Menschengestalten. Freilich haben wir uns weiterentwickelt, sind nicht mehr gemeiner Wasserfloh, sondern – um es vereinfacht und sinnbildlich auszudrücken – ein Bythotrephes longimanus – also Langschwanzkrebs geworden. Wir haben uns aber lediglich an den Fortschritt angehängt, sonst nichts. Trittbrettfahrer. Lebensparasiten. Blutsauger. Zecken.

– Sicher, da haben Sie recht. Wir sind schlussendlich alle mit der Zeit gegangen, befinden uns kontinuierlich in einem zukunftsorientierten Zustand. Und gewiss sind wir auch modern und progressiv. Überaus sogar, denn wir telefonieren ohne Unterlass, fliegen in Großraumflugzeugen zum Sonnenbaden, lassen uns Körperteile transplantieren und nehmen *Viagra*, um auch auf diesem Gebiet im Greisenalter nicht zu versagen, doch letztlich bleiben wir Wasserflöhe.

Falls Sie Wasserflöhe nicht mögen – obwohl diese Tiere, das sollte Ihnen zu denken geben, rund achttausend Gene mehr haben als wir Menschen –, kann ich gern auch andere Lebewesen für meinen Vergleich heranziehen.

Wie auch immer, wir bleiben, was wir sind. Manche glauben ja mitunter, sie seien Krähen, können jedoch nicht fliegen, andere glauben, sie wären schlauer als eine Maus und werden schlussendlich von der Katze gefressen. Was und wer auch immer zu sein, man sich einbildet, ob jemand von Rang und Namen oder ein sogenannter einfacher

Mensch: Es ist bloß von geringer Bedeutung. Und ehe wir erfahren, wer wir tatsächlich sind, ist unser Dasein vorüber. Was bleibt, ist üblicherweise ein bescheidener Nachruf und zwei Schnäpse im Hinterzimmer einer Allerweltgaststätte sowie ein Grabmal, das in zwanzig Jahren verrottet ist. Das war es dann, ist es dann gewesen. Professor oder kein Professor, einst als Bierbrauer unterwegs oder Stuckateur.

Sie erkennen solche Zusammenhänge wohl kaum? Wie denn auch?

Sie sind ja vermutlich gerade mal Anfang zwanzig oder ein wenig älter. Ich muss Ihnen allerdings sagen, dass ich mich mit dreißig Jahren nie zu einem alten Menschen aus freien Stücken auf eine Bank gesetzt hätte. Und was bei mir erschwerend hinzukommt, ist die Tatsache, dass ich quasi erst mit vierzig Jahren den Underground entdeckte, die Rolling Stones, Canned Heat, Woodstock, Janis Joplin, Gary Moore, Jimmy Page und Tom Waits, der sozusagen mein Lieblingssänger wurde. Nicht zu vergessen: der einmalige Jimi Hendrix an der Gitarre sowie der geniale John Bonham hinter seinen Trommeln.

Klassische Musik indessen ist mir von Anfang an vertraut. Und relativ früh interessierte ich mich bereits für die zeitgenössische sowie die sogenannte Experimentalmusik. Wenn ich mir jedoch die derzeitige Pop- und Rockmusik anhöre, habe ich wiederum nichts anderes als ein Argument gegen den angeblichen Fortschritt, denn was ist an der heutigen Musik wirklich neu, sensationell oder in irgendeiner Weise bemerkenswert? Sagen Sie es mir!

– Sehen Sie! Sie bringen spontan nicht einen Namen hervor, eine Gruppe oder Sängerin, die mich neugierig machen könnte. Falls Sie jetzt jemanden erwähnt hätten, zum Beispiel Xavier Naidoo, egal ob solo oder mit den Söhnen Mannheims oder diesen krächzenden Grönemeyer oder Shakira oder Marius Müller-Westernhagen, der sich in null Komma nichts vom Pfefferminzprinz zur Freiheit singt, oder aber auch jenen, den Wind des Wechsels herbei pfeifenden Sänger der Skorpions – sie alle wären an meinen Ansprüchen gescheitert.

Nicht gut genug, nicht originell genug, zu wenig Temperament und Feuer. Lausige Melodien, zu viel Durchschnitt. Allerweltsgeschmack. Einheitsbrei und langweiliges Gedudel. Kein Gramm Charles Ives, Stockhausen oder John Cage, keine erstaunenswerten Disharmonien und Polyrhythmen, keine Textzeile, die auch nur ansatzweise einem John Lennon Text ebenbürtig ist, kein instrumentales Ausloten im Sinne eines Kimmo Pojohnen. Nichts davon.

Doch das braucht Sie nicht weiter zu beunruhigen, denn die Welt an sich richtet ihre Uhr nicht nach irgendwelchen Musikern. Sie richtet sich auch nicht nach der Französischen Revolution, dem Mauerfall, dem 11. September oder dem alten Veltenhöfer. Nein, sie tickt unablässig weiter, Stunde um Stunde und sie nimmt uns alle mit, ob singend oder nicht, Fahnen schwenkend oder nicht, ob im Westen oder Osten lebend.

Sie kümmert sich weder besonders um den Lachs noch um den Bären. Und das, junger Mann, ist eine bittere Pille, die wir zu schlucken haben. Und so einfach es ist, so wenig begreifen wir es. Wir wollen es partout nicht wahrhaben. Auch ich nicht mit der Eindeutigkeit, mit der ich es müsste. Gewiss nicht. Ansonsten trüge ich nicht jeden Tag mein Testament mit mir herum und, gravierender noch, die 6.35er *Haenel-Schmeisser M1.*

Es ist absonderlich, ich weiß, und es muss Sie geradezu verwirren. Da spreche ich einerseits von Molekularbiologie, Zellanalysen und Biomathematik, andererseits trage ich eine Pistole bei mir und damit nicht genug, auch ein handgeschriebenes Testament. Seit vielen Jahren begleiten mich diese Utensilien Tag für Tag.

Ich erzähle nicht jedem davon. Sie sind eine Ausnahme und deswegen werde ich Ihnen auch sagen, weshalb ich sie mit mir führe.

Übrigens, wie ich soeben fälschlicherweise sagte, haben wir bislang noch nicht über Zellanalysen und das Molekularbiologische gesprochen, wiewohl wir uns – es liegt allerdings schon etwas zurück – über die synthetische Biologie unterhielten. Der Korrektheit willen möchte ich das richtigstellen.

– Wissen Sie, die Sache mit dem Testament ist einfach zu erklären. Stellen Sie sich einmal vor, Sie seien ein Krankenwagenfahrer, der an einen Ort gerufen wird, wo, sagen wir, ein alter Mann eine Herzattacke erleidet. Sie assistieren also dem Notarzt, den Sie womöglich nicht einmal kennen und Sie machen sich an dem alten Mann zu schaffen, den Sie aller Wahrscheinlichkeit nach noch weniger kennen. Und wenn der Herzpatient dann für den Krankentransport vorbereitet ist – man ihm sowohl den Trachealtubus als auch die Venenverweilkanüle angelegt hat, die Infusionen quasi laufen und der Arzt seinen gassterilisierbaren PVC-Beatmungsbeutel wieder zusammenpackt –, steht die Frage an: Wohin mit dem Kranken?

Und nun nehmen wir an, ich wäre derjenige und hätte meine Herzattacke, sagen wir, auf der Bank am Hackteufel oberhalb der Schleuse erlitten, na, wohin verfrachtete man mich wohl?

– Sie wissen es nicht. Das ist kein Problem, denn ich sage es Ihnen. Höchstwahrscheinlich in die Medizinische Klinik, jedoch nicht in die alte, die sogenannte *Ludolf Krehl*, die noch ein Leben hatte und in der man Personal vorfand, das gleichermaßen nach medizinischen sowie humanitären Gesichtspunkten handelte, nein, man bugsierte mich in die Neue Medizinische Klinik, genauer gesagt in den Vorraum der Abteilung mit der irreführenden Bezeichnung *Chest Pain Unit*, von wo aus man mich dann als dritter oder vierter mittelschwerer Fall des Nachmittags mehr oder minder liebenswürdig in einen der von dort abzweigenden Untersuchungsräume schöbe. Und wenn diese Türen erst einmal geschlossen sind, dann gute Nacht, junger Mann, denn in der Neuen Medizinischen Klinik, auf deren moderner Glasfront in dreister Weise noch der Name *Krehl* steht, werden Sie vor allen Dingen nach effizienten Gesichtspunkten behandelt.

Verstehen Sie?

– Es kommt entscheidend darauf an, bei wem Sie versichert sind.

Ich verrate Ihnen kein Geheimnis, wenn ich Ihnen sage, dass in der Zeit, nachdem man die sogenannte Kopfklinik gerade erst in Betrieb genommen hatte, wartende, auf Tragen liegende und logischerweise auch verwirrte Patienten sang und klanglos verschwunden sind. Über Stunden verschollen, da die Armen aus eigenen Kräften versuchten, mit ihren randvollen Blasen sowie vom Personal allein gelassen, in den unmenschlich langen, wie menschleeren Gängen eine Toilette zu finden und sich bei diesen Versuchen erwartungsgemäß verirrten. Das Ganze freilich mit zum Teil gravierenden Nachwirkungen und irreparablen Folgen an Leib und Psyche. Nicht gerade das Ideal eines Krankenhauses.

– Entschuldigung, aber wissen Sie, über solche Dinge rege ich mich auf, was hoffentlich verständlich ist.

Um jedoch auf mein Beispiel zurückzukommen: Hätte ich in einem solchen Fall kein Testament, vielmehr meine von einem Notar unterzeichnete Absichtserklärung in der Jackentasche, wäre ich verloren, ginge in dem Forschungs- und Patientenvernichtungsapparat der Uniklinik elend zugrunde; ja, zugrunde.

Denken Sie jetzt bloß nicht, ich sei ein Angsthase!

Das trifft nicht zu. Wohl habe ich Angst vor dem Verenden, das ist unbestritten. Der Tod an sich ist jedoch kein Thema für mich, nur der Weg dorthin. Glauben Sie keinem alten Menschen, der behauptet, er fürchte sich nicht vor einem langen Sterben, denn er spricht eine Lüge aus.

– Jetzt wissen Sie also, weshalb ich ein Testament bei mir trage. Und darin steht unter anderem, dass ich in gar keinem Fall in die Uniklinik zu transportieren bin, auch in kein anderes Heidelberger Krankenhaus, sondern ausschließlich in die St. Vincentius-Kliniken in Karlsruhe. Es steht ebenso geschrieben: Kein Transportunternehmen, selbst die stets unter Geldmangel leidende Caritas, brauche sich um die entstehenden Mehrkosten zu sorgen, da ich alle aufkommenden Gebühren und Zuschläge zahlen werde, wie viel es auch koste. Ich habe desgleichen eine Wegbeschreibung beigelegt, falls der Fahrer Schwierigkeiten haben sollte, diese Kliniken in der Südendstraße zu finden.

Sie glauben ja nicht, welche Geistesakrobaten man heutzutage hinter das Lenkrad eines Krankenwagens lässt. In meinem Testament steht jedenfalls die Adresse, dass also derjenige, der mich dorthin transportiert, erst bei der Abfahrt Karlsruhe Mitte die Autobahn verlässt, dann den Scheidgraben entlang bis zur Abzweigung Hauptbahnhof fährt, dort kurz vorm Bahnhof zuerst nach links in die Ebertstraße biegt und dann nach zweihundert Metern nach rechts in die Karlstraße. Von jenem Punkt an ist es so gut wie geschafft. Nur noch nach dem Kolpingplatz links in die Südendstraße fahren und dieser folgen, denn sie führt direkt zu den St. Vincentius-Kliniken. Sozusagen mit der Nasenspitze zum erstbesten Chirurgen.

Die Karlsruher Chirurgen und die St. Vincentius-Kliniken sind mir in guter Erinnerung; zum einen war es eine Operation, die mich vom grauen Star befreite und die sie vorbildlich hinbekamen, zum anderen ein Eingriff an meinem Harnleiter, ebenso souverän operiert, will sagen, wieder in Gang gesetzt. Wissen Sie, von Chirurgen der Urologie sowie der Augenheilkunde verlangt man nicht umsonst allerhöchste Präzision.

– Ich bestreite nicht, dass man in der Uniklinik ebenso gut operiert, und das ist es auch nicht, was ich bemängle, es ist der riesige, kaum mehr zu verwaltende Apparat, der die Ärzte nur so ausspuckt, sie einem sozusagen ans Krankenlager speit. Und ehe man sich umschaut, zückt schon irgendwer das Skalpell.

Sie wissen dabei keinesfalls, ob es der medizinische Jungspund ist, der Sie auseinandernimmt, der vom Schichtdienst übermüdete Assistenzarzt, der Stations- oder doch der Oberarzt. Es gibt auch kein verständliches Diagnosegespräch. Um Sie herum nur mundschutztragende und in grüne Mäntel gekleidete Mediziner, einer sich kompetenter fühlend als der andere, jedenfalls so lange, bis der Chefarzt die blutrünstige Meute zum Schweigen bringt. Und Sie sind das Opfer. Dazu

Schwestern, deren Namen Sie sich gar nicht erst zu merken brauchen, da auch diese permanent ausgetauscht werden. Sie wechseln beinahe täglich von Station zu Station, zirkulieren, wie es seitens der Verwaltung mittlerweile heißt.

– Das Neuenheimer Feld an und für sich, allein seiner beachtenswerten Grünanlagen wegen – vom Botanischen Garten habe ich ja bereits gesprochen –, hat unbestritten Charme, obwohl mir dieser Begriff nun doch ein wenig übertrieben erscheint.

Falls Sie als Spaziergänger durch diese Anlagen gehen oder dem Treiben vor der Mensa zusehen, ist das durchaus ein Vergnügen, bringt man Sie mit einem Krankenwagen dorthin, verfliegt der Reiz in Minuten. Dann sind Sie in den medizinisch-technischen Hinterhalt geraten, zu einem Objekt mit menschlichen Zügen geworden, zu mehr nicht.

Und dann legt man Sie unter die modernsten, weil teuersten Apparate, wo man Ihnen, ob Sie es wünschen oder nicht, im Beisein eines Dutzend Medizinstudenten die Gallensteine zertrümmert oder, falls dies erfolglos bleibt, mittels minimalinvasiver Technik herausoperiert. Dies alles freilich auf technisch höchstem Niveau, aber mit menschlich niedrigstem Beistand.

– Was mich im Neuenheimer Feld schon lange staunen macht, ist ein Engländer namens John, der unter dem betonierten Flachdach, das sich von der Mensa bis zum Institut für Immunologie erstreckt, Tag für Tag, Sommer wie Winter, Bücher aus zweiter Hand anbietet. Gute, will sagen, erstklassige Literatur finden Sie bei ihm, mitunter etwas muffelnd, dafür preiswert.

Gott sei Dank finden Sie keine medizinischen oder biologischen Fachbücher bei ihm, denn Derartiges anzubieten, klärte er mich auf, habe man ihm seitens der Uni nicht gestattet. Dieser Mann, beileibe nicht mehr der Jüngste, scheint jedenfalls nur durch den An- und Verkauf von Büchern seinen Lebensunterhalt zu verdienen. Und dies bei jedem Wetter. So etwas nötigt mir Respekt ab, nenne ich Disziplin und konsequentes Handeln.

Wissen Sie, jeden Nachmittag zwischen halb vier und halb fünf packt er seine Bücher wieder ein, schichtet sie in Kartons, klappt seine acht Holztische zusammen und verstaut dies alles unter einer massiven, doch nie benutzten Betontreppe. Ich fragte mich schon des Öfteren, weshalb man sie überhaupt errichtete.

– Bücher zu verkaufen, ist ohnehin eine zufriedenstellende Beschäftigung. Und Menschen beim Bücherkauf über die Schultern zu schauen sehr aufschlussreich. Bevor ich mich fürs Banksitzen entschied, ging ich häufig in Bücherläden, sah mich darinnen um, beobachtete, wer wie lange vor welchen Büchern stand, dort mitunter geraume Zeit verweilte, bis er sich dann für den Kauf eines Buches entschied, das mit den zuvor in Augenschein genommenen in keinerlei Verbindung stand, vielmehr einem völlig anderen Genre angehörte.

Alles in allem war dies eine interessante Tätigkeit, die mir darüber hinaus auch einen Einblick ins sogenannte Verkaufswesen ermöglichte. Ich bevorzugte *Schmitt & Hahn* und zwar die beiden Läden in der Innenstadt.

Früher zog es mich mehr zu *Schmitt & Hahn* in der Brückenstraße, in den Jahren danach sowie auch heutzutage vorrangig in den Laden der Hauptstraße. Die Filiale am Hauptbahnhof habe ich gemieden, so ich Bücherläden in Bahnhöfen immer meide, einerlei ob in Bogotá, Stockholm, Antwerpen oder Lissabon. Bücherläden in Bahnhofshallen oder Flughäfen stimmen mich seit jeher sentimental. Weswegen dies ist, kann ich mir bis heute nicht erklären. Aber auch *Ziehank*, ebenfalls gut sortiert, habe ich weitaus weniger aufgesucht, als Sie vermuten. Die akademische Schwermut dieses Ladens erdrückte mich jedes Mal. Oft ging ich froh gestimmt hinein, um schon am ersten Verkaufstisch wieder umzukehren. Wollte immer wieder hinein und bin durch irgendetwas hinausgetrieben worden.

Wenn ich zu *Schmitt & Hahn* in die Hauptstraße ging, hielt ich mich ausschließlich in der Abteilung Belletristik auf, die sich linker Hand nach der Hauptkasse und dem beengten Durchgang befindet, und dort wiederum vor den Regalen: *Autoren A -Z.* Die Angestellten behandelten mich wie einen guten Bekannten, bloß eine dunkelhaarige Verkäuferin sprach mich beharrlich mit Herr Professor an, was mir nicht gefiel, doch wir unterhielten uns auf hohem Niveau. Das Personal von *Schmitt & Hahn* und zwar alle Angestellten, empfahlen mir mitunter Bücher, auf die ich ohne ihre Hilfe ansonsten kaum gestoßen wäre. Ich denke, ich sollte den Damen mal wieder einen Besuch abstatten.

Halten Sie das für eine gute Idee?

– Die Verkäuferinnen von *Schmitt & Hahn* ahnten freilich zu keiner Minute, dass ich eine Pistole bei mir trug. Ein Testament hätten sie sich wohl vorstellen können, nicht indes eine Waffe.

Man sollte jedoch verstehen, dass ich ein altgedienter Verhaltensforscher bin. Ich habe Tausenden von Tieren beim Fressen zugeschaut, ihre Paarungsrituale aufgezeichnet, habe bei widrigen Temperaturen gefilmt, wie sie sich verteidigten, sich die Natur in ihnen gegen das Gefressen-Werden wehrte und sie schließlich nach einem Kampf, der nicht zu gewinnen war, gefressen wurden. Und dann eines Tages, jetzt sollten Sie aufmerksam hinhören, hatte ich ein traumatisches Erlebnis, ein Schlüsselerlebnis, das vieles, was ich bislang im Tierbereich beobachtet hatte, weit übertraf.

Es war während des Kaufs eines teuren Kugelschreibers der Marke *Pelikan* und zwar im von mir geschätzten, überaus gut sortierten Schreibwarengeschäft *Knoblauch*. Diese Papeterie ist mir ja sozusagen zu einem zweiten Zuhause geworden. Allein das Sortiment der edlen Schreibgeräte sowie die Qualitäten und Düfte des Büttenpapiers und der Lederwaren lenken meine Füße immer wieder in dieses Kleinod anspruchsvollen Schreibens. Dazu die freundlichen Angestellten.

Was habe ich nicht alles in diesem Geschäft an erlesenen und professionellen Schreibgeräten kennenlernen dürfen? Die eleganten

Drehbleistifte, Kugelschreiber und Füllfederhalter, ob von *Caran d'Ache, Pelikan, Montblanc, Kaweco* oder *Graf von Faber-Castell*. Die Knoblauchs kannten alle und hatten sie in vielen Varianten vorrätig.

Wissen Sie, ich sage mir schon seit Jahrzehnten, wenn schon etwas halbwegs Geistreiches schreiben, dann mit den besten Utensilien.

Jedenfalls bediente mich wie zumeist der Senior, als ich im Augenwinkel zwei lichtscheue Gestalten bemerkte, die zweifelsfrei nicht als Kunden kamen und die sowohl mich als auch mein Portemonnaie beäugten. Ich spürte stehenden Fußes, dass sie es auf mein Geld und wahrscheinlich auch den *Pelikan* abgesehen hatten. Es war immerhin kurz vor Geschäftsschluss und dunkel draußen, da es geradewegs auf den dritten Advent zuging. Herr Knoblauch, ein äußerst sympathischer und integrer Geschäftsmann, erkannte sogleich die Misere und tat zwei Dinge, die seinem Scharfsinn entsprachen. Zum ersten fragte er die Burschen geradeaus, ob sie etwas kaufen wollten, zum zweiten bat er seine Gattin, mir ein Taxi zu rufen.

Es nahm ein glückliches Ende und die beiden Strauchdiebe verschwanden von der Bildfläche, zumal nun auch Herr Knoblauch junior aus dem hinteren Teil des Ladens zu uns kam und wir dadurch in der Überzahl waren. Drei Minuten später begleitete mich der Chef des Hauses zum Taxi, das mich dann wohlbehalten in die Landfriedstraße fuhr.

Am selben Abend – ich saß bei einem Glas *Holsten* im Arbeitszimmer und schrieb eine Abhandlung über einen umstrittenen englischen Humanethologen und dies mit meinem nagelneuen *Pelikan Souverän 600* – zwang mich etwas von einem Augenblick zum anderen an die Begegnung mit den zwielichtigen Gestalten zu denken. Und in jenem Moment kam mir der Geistesblitz, auf des Großvaters Pistole zurückzugreifen.

Nein, sagte ich zu mir, du wirst niemanden erlauben, in den Raum deiner Fluchtdistanz – wir Verhaltensforscher nennen es so – einzudringen. Jedenfalls nicht ohne Gegenwehr. Und schon am nächsten

Morgen trug ich diese Waffe bei mir und trage sie auch heute, so wie ich sie auch morgen und übermorgen tragen werde. Sie ist, ich erwähnte es bereits, mit nur einer Patrone bestückt.

– Nie kam mir in all den Jahren in den Sinn, die *Haenel-Schmeisser* gegen eine moderne Handfeuerwaffe einzutauschen. Weshalb auch?

Außerdem wird sie jeden Aschermittwoch geölt. Stets nach dem Frühstück, kein einziges Mal später. Erwartungsgemäß werde ich jeden Angreifer zuerst einmal warnen; mich wie ein Pferd verhalten, bevor es mit den Hufen schlägt. Genügt dies nicht, zeige ich ihm die *Haenel-Schmeisser M1*. Noch hat er also Zeit und Gelegenheit, um umzukehren. Doch lässt es jemand wirklich darauf ankommen, legt sich mit mir an, sagt kein Wort der Entschuldigung und versucht stattdessen, mich mit Fausthieben oder Tritten zu traktieren, werde ich schießen. Ohne Skrupel und ohne zu zögern.

Ich werde weder Jesus noch Buddha sein, sondern eine Kreatur, die ihr Leben schützt, die ihre Gewalt und Zähne, der Gewalt und den Zähnen ihres Gegners entgegensetzt. Und dies mit jeder nur denkbaren Konsequenz, auch der eventuell damit einhergehenden Gefängnisstrafe.

Wer sich nicht an die Spielregeln hält, zieht den Kürzeren. Ganz wie in der Natur, nach der ich mich richte. Ein Mensch, der einen anderen überfällt, ist kein Bussard, der die Feldmaus jagt. Ergo hat er mit der Gegenwehr des Angegriffenen zu rechnen.

– Ich habe, wenn ich mich recht erinnere, zeitlebens niemanden körperlichen Schaden zugefügt, das Gleiche erwarte ich auch von meinen Artgenossen.

– Nein, Sie brauchen sich nicht um mich zu sorgen, denn die Wahrscheinlichkeit, dass ich während des Banksitzens überfallen werde, liegt bei – ich habe es errechnet – eins zu siebenunddreißig Tausend. Aber, wie der Teufel will, Sie wissen ja selbst. Oft fängt etwas harmlos an und hernach...

– Andauernd, ununterbrochen sozusagen, beobachte ich Menschen, sehe dies und das, die absonderlichsten Dinge, die sich auf Straßen und in den Parks abspielen und zwar zwischen Männern und Frauen, zwischen Vorschulkindern und Greisen, Vätern und Töchtern, Ausgegrenzten und Etablierten, Erfolgreichen und Erfolglosen, doch höchst selten nur werde ich Zeuge einer Handlung, die man Zivilcourage nennt.

Das ist einerseits bedauernswert, andererseits jedoch verständlich, da der Mangel an Zivilcourage in unserer gestörten Außenwahrnehmung zu suchen ist, und bei Panik, müssen Sie wissen, wird sie außer Kraft gesetzt. Man verwandelt sich schneller in eine Glucke als in einen Hahn. Der Frosch ist uns näher als der Alligator.

Nebenbei bemerkt: Es ist recht leicht, Wasserflöhe zu züchten. Sie brauchen dazu nicht mehr als eine Regentonne oder einen großen Wassereimer.

– Wussten Sie überhaupt, dass unsere Neigung zum Gehorsam, insbesondere dominant auftretenden Menschen gegenüber, in unserem biologischen Erbe begründet ist?

– Das ist bewiesen, nicht zuletzt von mir – nur um es am Rande zu erwähnen.

Aber, was erzähle ich Ihnen denn da?

Sie sind ja nicht mein Student. Und an einem solch sonnigen Oktobertag sollten wir nicht versuchen, die Welt zu begreifen, was uns ohnehin nicht gelänge.

– Übrigens und das möchte ich Ihnen unbedingt mit auf den Weg geben: Vermeiden Sie Burschenschaften!

Ich habe mit allen zu tun gehabt, insofern ich mit Studenten zu tun hatte. Und immerfort sah ich diesen Studenten an, in welchen Gesinnungsställen sie sich füttern ließen. Einmal kamen sie aus der *Vineta*, dann aus der *Normannia*, ein anderes Mal vom Corps *Rhenania*, manche gehörten der *Alemannia* an, andere der *Frankonia*. Und wie ich diesen Traditionsenthusiasten ansah, wo sie ihre letzte Nacht verbrachten, so blickte ich auch ein Stück weit in ihre verstaubten Köpfe hinein und, was weitaus grauenvoller war, ich sah sie damals vor vierzig Jahren schon so aussehen, wie sie heute aussehen, wenn sie sich in ihren Denkfabriken zum Altherrenessen zusammenfinden, also als ewig gestrige Stahlbetonköpfe mit dunkelrot geäderten Nasen. Aber der übermäßige Genuss von Feuerzangenbowle und anderen Alkoholika hinterlassen nun einmal Spuren. Dazu ihre eingebrannten Anschauungen über Andersdenkende und Minderheiten. Fragen Sie mich nicht nach Details!

– Und auch was die Beteiligung der Burschenschaften an der Bücherverbrennung in Heidelberg anbelangt, schweige ich lieber, sonst läuft mir die Galle über.

Ehre, Freiheit, Vaterland: Drei Worte, die sehr heikel sind, insbesondere falls sie so dicht nebeneinanderstehen. Ja, heikel dann! Äußerst heikel!

Ehre, Freiheit, Vaterland. Misstrauen Sie solch hohlen und abgedroschenen Wortgebilden! Sie sind gerade in Bezug auf Burschenschaften aufgepfropfte, vom wirklichen Leben abgeschottete Begriffe, allerdings gelten sie anscheinend noch viel in jenen einst stattlichen Häusern, und zwar gleichgültig, wo sie heutzutage stehen, ob in der Neuen Schlossstraße, der Karlstraße oder dem Kurzen Buckel.

– Wissen Sie, in Heidelberg hat Abschottung mehr oder minder Tradition.

Die Kurfürsten schotteten sich von den Bauern ab, die Katholiken von Luther, die Bevölkerung von den Studenten und die Burschenschaften von anderen Burschenschaften.

Doch wenn Sie glauben, dies sei heute anders, täuschen Sie sich. Die Abschottung ist nämlich größer geworden, ist sogar, wie ich bestätigen kann, um ein Vielfaches größer geworden, als ich noch vor Jahren dachte.

Dass sich die Heidelberger Studenten gegen die Bevölkerung abschotten ist nicht ungewöhnlich und wird weitestgehend nicht nur billigend in Kauf genommen, wie es heißt, sondern von gewissen Kreisen geradezu gefördert.

Viele Akademiker und ein Großteil der sogenannten Geistesarbeiter sehen sich ja schon immer als etwas Besseres an und erheben sich traditionell übers Handwerk und die Landwirtschaft. In Heidelberg auf eine besonders hinterhältige, weil heimtückische Weise, die wiederum in den Burschenschaften geschürt wird – besser gesagt –, permanent aufgekocht und aufgetischt. Doch dieses Gehabe ist nicht wirklich verhängnisvoll, es ist eher lächerlich und verlangt nach Mitleid. Wirklich beängstigend im gesellschaftlichen Sinn, im soziologischen, falls Ihnen das lieber ist, ist die Abschottung der Wissenschaften untereinander, sowie die der Dienstleistenden gegen die Dienst-in-Anspruch-Nehmenden. Was ich diesbezüglich in den letzten Jahren erlebte, ist bedenklich.

Die Mediziner schotten sich gegen die Pharmazeuten ab, die Humangenetiker gegen die Immunologen, die Geisteswissenschaftler gegen die Naturwissenschaftler, die höheren Angestellten gegen die mittleren, die strategischen Sachbearbeiter gegen die operativen, die Verwaltungsmenschen gegen die Hausmeister, die Stationsschwestern gegen die Sanitäter, die Pförtner gegen die Parkraumbewacher, die Exporteure gegen den Zoll, die Verkehrsexperten gegen die Autofahrer, die Verkäufer gegen die Kunden, die Alten gegen die Jungen, die Gesunden gegen die Kranken, die Fußgänger gegen die Rollstuhlfahrer und so fort und so fort. Und dazu, was das Übelste ist, jede Gruppe gegen sich nur geringfügig unterscheidende Gruppen der gleichen Gattung.

Ich habe mittlerweile sogar den Eindruck, dass man sich vor sich selbst abschottet. Das Gehirn gegen den Oberbauch, das Auge gegen das Sprunggelenk, der Penis gegen den Rachen.

Können Sie mir folgen?

– Wir leben in einer Fachidiotenära. Ich kann es nicht anders nennen. Keiner hat mehr die Gesamtheit im Auge, die Vernetzung, die so wichtig ist.

– Es ist gewiss nicht der Wohlstand allein, der uns zu derart radikalen Egoisten werden lässt, es ist vielmehr die Selbstverständlichkeit, mit der wir den Wohlstand mittlerweile erwarten, nein, fordern, vielmehr erzwingen. Achtung und Demut sind auf der Strecke geblieben, geopfert worden, niedergemetzelt auf der wahnwitzigen Hast nach Erfolg und Wohlstand.

Ich kann Ihnen nur nahelegen, um vier Uhr aus dem Bett zu steigen und noch vor Tagesanbruch in den Wald zu gehen, zum Ameisenbuckel oder zur Leopold-Stein-Hütte hinauf oder, was ich Ihnen guten Gewissens empfehlen kann, in der Morgendämmerung den Oberen Mausbachweg zu gehen. Ja, laufen Sie einmal an einem verschneiten Februarmorgen gegen fünf, spätestens halb sechs, den Oberen Mausbachweg entlang und Sie werden sich nicht wiedererkennen! Ihre Sorgen und Ängste fliegen davon, Ihr Kopf wird freigefegt, von Grund auf gereinigt.

– Die Natur zwischen noch Nacht und noch nicht Tag lässt Sie auf eine gewaltfreie Art menschlich werden. Ich erlebe es immer wieder, spüre es am eigenen Körper und stoße dabei einerseits an meine Grenzen, andererseits überwinde ich sie, insbesondere bei Wanderungen im Winter.

Früher, müssen Sie wissen, als ich noch nicht auf Bänken hockte und meine Beine in Ordnung waren, war ich ein leidenschaftlicher Spaziergänger. Was habe ich nicht alles unternommen?

Nicht bloß hier in den Heidelberger Wäldern, nein, im gesamten kurpfälzischen Raum war ich anzutreffen. Ich bin, da ich zeitlebens nie ein Auto, geschweige einen Führerschein besaß, immer schon frühmorgens in den Zug gestiegen und irgendwohin zum Wandern gefahren.

Die Pfalz bin ich Meter für Meter abgegangen, streng darauf bedacht, die Hütten des Pfälzerwald Vereins zu meiden, da ich gerade bei meinen Wanderungen vor Menschen Reißaus nehmen, Ruhe haben, beim Gehen und Bergansteigen meinen Kopf frei machen wollte, wie ich es nenne. Freilich bin ich hin und wieder, eher selten allerdings, dann doch in eine solche Hütte gegangen und habe mir Schnittlauchquark mit Bratkartoffeln bestellt und auch mit Appetit gegessen. Seltsamerweise war es fast jedes Mal die Landauer-Hütte, in die mich meine Füße lenkten, wenn ich beispielsweise die Tour über den Orensberg zur Burg Neu-Scharfeneck unternahm.

Noch wohler fühlte ich mich im Schwarzwald, namentlich am Schluchsee. Ihn habe ich zumeist in den Herbstmonaten umwandert, gewiss mehr als siebzehn Mal, wenn ich meine Schluchsee Wanderungen zusammenzähle.

Meistens ging ich im Uhrzeigersinn um den See, und traditionell begann ich die Tour am Bahnhof Schluchsee. Und nur zweimal, immerhin sind es zwanzig Kilometer, pflegte ich bei meinen Seeumrundungen Rast zu machen, zum einen linksseitig auf halber Höhe zwischen Blasiwald und Unterkrummen und zwar direkt an der langgezogenen Bucht mit den markanten Steinen – Sie kennen sie vielleicht –, wo ich mich auf einen Stein setzte und ein mit Gurken belegtes Leberwurstbrot aß, zum zweiten kehrte ich jedes Mal kurz vor Vorderaha an dem hölzernen Verkaufsstand ein, der am unteren Ende des Parkplatzes steht.

Der Pächter ist ein freundlicher Mensch und dort, meine Rundwanderung war an jener Stelle ja sozusagen schon in der Tasche – nur noch fünf, sechs Kilometer unter Dach und Fach zu bringen –, trank ich gewohnheitsgemäß zwei kleine Flaschen *Rothauspils* und aß eine Butterbrezel. Doch da hatte ich noch gesunde Füße und meine Aorta spielte mit.

– Förster hätte ich werden sollen, das wäre meiner wahren Neigung nahegekommen.

Jetzt fragen Sie sich womöglich, weshalb ich hier an der Kurfürsten-Anlage sitze und nicht, wie von mir selbst vorgeschlagen, auf dem Heiligenberg spazieren gehe?

Sehen Sie, genau das ist mein Konflikt. Einerseits schätze ich die Natur, andererseits bereitet es mir immer mehr Qualen, mich in ihr zu bewegen; einerseits verabscheue ich Menschen, andererseits möchte ich sie zu Ende studieren; einerseits denke ich, ich hätte genug Natur gehabt, andererseits sehne ich mich nach Plätzen, an denen ich noch nicht gewesen bin; dann wiederum ziehen mich die Menschen wieder an, wobei sie mich zugleich auch abstoßen. Was also tun?

Gehe ich in die Natur, die abgelegenen Wälder und Schluchten, die ich liebe, kann ich meine Menschenstudien nicht zum Abschluss bringen, sitze ich hingegen in der Stadt und studiere die Menschen, sehne ich mich nach den Wäldern, Auen und Tieren zurück; verzehre mich geradezu nach Wind und Regen, auch dem Schnee, der mir ungleich willkommener ist als der Sommer und das Summen der Käfer.

– Fast alle ergreifen wir die falschen Berufe, werden oftmals etwas, das wir im Nachhinein nicht begreifen. Und dennoch führen wir diese falschen, nichtauthentischen Leben fort, weil wir, da Menschen und mit einer gewissen Grundschlauheit ausgestattet, es auch in uns völlig wesensfremden Berufen zu etwas bringen, wie gesagt wird, auf die eine oder andere Weise erfolgreich werden.

Das Ausüben eines nichtgewünschten Berufs und die Fähigkeit mit diesem Malheur umzugehen, zeigt sich besonders bei Taxifahrern, denn nur die wenigsten unter ihnen sind Taxifahrer aus Passion oder Übriggebliebene jener oft erwähnten Studenten auf Zeit, denen nichts anders übrigblieb. Nein, den meisten Taxifahrern blieb keine andere Wahl. Häufig Sie sind durch äußere Umstände zum Taxifahren genötigt worden. Viele von ihnen sind um ihre berufliche Zukunft besorgt, sind Unentschlossene, noch Wartende, Abwägende, was sie mir durch die Bank sympathisch macht.

Ich kenne recht viele, da sie mich und zwar hauptsächlich, wenn die Wälder an der Reihe sind, frühmorgens abholen und zu den entsprechenden Wanderparkplätzen fahren, bisweilen auch ein Stück weit in den Wald hinein, da ich, wie gesagt, nicht mehr so gut bei Fuß bin wie noch vor Jahren.

Und glauben Sie mir: Am Morgen mit einem Taxifahrer zu sprechen, hat seinen Reiz. Diese Leute sind auf ihre Art ebenfalls Menschenstudierende, wohingegen sie selten die Natur studieren. Alle möglichen Beschäftigungen haben viele von ihnen ausgeübt, bevor sie sich infolge von Kündigungen, dem Zusammenbruch ihrer Firmen oder anderen Machenschaften wie heutzutage üblich dazu genötigt sahen, Taxi zu fahren und dadurch ähnlich mir, vom Leben anderer Kenntnis zu erlangen. Und zwar auf eine ungeschminkte, radikale, beinahe schon brutale Weise.

Jeder Verhaltensforscher, Psychologe und Richter sollte im Lauf seines Studiums zeitweise als Taxifahrer arbeiten. Man könnte sogar erwägen, Taxifahren als Studienfach aufzunehmen. Ein Semester wäre ausreichend.

Als Taxifahrer unterwegs zu sein, öffnete den Studenten die Augen, brächte ihnen das menschliche Tier bei Tag und den tierischen Menschen bei Nacht entscheidend näher. Für Menschenbeurteiler, wie Verhaltensforscher, Psychologen und Richter ein geradezu unschätzbarer Gewinn.

– Wissen Sie, die Leute verlieren jede Hemmung, wenn sie in einem Taxi sitzen. Die Fahrer und Fahrerinnen sind ihnen fremd und dadurch spricht man mit ihnen über zum Teil prekäre Angelegenheiten, gerade auch, ich will es mal so nennen, über innerfamiliäre Schwulitäten, die man sich ansonsten innerhalb der eigenen Familien kaum zu sagen wagt.

Man möchte ja nicht die Gattin, den Ehemann, die fast erwachsenen Kinder oder den nahen Verwandten mit den eigenen Bedürfnissen konfrontieren, den wahren, geheimen und auch recht unchristlichen, wie es heißt. Nein, man scheut sich erziehungsbedingt davor, durch und durch ehrlich zu sein und seine innersten Gefühle zu offenbaren. Zudem mangelt es vielen wiederum am Mut, Auge in Auge prekäre Dinge auszusprechen, eben all das, was man nicht mehr ertragen möchte und einem ungeheuer widerstrebt, aufs Tapet zu bringen.

Wer spricht schon offen aus, dass man den Partner, Freund oder ein Mitglied der eigenen Familien nicht mehr erträgt, ertragen möchte, ertragen kann?

Allein wie sich jener unterdessen am Tisch benimmt, auch im Beisein dritter gehen lässt und in den Ohren bohrt. Auch welch schäbige Unterwäsche er nunmehr trägt und wie aufgedunsen und ungepflegt er durch die Räume schlurft. Ja, dass man es geradezu als widerwärtig empfindet, von ihm, dem Menschen, den man dereinst schätzte und törichterweise sogar zu lieben glaubte, in der Öffentlichkeit begleitet zu werden, und sei es bloß auf dem Weg zur Garage oder dem Bäcker zwei Straßen weiter.

Glauben Sie mir, solche Gespräche werden weitaus weniger geführt, als Sie es in Ihrem jugendlichen Drang nach Wahrheit annehmen.

Freilich ist es rechtens, wenn Sie meinen, dass man solche Gespräche führen müsste, immer wieder führen sollte, da sie für klare Fronten sorgen. Aber sie werden eben über Jahre und Jahrzehnte nicht geführt und so verwandeln sich diese nicht geführten Gespräche in betonschwere Selbstgespräche, die in unseren Köpfen verharren.

Intelligente Artgenossen legen ihren innerfamiliären Widersachern möglicherweise noch Albees *Wer hat Angst vor Virginia Woolf* auf den Nachttischschrank; ein Hinweis mit dem Zaunpfahl sozusagen. Und hin und wieder wird das Stück sogar gelesen, zumeist aber blättert man nur so larifari die Seiten um und entsorgt das Kleinod klammheimlich in der Mülltonne. Überaltertes Theaterzeugs, für das man heutzutage nichts mehr übrighat.

– Wer liest heute noch Edward Albee? Wer noch *Angst vor Virginia Woolf*?

Während einer Taxifahrt jedoch – der Chauffeur ist und bleibt ein unbedeutendes Neutrum für uns – entleeren wir all den aufgestauten, kaum mehr zu ertragenden Seelenmüll und kippen alles an Frustration und Ärger in das uns fremde Auto und, weitaus schlimmer, über den Fahrer, der sich diesen Rundumschlägen nicht entziehen kann.

Ein Psychotherapeut, der uns zu kostspielig ist, wird gemieden, wohingegen der gestresste Taxifahrer, der sich immerhin auch auf den nicht unbeträchtlichen Heidelberger Straßenverkehr zu konzentrieren hat, herhalten muss; man zahlt ja schließlich siebzehn Euro für die Fahrt oder gar zweiunddreißig.

Sie hingegen sind trotz Ihrer Jugend ein aufmerksamer Gesprächspartner. Sie beherrschen die Fähigkeit des Zuhörens, stellen keine unverschämten Fragen und sind, wie mir scheint, an Allerlei interessiert. So ähnlich bin ich vor fünfzig Jahren auch gewesen.

– Wissen Sie, obwohl ich in Heidelberg geboren bin, zog es mich für eine lange Spanne und vor allem in meiner Jugend mehr nach Mannheim als nach Heidelberg.

Mannheim ist für mich auch heute noch die interessantere Stadt, ist natürlicher, ungekünstelt. Die Menschen dort sind pflegeleichter, anspruchsloser, weniger arrogant. Und mir begegnen in der Innenstadt weitaus mehr Handwerker als Akademiker. Alles in Mannheim ist weniger von oben herab: die Politessen, die Verkäuferinnen, die Museumsangestellten, die Fliesenleger und Bäcker.

Freilich mag ich auch Heidelberg. Die Altstadt ist zweifelsohne sehenswert, ebenso die nahen Wälder und Berge. Auch der Neckar hat einen gewissen Reiz, das muss ich schon sagen. Dem Schloss jedoch gewinne ich rein gar nichts mehr ab. Was ich aber dessen ungeachtet jeden Winter tue, ist, bei Schneefall zum Schlossgarten hinauf zu steigen, wo ich dann entsprechend gekleidet zuerst etwa eine Stunde hin und her gehe und mich dann auf einer Bank niederlasse, von wo aus ich über die weißen Dächer der Altstadt schaue.

Manchmal wünsche ich mir dabei, in einem solchen Moment dahingerafft zu werden. Der alte Veltenhöfer eingeschneit auf einer Bank des Schlossgartens, besser könnte mich der Tod kaum erwischen.

Sehen Sie, ich, bereits ein Stück weit über die achtzig hinaus, denke häufiger an derartige Dinge als Sie, da Sie, will sagen, noch Jahrzehnte zur Verfügung haben, vorausgesetzt Sie ernähren sich einigermaßen vernünftig und trinken reichlich, spülen genügend. Probieren Sie es mit Bier! Sie werden es nicht bereuen. Bier habe ich immer gemocht, insbesondere wenn ich Cevapčići gegessen habe.

– Ja, wenn ich daran denke: Diese lauen Sommerabende am Strand von Poreč oder Špadići mit Bier, Ćevapčići und all den jungen Leuten! Schöne Zeiten – leider lange her.

– Doch kommen wir zum Trinken zurück. Spülen ist ungeheuer wichtig. Ihre Nieren müssen gespült werden, denn falls sie versagen, versagt auch Ihr Kopf, was schade wäre. Wenn Sie trotz alledem einmal erkranken, empfehle ich Ihnen die Karlsruher St. Vincentius-Kliniken. Dort wird man sich vorbildlich um Sie bemühen.

Sagen Sie, Sie kämen auf Empfehlung des Professors Veltenhöfer. Man hat mich sicher in guter Erinnerung, da ich ungeachtet meiner eklatanten Ärzteskepsis – wahrscheinlich eine unüberwindbare Wesensart von mir – stets als angenehmer Patient gegolten habe. Und zwar bei den Chirurgen wie den Schwestern. Wie es morgen sein wird, weiß ich nicht.

– Wissen Sie, man kann noch so stark sein, noch so abgebrüht und unerschrocken dem Leben gegenüber, wenn die Niederträchtigkeiten des Körpers überhandnehmen, rennt man schlussendlich doch zu den Chirurgen und bittet darum, schnellstmöglich operiert zu werden.

Es ist in der Tat ein hartes Los mit uns Menschen. Insgesamt sind wir wankelmütige Kreaturen, an einem Tag dies, am anderen das. Und so ziehen die Wochen vorüber. Wenn wir am Abend noch existieren, fragen wir uns selten weswegen. Dabei steht das Verderben jede Minute neben uns. Auch der Tod. Er ist sogar der hartnäckigste Neben-uns-Steher.

Vorgestern, es kommt mir gerade in den Sinn, beobachtete ich einen Vorfall, der mich wiederum von Grund auf an der Intelligenz des Menschen zweifeln ließ.

Ich stand auf dem Bismarckplatz und bemerkte mit einem Mal, wie eine Gruppe in clownsartige Kostüme gekleidete Jugendliche, womöglich Studenten, versuchte, eine Straßenbahn am Losfahren zu hindern.

Die jungen Frauen und Männer standen vor der Bahn und wedelten mit Besenstielen und anderen Stöcken vor der Kabine des Fahrers herum, wobei sie irgendwelche Reime grölten, die ich nicht verstanden habe. Jedenfalls waren sie von ihrer Aktion überzeugt, die jedoch niemand zu verstehen schien; weder ich noch die Fahrgäste noch die Umstehenden und am allerwenigsten der Fahrer der Bahn.

Da sich die Truppe auch nach mehrmaligem Bimmeln nicht wegbewegte, blieb dem Fahrer nichts anderes übrig, als sie ihrerseits zu provozieren, indem er langsam losfuhr und dadurch versuchte, die Störenfriede wegzuschieben. Eins, zwei Mädchen, wieder einmal die Schlaueren, gaben dann auch auf, aber ein ganz wagemutiger Held wollte es um jeden Preis mit der Straßenbahn aufnehmen, da doch jedermann auf dem Bismarckplatz, ob Tourist oder Einheimischer, seine Augen auf ihn richtete. Es sah bedrohlich aus. Und leicht hätte die Situation eskalieren können, blutig ausgehen, zumal die Freunde des Streithahns, nun umso mehr mit ihren Stöcken und Besenstielen an die Scheiben der Straßenbahn schlugen, was auch die Fahrgäste zutiefst verunsicherte.

Ich war schockiert über die Dummheit der Jugendlichen, die sich infolge ihres Übermutes und törichter Selbstüberschätzung in einen Zustand brachten, den sie nicht mehr überblickten. Sie nötigten den Fahrer in eine Situation, in der er entscheiden musste, durchdachten zuvor aber nicht alle Handlungsspielräume ihres *Opfers* und sahen sich schlussendlich sowohl von ihm besiegt als auch von den Zuschauenden verhöhnt; wenngleich sich niemand lautstark zu dem Vorfall äußerte.

Wissen Sie, was dort geschah, war vorherzusehen, denn schließlich ist es eine Leichtigkeit für eine Straßenbahn, jemanden von den Schienen zu drängen. Also mussten die Jugendlichen aufgeben. Sie schlichen wie bedripste Katzen von dannen. Ich schlug drei Kreuze und schaute meinerseits, unversehrt über die Gleise zu kommen.

Es wundert mich ohnehin schon lange, weshalb nicht noch mehr Menschen am Bismarckplatz an- und überfahren werden. Dieses Gewusel von ankommenden und abfahrenden Straßenbahnen und Autobussen ist kaum mehr zu überschauen. Eine Unterführung wäre dringend angebracht.

Denken Sie bloß an die Schüler, Rollstuhlfahrer und älteren Menschen! Wie leicht geschieht ein Unglück?

Und es geschieht in der Tat. Regelmäßig kommt es zu Unfällen, verlieren Passanten Beine, werden eingeklemmt, zerquetscht und über die Schienen geschleift. Doch keiner der Stadträte, weder die linken noch die rechten noch die liberalen nehmen sich mit Nachdruck dieser Gefahrenquelle an. Stattdessen stimmt man ohne nennenswerten Widerspruch den Vorschlägen des Heidelberger Intendanten zu, der angesichts der anstehenden Theatersanierung – übrigens eine durch und durch gebotene Maßnahme, wie ich meine – gigantische Geldbeträge für seine Ersatzspielstätten einfordert.

Muss doch in einer Universitäts- und Kopfmenschenstadt die Kultur, und in des Intendanten Fall, die Theaterkultur auf Gedeih und Verderb fortgesetzt werden, und zwar – jetzt komme ich auf den springenden Punkt – nicht in ohnehin vorhandenen, momentan ungenutzten Gebäuden der Stadt, nein, denn da hat der oberste Theaterbürokrat gänzlich andere Pläne. Sie gipfeln allein für die Sparte Oper in einem millionenteuren Opernzelt. Und dieses wird auch angefertigt und aufgestellt.

Sie haben jenes Monstrum bestimmt schon wahrgenommen, es ist ja dank der haushohen Werbetafeln für niemanden zu übersehen.

Des Intendant lässt also auf dem einstigen Gelände der Berufsfeuerwehr eine kugelförmige Konstruktion aufbauen, um, wie er beteuert, den Heidelberger Opernfreunden eine adäquate Spielstätte anzubieten.

Die anfallenden Kosten werden nach kurzer Debatte akzeptiert, hinuntergeschluckt, wiewohl sie manch einem im Halse stecken bleiben, aber man würgt und würgt, bis man sie verdaut hat, geht es doch schließlich um die Oper, die überaus geschätzte Heidelberger Oper, die, fiele sie zeitweilig aus, der kurpfälzischen Kultur einen nicht wieder gutzumachenden Imageschaden zufügen könnte.

Wir alle in der Region, die wir uns zwar als kultiviert bezeichnen – insbesondere wir übereifrigen Heidelberger Kunst- und Kulturverehrer, die wir uns, es ist fürwahr peinlich, auf jeder noch so unbedeutenden Vernissage zusammenfinden, wenngleich wir uns nie nennenswert über den Status des kurpfälzischen Bauerntrampels hinausentwickelten –, verkümmerten ja geistig, entzöge man uns für zwei Jahre die große Oper. Darüber hinaus würde eine solche Maßnahme wahrscheinlich des Intendanten persönlichen Weltuntergang bedeuten.

Heidelberg ohne Oper – nicht vorstellbar! Unser geistiger Niedergang, nicht wahr? Gibt es Wichtigeres als den Papageno auf einer kurpfälzischen Bühne?

Anscheinend nein.

Sehen Sie, junger Mann, deshalb haben wir nun ein Opernzelt. Schließlich bliesen wieder alle in ein Horn, denn sich als Stadtrat auch nur einmal gegen die Kulturlobbyisten einer Stadt aufzulehnen, vielmehr deren Forderungen zurückzuweisen, kommt einem gesellschaftlichen Todesurteil gleich. Es bedeutet, dass man für alle Zeit gebrandmarkt ist. Wagt man es trotzdem, ist man draußen und bekommt zeitlebens keinen Fuß mehr in die Tür der Politik. Ein am Bismarckplatz von einer Straßenbahn überfahrener Passant hingegen ist den Stadtvätern nicht wichtig genug, um sich für eine Untertunnelung jener Stelle einzubringen.

– Gewiss, wir verstehen etwas von Kultur, sind allesamt kultiviert und setzen uns überall und jederzeit für die lebenserhaltenden Bedürfnisse unserer Mitmenschen ein.

Wer die Oper möchte, bekommt die Oper. Und wer sie nicht möchte, bekommt sie auch. Wer indessen unversehrt den Bismarckplatz überqueren möchte, bekommt den Ratschlag aufzupassen, nach rechts und links zu schauen und zu versuchen, möglichst zwischen einer gerade abgefahrenen und einer noch nicht ganz nahe herangekommen Straßenbahn auf die gegenüberliegende Seite zu gelangen. Nichts einfacher als das, insbesondere für Kinder, die für ihr Leben gerne springen und toben.

– Glauben Sie mir, junger Mann, wenn ich hundert Jahre werden sollte oder mehr – eine schauderhafte Vorstellung –, jeden Tag wiederholte sich ein solch kommunalpolitischer Irrsinn, einerseits Sperenzchen, wie das Installieren eines Millionen verschlingenden Opernzeltes, andererseits das Ignorieren lebenswichtiger Maßnahmen, wie das Untertunneln des Bismarckplatzes. Konsequentes Ignorantentum – anders kann ich es nicht nennen.

Erkennen Sie jetzt anhand dieses Beispiels sozusagen, auf welcher Stufe der Entwicklung wir Menschen stehen, wir intelligenten Menschen wohlgemerkt?

– Vergleichen Sie doch einmal Ameisen mit Menschen und desgleichen Krähen mit Menschen! Doch vergleichen Sie auch die Menschen untereinander: den großstädtischen Menschen mit dem mittelstädtischen und den mittelstädtischen mit dem kleinstädtischen! Und vergleichen Sie den Beamten mit dem Waldarbeiter, die Schwimmlehrerin mit der Bibliothekarin, den Chiropraktiker mit dem Gastroenterologen!

Sie werden staunen über gewisse Ähnlichkeiten und Sie werden noch mehr staunen über die schier unüberbrückbaren Unterschiede zwischen den einzelnen Gruppen, wobei ich Ihnen noch nicht einmal geraten habe, sich innerhalb einer Gruppe mit deren Individuen zu befassen. Es wäre auch zu viel verlangt, da Sie ja nicht, vielmehr noch nicht, der praktizierenden Wissenschaft angehören.

Meine Schwestern, die erwiesenermaßen demselben Vater und derselben Mutter entstammen wie ich, unterscheiden sich, obwohl sie Zwillinge sind, in mancherlei Hinsicht dermaßen, dass man meint, sie seien überhaupt nicht miteinander verwandt.

Adelind klammert sich an alles Astrologische, Adeltrud tut dies als Schwachsinn ab; Adelind verbringt Stunden im Bad, um ihre Allerweltsfrisur zu richten, Adeltrud schneidet sich erst dann die Zehennägel, wenn das Verzögern um nur wenige Tage schon medizinisch bedenklich wäre; Adelind geht bis zu viermal hintereinander in den Keller, um sich zu vergewissern, den Gefrierschrank geschlossen zu haben, Adeltrud lässt sperrangelweit die Haustür offen, wenn sie in die Ladenburger Straße geht, um Brot und andere Backwaren zu kaufen.

– Wie Sie sehen, ist das Studium der Menschen eine nicht enden wollende Angelegenheit. Und niemand kommt dabei glimpflich davon. Alle Wissenschaftler scheitern zumindest temporär; zunächst an ihren Projekten, dann an ihren Methoden, schließlich an sich selbst.

Die Psychotherapeuten haben es, was das angeht, sogar noch um einiges schwerer als die Verhaltensforscher. Sie müssen ja in das sogenannte Unbewusste vordringen, eine diffizile sowie auch mühselige Aufgabe. Ich beneide keinen Seelenarzt, obzwar sie mit ihren Sitzungen recht gut verdienen. Und ich weiß, wovon ich spreche, gewiss.

Ein Installateur hat es da leichter, andererseits fällt sein Einkommen wesentlich geringer aus. Hätte ich bloß die Option auf einen der beiden Berufe, also Psychotherapeut oder Installateur, so zöge ich bei allem, was ich heute weiß, den Handwerksberuf vor. Bedenkenlos.

An einem Abend draußen auf dem Balkon zu sitzen und ein *Holsten* zu trinken, nachdem man tagsüber die unterschiedlichsten Toiletten wieder gangbar machte, dies, denke ich, ist ein sinnerfülltes Leben.

Doch wir sind nun einmal diejenigen, die wir sind. Damit haben wir uns abzufinden.

Mein Großvater sagte in solchen Fällen: Da beißt die Maus keinen Faden ab. Seltsam, dass ich jetzt an ihn und seinen Ausspruch denke.

– Viele Berufe haben ihre typischen Stolpersteine. Allein eine Straßenbahn zu fahren, ist bestimmt eine heikle Beschäftigung. Ich glaube, man unterschätzt diese Tätigkeit, die ein beträchtliches Maß an Aufmerksamkeit erfordert, vor allem beim Anfahren von Haltestellen wie dem Bismarckplatz oder dem Betriebshof.

Jemanden zu überfahren, ihm den Unterschenkel abzuquetschen oder auch anders zu verletzten, muss ja nachgerade zu traumatischen Zuständen führen; und dadurch wieder zu einer lukrativen Einnahmequelle für den Psychotherapeuten.

– Es ist weder eine Einbildung noch eine Schnapsidee, wenn ich Ihnen sage, dass der Mensch immer weniger bereit ist, Unannehmlichkeiten auf sich zu nehmen.

Ich spreche hier nicht über außergewöhnliche Strapazen, nicht über Messners Alleingang zum Nanga Parbat, sondern über geringfügige Einschränkungen.

Nehmen wir die Geschichte mit dem Opernzelt! Angenommen, es wäre nicht gebilligt worden, welche Bürde müsste ein Heidelberger Opernfreund auf sich nehmen, um seinen geliebten Ottavio und die verehrte Donna Elvira auf der Bühne zu erleben?

Er müsste, ich drücke es in diesem Fall einmal drastisch aus, seinen Arsch bewegen und etwas mehr Fahrzeit als ansonsten investieren, nämlich nach Mannheim fahren – zwanzig Minuten von hier entfernt. Er könnte desgleichen das Theater in Worms aufsuchen – bis dorthin wären es dann siebenundvierzig Kilometer. Darmstadt käme ebenfalls in Frage – dann müsste er etwa sechzig Kilometer bewältigen.

Freilich gibt es auch Opernaufführungen in Stuttgart und Frankfurt, um nur zwei weitere Städte zu nennen. Also, alles erreichbar. Ich, liebte ich die Oper, führe hin. Auch mit vierundachtzig Jahren. Sehen Sie! Das ist der Unterschied.

– Die Leute holen nicht mehr, sie lassen bringen. Ein Resultat der kapitalistischen Gesellschaft. Niemand erobert mehr die Natur, man holt sich die Natur mittels digitaler Kabel in Sekundenschnelle auf den Flachbildschirm. Keiner buhlt mehr um eine Frau, man sucht sie sich aus Katalogen aus.

Die wenigsten streiten noch angemessen miteinander, stattdessen beschuldigen sie ihre Gegenüber des Mobbings und schon glaubt man sich aus der Sache heraus, den Rest erledigen dann die Polizei, die Anwälte, Gutachter sowie die Richter. Man zahlt sie schließlich, hat nicht umsonst die ausgebufftesten Versicherungen gegen alles und jedes abgeschlossen, auch gegen die fälschlicherweise aus dem Katalog ausgesuchte Frau. Die Risiken werden minimiert. Mein Recht gegen das deinige, kaum mehr: meine Intelligenz gegen deine.

Um dies zu erkennen, junger Mann, brauchen Sie beileibe kein Verhaltensforscher zu sein. Gewiss nicht. Verstehen Sie nun, weshalb ich so viele Stunden im Freien verbringe, an der Luft sein muss, da ich ansonsten zugrunde gehe?

– Ich sprach einmal mit einem Psychotherapeuten darüber und dieser Kretin grinste dabei auf herablassende Art und Weise. Ich wusste sogleich, dass er sich über mich sowie mein Anliegen lustig machte. Ein Stümper – unbestritten. So muss und will ich ihn nennen, da sich bloß Dilettanten dermaßen verhalten. Nun gut.

– Wie auch immer, nur draußen ertrage ich auf Dauer die Welt. Einbußen wie Kälte und Regen nehme ich in Kauf, hin und wieder suche ich sie geradezu. Und im Regen unterwegs zu sein, hat einen besonderen Reiz. Regen schärft die Sinne, vor allem das Gehör, das bei mir inzwischen schon ein wenig in Mitleidenschaft geraten ist, trotz allem höre ich noch passabel, existenzielle Geräusche sowieso.

Am meisten lausche ich ohnehin in meine eigenen Abgründe. Ich kann mir nicht vorstellen, was ein Psychologe noch aus mir heraushören könnte, was ich nicht selbst bereits ans Tageslicht brachte. Als Fremder in mich vorzudringen ist zweifelsohne eine Herausforderung sondergleichen.

– Wissen Sie, frühmorgens in den Wäldern ist man sich am nächsten. Es ist eine gleichwohl bedrohliche als auch heilsame Nähe. Und wenn Sie dann innehalten, stehenbleiben, mit niemanden sprechen, bewusst den Blick zum Schlossgarten vermeiden, steigt das Aufgestaute aus Ihnen empor, drängen sich Ihre elementaren Gedanken in den Vordergrund. Sie werden von sich selbst befragt, sind zugleich Lügendetektor sowie auch Schwindler, so will es ich hier einmal nennen.

In Ihrem Alter ist dieses In-sich-Hören freilich kaum möglich, da Sie permanent damit beschäftigt sind, sich selbst und der Welt etwas vorzugaukeln, so man Sie ebenfalls kontinuierlich belügt und Ihnen das eine oder andere Geschäft anbietet, das sich im Nachhinein als Fallstrick erweist.

Sie werden unentwegt zur Kasse gebeten, finanziell und emotional. Sie werden gerupft und ausgenommen und merken es nicht einmal, da Sie ihrerseits, um diesen Wahnsinn einigermaßen unbeschadet zu überstehen, gleichfalls permanent rupfen und ausnehmen. Irgendwann durchschauen Sie zwar das Spiel, bemerken, dass Sie bislang mit schlechten Karten spielten, hin und wieder sogar mit einem Trumpf in der Hand, um nicht völlig die Lust zu verlieren, alles in allem aber können Sie nicht stechen, denn Sie haben auf Dauer kein Siegerblatt im Ärmel, wie manche Zocker sagen.

Ist es zu viel für Sie? Sollen wir das Thema wechseln?

– Wissen Sie, ich möchte Sie nicht demoralisieren. Das ist nicht mein Ziel. Doch ich fürchte, wenn Sie mich jetzt geradeheraus fragten, was denn mein Ziel sei, ich glaube, ich könnte es Ihnen nicht sagen, bliebe Ihnen eine Antwort schuldig. Ist das nicht skurril?

– So alt und immer noch fragend. Und jedes Ziel ist zugleich auch stets der Beginn einer neuen Utopie, denn ein erreichtes Ziel generiert sogleich ein neues. So setzt es sich fort, ein Leben lang. Selbst ich, hier neben Ihnen sitzend und mich vortrefflich mit Ihnen unterhaltend, denke zwischendurch schon an morgen, für welche Bank ich mich entscheide, aber ich denke gleichfalls an meine Aorta; ob sie noch eine Weile funktionieren oder in Kürze versagen wird.

Da mein Denken sozusagen von einem Gedanken auf viele Gedanken überspringt, denke ich logischerweise auch heute bereits daran, welche Bank ich als nächstes aufsuchen werde und stelle mir damit zugleich die Frage, ob ich den Dufflecoat überziehen werde oder den Kufsteiner Lodenmantel. Diese Gedankensprünge sind nicht hilfreich und trotzdem lasse ich mich darauf ein.

Auf jeden Gedanken lasse ich mich ein wie eine Hure auf den Freier. Es ist nie anders gewesen. Und alle Huren wollen schließlich auch bedient werden, freilich nicht von jedem Freier. Psychotherapeuten sind übrigens die ärgsten Huren, sie lotsen einen auf die Couch und dann wird man ausgesaugt mit Mark und Bein.

– Wenn Sie jetzt gingen, Ihre Jacke zuknöpften, wortlos aufstünden, diese Bank verließen und möglicherweise nie mehr an diese Stelle Heidelbergs zurückkehrten: Ich verstünde es. Gewiss.

Wer unterhält sich schon gern mit einer nicht abzustellenden Denkmaschine?

Ich jedenfalls nicht.

– Ja, das ist gut!

Bleiben Sie noch eine Weile hier und genießen Sie mit mir die womöglich letzten warmen Sonnenstrahlen, die wir dieses Jahr noch abbekommen.

– Wissen Sie, wenn Sie sich so umschauen, ist beinahe alles zugleich widersprüchlich, wie es wiederum auch logisch ist.

Zu meinen Studenten sagte ich des Öfteren: Manch wagemutige Inspiration entspringt durchaus einer recht simplen Intuition. Und das entspricht der Wahrheit. Saß ich beispielsweise an einem heißen Julitag auf einem Stuhl vor dem *Schafheutle* und dachte, ich könnte infolge der Hitze nichts mehr denken, hatte ich Sekunden später oft schon wieder einen skurrilen Gedanken im Kopf, der sich schlussendlich zu einer fantastischen Theorie entpuppte.

Wir wissen ja bis heute recht wenig über die Mechanismen des Denkens, was einen Gedanken verursacht, weshalb ein Gedanke gerade erst halbwegs zu Ende gedacht, mitunter einen völlig konträren erzeugt.

So kommt mir gerade in den Sinn, Sie zu fragen, ob meine Frisur in Ordnung ist? Ob ich einen Friseur aufsuchen oder noch eins, zwei Wochen warten sollte?

Nicht, dass Sie mich jetzt falsch verstehen, denn ich möchte Sie keineswegs bedrängen, doch leider habe ich niemand, der mich in diesen Fragen berät. Und ich kann wohl kaum hinaufgehen in die Praxen zu Frau Dr. Sonnek oder zu Dr. Darius und sie bitten, mir während ihren Tätigkeiten einen Rat in puncto Haare zu geben. Es ist ohnehin schwierig für mich, mein Äußeres zu beurteilen. Ob ich sozusagen noch halbwegs modisch daherkomme oder meine Garderobe auf gewisse Weise aus dem Rahmen fällt.

Wissen Sie, ich möchte keinesfalls verwahrlost wirken oder in irgendeiner Weise heruntergekommen. Das verstehen Sie sicher. Wenn schon ein Mensch, wie ich sage, dann einer, vor dem man sich nicht zu fürchten braucht. Ich kaufe inzwischen zwar so gut wie keine neue Kleidung mehr, lege aber Wert auf tadellose Garderobe. Und das ist sie.

Oder sehen Sie das anders?

– Was ich mein Eigen nenne, pflege ich. Sie werden, falls Sie sich umhören, allerhand über mich hören. Die eine oder andere Anekdote ist im Nachhinein womöglich aufgeblasen worden, aber keiner, und zwar gleichgültig ob Sie in Heidelberg, Oftersheim oder Ladenburg fragen, wird Ihnen sagen, der Veltenhöfer trage abgelaufene Schuhe, eine nicht akkurat gebügelte Hose oder an seinem Hemd fehle ein Knopf. Überall wird es heißen: Der Professor tritt picobello auf, obschon ich immer lange Haare trug und – es dürfte Ihnen nicht entgangen sein – noch trage. Diese Freiheit nahm ich mir von Anfang an heraus. Wie Sie sehen, trage ich die Haare nicht wirklich überlang, doch lange genug, um jedem sichtbar zu machen, dass es keine kurzen sind.

Ein wenig Rock and Roll sollte sich jedermann bewahren. Auch und gerade im Alter. Für ein paar Eigenheiten, es dürfen auch subtile sein, sollte man stets zu haben sein, vor allem im verschlafenen Heidelberg. Dem kurpfälzischen Mief, den man hier auf Schritt und Tritt, von Parkbank zu Parkbank und auch sonst wo in der Nase hat, darf man getrost das eine und andere entgegensetzen.

Ich sage Ihnen aber der Fairness wegen, dass mir das Heidelberger Klima und ich meine dabei keineswegs bloß das Wetter, in gewisser Weise doch behagt.

– Wissen Sie, ich kenne viele Winkel der Stadt, manch noch so kleines Schlupfloch, wohin sich die Heidelberger verziehen, wenn ihnen der Trubel zu viel wird und sie einmal für eine Stunde allein sein möchten – ohne diese Touristengeschwader. Und genau jene Orte mag ich eben auch. Dass es insbesondere in der Altstadt viele von diesen Ruhe- und Fluchtpunkten gibt, macht mir die Stadt und ihre Menschen sympathisch, dazu kommt, dass es hier bekanntermaßen mild ist. Wir haben in der Tat ein moderates Klima, da wir von der Rheinebene profitieren und dies seit Jahrtausenden.

– Wie Sie richtig bemerkten, ist Heidelberg als zweitletzte Heimat sozusagen allererste Wahl, zumindest was das Sitzen auf Bänken anbelangt. In unserer letzten Heimat brauchen wir ohnehin keine Bank, geschweige denn ein Hemd.

– Als ich in Burundi war, habe ich mich, wie es heißt, schnurstracks in den afrikanischen Kontinent verliebt.

Als Wissenschaftler bat man mich seinerzeit, eine Langzeitstudie zu begleiten. Es ging, soweit ich mich erinnere, immerhin liegt es gut dreißig Jahre zurück, um eine Verhaltensauffälligkeit bei den im Norden lebenden Hutu.

Entgegen meinen Bedenken kam ich mit den afrikanischen Temperaturen bestens zurecht und meine Kniegelenkschmerzen verschwanden bereits in dem Moment, als ich in Bujumbura aus dem Flugzeug stieg. Tagsüber war es mitunter zwar unerträglich heiß, doch in der Nacht sorgte der Tanganjikasee für eine angenehme Brise.

Diese Reise bestätigte mir, dass unsere Wurzeln in Afrika liegen. Im Grunde sind alle Menschen durch und durch afrikanisch, wir vergessen es nur und leugnen es bei jeder Gelegenheit, was töricht ist, denn niemand kam der Natur jemals näher als der Afrikaner. Und noch etwas: Unsere westliche Kultur - nehmen Sie, was Sie wollen - stammt letztlich aus Afrika.

Jede Art von Musik, gleichgültig wohin sie sich entwickelte, hat ihren Ursprung im Singen und Trommeln der Schwarzen. Ohne das Stampfen und Tanzen dieser Menschen gäbe es so wenig den Beruf des Intendanten wie auch die Oper. Auch Woodstock hätte es nicht gegeben und erst recht keinen Blues, Rock and Roll und Jazz. Daran, junger Mann, sollten wir hin und wieder denken; auch im Herbst in Heidelberg.

- Nach der Burundireise - sie war quasi meine Einlasskarte nach Afrika - besuchte ich auch andere afrikanische Länder: Gabun beispielsweise, wo man mir unter anderem in Lambaréné die Poliklinik zeigte, die, so berichtet, eine Erweiterung des Hospitals sei, das 1913 von Albert Schweitzer gegründet wurde.

Auch in Namibia bin ich gewesen. Dort wurde mir das Glück zuteil, zehntausende von Zwergpelzrobben bei ihren Paarungsritualen zu beobachten. Sehr aufschlussreich, sage ich Ihnen, und ein Naturschauspiel der besonderen Art. Für zartbesaitete Zuschauer indes kein Vergnügen, da die männlichen Tiere äußerst aggressiv vorgehen, dazu der bestialische Gestank der Robben. Nicht jedermanns Sache, sich in ihrer Nähe aufzuhalten. Namibias Flagge aber, ich weiß nicht, ob ich es bereits erwähnte, gehört von Anfang an zu den Flaggen, die ich als überaus gelungen bezeichne.

- Zehn Jahre später bereiste ich auch Somalia und Kenia. In Kenia, es ergab sich so, stieg ich mit zwei Massai auf den über viertausend

Meter hohen Mount Elgon hinauf. Es war ein außergewöhnliches Unterfangen. Und nur zwei Tage später sah ich sogar ein freilaufendes Löwenpaar; keine zwei Steinwürfe von mir entfernt. Beides gleichermaßen beeindruckend: die Löwen sowie der Anstieg zum Mount Elgon. Und diese Farben, sage ich Ihnen, die Sonnenuntergänge!

Ich kann Ihnen nur raten, nach Afrika zu fliegen. Kenia wäre eine gute Wahl; eine einmalige Landschaft, gewiss. Ich hoffe inständig, dass man nächstes Jahr, wenn die Fußballweltmeisterschaft in Afrika stattfindet, etwas mehr als nur Stadien und die Duelle der besten Mannschaften zeigt, sondern auch angemessen auf das Land eingeht, darlegt, wie und mit welchem Feuereifer die meisten Afrikaner um ihre Selbstbestimmung und Ressourcen kämpfen.

Geht nach Afrika und ihr lernt, riet ich seinerzeit meinen Studenten, geht in die USA, sagte ich, und ihr werdet belehrt.

– Arroganz oder Soziabilität: Man hat die Wahl. Doch viel zu wenig werden diese Begriffe hinterfragt.

Ich selbst habe das Reisen mittlerweile aufgegeben; zu viel gesehen, auch furchtbare Dinge. Nein, ich denke, jetzt ist die Jugend am Zug. Schade nur, dass sie richten soll, was wir verbrochen haben. Kein leichtes Unterfangen.

Tatsache jedoch ist: Wir lernen nicht aus Fehlern, jedenfalls nicht nachhaltig. Das ist ein Übel unserer Spezies. Nach einer Weile guten Willens, folgt die Phase des Vergessens und danach die Zeit der Gleichgültigkeit. So läuft es nach allen Katastrophen ab, da die Welt sich aber aufs Radikalste weiterdreht, während wir in unseren Köpfen ebenso radikal stehenbleiben, sehen wir, was wir gestern deutlich sahen, heute bereits getrübt und übermorgen schon derart verschwommen, um nicht mehr effektiv zu erkennen, dass uns das, was wir augenblicklich als richtig deklarieren, zukünftig geradewegs ins Verderben stürzt, wohingegen das, was wir fälschlicherweise ablehnen, in den nächsten Jahrzehnten zu einem friedvollen Miteinander führen könnte.

Merken Sie, jetzt geht es wieder mit mir durch?

– Fange ich zu politisieren an, geht es mit mir durch. Ich kann nichts dafür. Jeden Morgen, wenn ich mich rasiere, schaue ich in den Spiegel und sage mir: Veltenhöfer, halte dich zurück! Störe nicht die Menschen, die sich neben dir niederlassen, um sich ein wenig zu erholen! Sage den Leuten nicht, was du denkst! Sie wollen es nicht hören. Sprich stattdessen mit ihnen über die Krähen, erkläre ihnen die Schimpansen-Studie, die in Atlanta für Furore sorgte, lege ihnen dar, weshalb gerade Mäuse zu spontanen Mutationen neigen, aber lass das Politisieren!

Exakt diese Sätze sage ich mir jeden Morgen. Doch meinen Vorsatz umzusetzen, fällt mir schwer.

Und wissen Sie, an manchen Tagen, meist an sehr kalten und ungemütlichen, schaffe ich es auch, den Mund zu halten, nun ja, mehr oder weniger den Mund zu halten, jedenfalls nicht sofort ins Politische zu wechseln oder erst kurz bevor derjenige, der sich neben mir niederließ, dazu entschließt, den Platz zu verlassen.

Bei Ihnen ist es glücklicherweise anderes. Sie provozieren ja geradezu meinen Verstand. Reizen mich sozusagen, Sie zu einem Duell herausfordern. Sie haben ja hoffentlich nicht vergessen, dass ich ein erstklassiger Fechter war und wahrscheinlich noch immer bin? Und ich fechte ebenso hart mit den Säbeln meines Kopfes. Also aufgepasst!

– Wenn ich zurückschaue, war ich jederzeit ein streitbarer Mensch. Jetzt disputiere ich in der Regel nur noch mit mir selbst. Mitunter sind es auch nur profane Anlässe und ebenso profane Fragen: Bleibe ich übermorgen in Heidelberg oder fahre ich nach Mannheim in den Luisenpark? Bestelle ich das Taxi entgegen meiner Gewohnheit statt um fünf Uhr erst um halb sechs? Schweiße ich mein Testament in eine Folie, damit es auch lesbar ist, wenn man mich erst Stunden nach einem Schneegestöber zusammengekrümmt unter einem Baum des Schlossgartens findet? Lasse ich die Pistole nun doch zu Hause, jetzt da ich die achtzig schon um ein gutes Stück überschritten habe?

Diese Fragen stelle ich mir oft; häufiger als Sie womöglich denken. Und dann – es wundert mich nicht, da es menschlich ist – gebe ich mir keine Antwort, tue, als habe ich mir nie eine Frage gestellt, was freilich erlogen ist, wie Sie inzwischen, da ich Ihnen ein wenig von mir erzählt habe, hoffentlich wissen.

Ich lasse demgemäß das Testament nicht einschweißen, schreibe es auch nicht neu mit wasserfestem Stift und ich stecke jeden Morgen die 6.35er *Haenel-Schmeisser M1* in meine rechte Manteltasche. In den Sommermonaten jedoch und auch anfangs des Herbstes, also wenn ich zumeist eine leichte Weste, vielmehr einen Pullunder trage, platziere ich die Pistole in der Ledertasche; stets in ein ausgedientes Gästehandtuch gewickelt sowie mit dem Gummi eines Einmachglases zusätzlich gesichert.

Die Tasche, wie Sie bestimmt bemerkten, steht neben meinem linken Fuß; grundsätzlich steht sie neben meinem linken Fuß und zwar immer an der Außenseite, stets dort, wo die Bank endet, denn ich setzte mich gewohnheitsgemäß seit ich das Banksitzen ausübe prinzipiell nur auf die äußerste linke Seite einer Bank.

Meine Gesprächspartner, ich will sie einmal so nennen, muss ich rechts von mir wissen. Eine Marotte, gewiss. Ich immer links, meine *Opfer* sozusagen rechts von mir.

– Wir alle haben eingefleischte Gewohnheiten. Es sind Überbleibsel aus der Zeit, als wir noch Tiere waren, Anknüpfungen an das Tierische, wenn Sie wollen. Doch diese Verhaltensweisen haben auch Vorteile. Ich beispielsweise kann im Fall einer Bedrohung oder eines Überfalls unauffällig mit meiner linken Hand die Tasche öffnen, dann mit einer leichten Drehung des Oberkörpers die rechte Schulter nach vorne bringen, nach vorne werfen quasi, um dadurch mit der rechten Hand in die geöffnete Tasche zu gelangen, wo sich die Pistole befindet.

Das Abstreifen des Gummis sowie das Wegschleudern des Handtuchs habe ich über Jahre hinweg geübt. Sie würden staunen, wie flink das ginge, führte ich es vor.

Wissen Sie, wenn Sie mein Gast wären und wir in dieser Stunde bei ein paar Gläsern *Holsten* Bier in meiner Wohnung säßen und das Gespräch auf die 6.35er *Haenel-Schmeisser M1* käme, dann demonstrierte ich Ihnen gerne, wie rasch jenes Manöver vonstattengeht.

Apropos, Gast. Darf ich Ihnen eine Tasse selbstaufgebrühten Bohnenkaffee anbieten?

– Es ist kein Umstand, gewiss nicht, denn ich bin bestens ausstaffiert. Ich führe in meiner Tasche sowohl Lebensmittel als auch eine Heckenschere mit, desgleichen die Pistole sowie für alle Fälle den kleinen Schusterhammer meines Großvaters. Und immer, tagtäglich sozusagen zwei 2er Packungen *Studentenküsse*, von denen ich nie genug bekommen kann. In gewisser Weise bin ich ihnen verfallen. Und schon öfter bin ich ihretwegen sogar in intensive Streitgespräche geraten, wenn ich beispielsweise Gastprofessoren gegenüber behauptete, eben diese *Studentenküsse* der Heidelberger Knösel-Schwestern in der Haspelgasse überträfen ohne Frage die berühmten Salzburger *Mozartkugeln*. Ja, ich bleibe dabei: Sie gehören zum besten Naschwerk der Welt. Aber ich habe freilich auch immer reichlich zu trinken dabei; im Sommer Wasser, hin und wieder Apfelschorle, im Herbst und Winter hingegen vorrangig Kaffee.

Jeden Morgen bevor ich mich rasiere und ein Taxi bestelle, bin ich in der Küche, wo ich Kaffee aufsetze und ihn sodann, noch kochend heiß sozusagen, in meine anderthalb Liter fassende Thermoskanne fülle. In meiner Tasche – es ist übrigens keine typische Professorentasche, da die meisten von uns kleine Taschen vorziehen – befinden sich alle Gegenstände nach einem ausgetüftelten Plan. Ich sage mir: Wenn in der Welt schon kaum mehr Ordnung herrscht, dann in meiner Tasche.

Sie nehmen doch diesen Spruch nicht ernst, oder etwa doch?

– Wenn ja, müsste ich es nämlich als Beleidigung verstehen. Ich bleibe jedoch dabei, dass in meiner Behauptung ein Funke Wahrheit steckt.

Die Ordnung, wissen Sie, löst sich gegenwärtig klammheimlich auf. Es gibt sie zwar weiterhin in gewissen Köpfen, auch den staatstragenden Einrichtungen, den Schulen, bei der Polizei, einigen Behörden, Bundesämtern sowie in der juristischen Praxis, doch sie wird, und da werden Sie mir zustimmen, selbst an besagten Stellen fortwährend außer Kraft gesetzt. Auch ehemals integre Instanzen zerbröseln an der Zersetzung ihrer inneren Disziplin. Und mit der schwindenden Ordnung verflachen auch unsere, man wagt diese Worte in Deutschland ja kaum mehr in den Mund zu nehmen, ethischen Leitlinien.

Woran sich demnach festmachen? Woran glauben, wenn jedermann einst bewährte Grundsätze infrage stellt?

Sogar an das Falsche zu glauben, ist heutzutage schwierig geworden.

In meiner Jugend gab es klare Vorgaben. Man glaubte an die Deutsche Demokratische Partei, die Roten oder die Nationalsozialisten. Ich glaubte lange Zeit an die Nazis und die kriegstreibenden Agitationen des Führers.

Ob ich ihn in der Wochenschau sah, wo er mit seinem Schäferhund auf der Terrasse stand und mit dem Arm das Berchtesgadener Land taxierte, oder bei einer Parade oder ob ich seine September-Rede vorm Reichstag im Radio vernahm, stets bekam ich eine Gänsehaut. Wollte einer werden, der zu jenem Kreis gehört.

Wissen Sie, als der braune Teufel von der schändlichen Ausartung und Entartung des Versailler Vertrags fürs deutsche Volk gesprochen hat, glaubte ich hochspringen zu müssen und lauthals zu jubeln. Heute weiß ich, welch ein Tor ich war, verblendet wie kein zweiter. Ich habe aber, und glauben Sie mir, dies war keine leichte Lektion, meine Sichtweise korrigiert und meinen Hitlergesinnungskopf entlaust, dem nationalsozialistischen Kahlfraß in meinem Gehirn ein Ende bereitet. Den braunen Sud aus den Gedanken gespült, dafür jedoch manch andere Torheit hineingelassen.

Alles Radikale, insbesondere alles Rechtspopulistische und generell jedes braune Gedankengut, das sozusagen durch die Hintertüren in unsere Wohnungen dringt, widert mich nunmehr an und zwar aufs Äußerste.

Doch sehen Sie sich um! Betrachten Sie die Jugend in den Großstädten und den Neuen Bundesländern! Die Tendenzen sind besorgniserregend. In null Komma nichts erlangen braune Schlägerbanden die Genehmigung zu einer Demonstration. Das bereitet mir Sorgen. Und es sind gewiss nicht die einzigen Sorgen, die ich habe.

Was mich an unserer Gesellschaft am meisten irritiert, ist der Verlust an Achtung voreinander und die Erbärmlichkeit, wie die gegenwärtigen Intellektuellen dagegen vorzugehen gedenken. Sie gedenken vorzugehen.

Verstehen Sie?

Sie handeln nicht, sie gedenken zu handeln. Genau diese Vorgehensweise erinnert mich an meinen Vater, der freilich kein Intellektueller war, jedoch ein grüblerischer Mann. Er grübelte den ganzen Tag, doch es kam weder etwas Gescheites dabei heraus, noch äußerte er sich uns Kindern gegenüber; nein, er saß immer bloß da und dachte, vielmehr gab er vor, fortwährend zu denken.

Ich weiß bis heute nicht, was er dachte, denn er schwieg stets vor sich hin und tat nie etwas, das in irgendeiner Weise mit seinem Denken einherging. Niemals sprach er sich eindeutig für oder gegen eine Sache aus. Und das vermisste ich bei ihm. Ein Vater ohne Standpunkt ist kein Vater. Ich konnte doch nicht mit jeder Frage, die ich hatte, jedem Zweifel, den ich hegte, eilenden Fußes zum Großvater laufen, um ihn um Rat zu bitten. Freilich lief ich trotzdem zum Großvater, löcherte ihn mit Fragen und sog alles, was er wusste, aus ihm heraus. Und jedes Mal, wenn ich hernach wieder vor meinem Vater stand, verschwand ein Stück mehr von der ohnehin nur geringen Achtung, die ich noch vor ihm hatte.

Die Mutter, früh verstorben, Tante Gretel, ein raffgieriges Miststück, nie eine Hilfe gewesen und nur auf ihren Vorteil aus: Alles in allem keine leichte Zeit für mich. Trotzdem ging ich meinen Weg, habe mit dem eingeschränkten Verstand, den ich in jenen Jahren hatte, das eine und andere hinterfragt; habe das sogenannte neue, total apodiktische und zynische Menschenbild, das die Nazis propagierten, dem Abfackeln der Synagoge entgegengestellt, die völkischen Parolen der einen den Hilferufen der anderen. Und irgendwann dann – es dauerte viel zu lange – stellte ich meine Weichen in eine andere Richtung, entschied mich, nunmehr fern jeder evidenten Weltanschauung mein Leben auszurichten.

Woran aber, frage ich Sie, soll sich die heutige Jugend ausrichten, Sie und Ihre Freunde? Haben Sie ein Leitbild, eine Leitfigur? Wer ist es?

– Ist es Goethe, ist es Schopenhauer, ist es Camus? Ist es ein Mann wie Mahatma Gandhi, Willy Brandt, Jean-Paul Sartre, Sir Peter Ustinov oder Reinhold Messner?

Und wenn Sie keine Leitfiguren haben, woran richten Sie sich stattdessen aus?

– An jenen, die Ihnen über den Weg laufen? An einem Videohelden? An einem alten Mann wie mir?

– Sagen Sie es mir! Denn ich erforsche die Menschen und was sie denken.

Welche Bücher lesen Sie, welche Zeitungen? Sind Sie in einer Partei? Haben Sie jemals an einen Umsturz, zumindest eine Revolution im Kleinen gedacht?

– Sehen Sie, Sie schweigen.

Ich will es als gutes Zeichen werten, dafür, dass Sie nachdenken und sich nicht, um eine prompte Antwort zu präsentieren, vorschnell festlegen. Doch ich rate Ihnen, sich demnächst, nicht heute Nacht, wenn Ihnen unser Gespräch noch den Kopf verwirrt, in den Ohren klingelt sozusagen, einmal zu fragen, was Ihre Ordnung ist. Und ob und um welchen Preis Sie bereit wären, diese Ordnung in einem System zu verteidigen oder für eine andere zu kämpfen?

Könnten Sie jemanden, der eine falsche, vielmehr gefährliche Ideologie vertritt, verraten oder gar ans Messer liefern?

– Da haben wir es. Jetzt ist es wieder mit mir durchgegangen, das elende Politisieren. Sitze ich einem intelligenten Menschen gegenüber, geschieht es unausweichlich. Ich kann es nicht unterbinden.

– Obwohl ich weiß, dass die Welt, um es lapidar auszudrücken, nicht ohne erhebliche Anstrengungen zu verbessern ist, jedenfalls nicht nach den Vorstellungen einiger Gutmenschen, denke ich manchmal, es müsste doch irgendwie möglich sein. Doch die Leute, die es in der Hand haben, die Politiker und Philosophen, gehen es entweder zu zaghaft an oder zu pragmatisch. Dazu kommt, dass die meisten Politiker nur annähernd fähig sind, tatsächlich weltumspannend zu denken.

Vernetztes Denken ist vielen fremd, sie haben sich nicht genügend damit beschäftigt. Stattdessen gehen sie wie Ärzte vor. Der Lungenarzt heilt die Lunge, der Augenarzt die Fehlsichtigkeit, der Urologe die Blase und der Neurologe kümmert sich um die Nervenbahnen. Ein jeder von ihnen erstellt eine, wenn auch häufig unzureichende Diagnose, verschreibt dies und das, rät zu dem oder dem, und das war es dann. Ein anderes Vorgehen wäre angebracht, gewiss.

Welcher Arzt nimmt sich heute mehr als zehn Minuten Zeit für seine Patienten, fragt wie es deren Familien geht, welchen Schwierigkeiten sie in der Arbeitswelt ausgesetzt sind, was und wie sie denken, welche Ängste sie haben und welche Bilder sie mit dem Leben verbinden?

Die Heilung wird auf Flickstellen reduziert. Es ist nicht schön. Psychotherapeuten helfen am wenigsten; weder Ihnen noch mir.

– Wissen Sie, die Natur ist uns permanent voraus; sie kennt weder Karneval noch Silvester und dennoch kommt sie bestens zurande. Um fünf Uhr frühmorgens zeigt sich die Natur am eindrucksvollsten. Viele von uns verschlafen hingegen dieses Schauspiel, nicht zuletzt, weil sie am Abend zuvor eine Oper oder Komödie besuchten und sich nunmehr von den Kunststrapazen erholen. Ergo schlafen sie und versäumen dadurch den faszinierenden Tagesbeginn.

Bäcker, Förster, Zeitungszusteller, Jäger, Taxifahrer und Kriminalbeamte, um nur einige Nachtarbeiter zu erwähnen, erleben indessen dieses allmähliche Abkippen der Nacht, das Sich-Recken-und-Strecken des anbrechenden Tages. Immer wieder fantastisch, sage ich Ihnen. Ob Sie an der See sind, im Hochgebirge, in einer Rheinaue oder am Oberen Mausbachweg: Die Morgendämmerung ist stets ein Schauspiel, das zu sehen sich lohnt. Ein Gefühl, will ich mal sagen, als rutsche einem das Universum in einer Samthose die Kehle hinunter.

Keine Sorge, junger Mann, dies ist der einzig poetische Spruch, den ich gelegentlich verwende. Ich bin kein Poet, gewiss nicht. Nein, Poesie ist nicht meine Sache. Nie gewesen.

– Mit der Kunst, das gebe ich unumwunden zu, kenne ich mich nicht aus. Ich schaue mir zwar Gemälde an, auch Skulpturen und Installationen, doch ich weiß nur selten, von wem sie stammen. Manche gefallen mir, manche nicht. Hoch gelobte sprechen mich mitunter gar nicht an, Bilder eines Laienmalers haben mich schon zum Weinen gebracht. Die fantastischsten Bilder finde ich allerdings immer in der Natur, auch die unglaublichsten Geräusche. Tagsüber werden sie erwartungsgemäß übertönt. Die Hubschrauber und Krankenwagen, die in regelmäßigen Abständen das Neuenheimer Feld ansteuern, aber auch das ungebührlich laute Telefonieren, insbesondere südländischer Menschen: Sie ersticken die Klänge der Natur.

Haben Sie jemals eine Nachtwanderung unternommen?

– Ich kann nur jedem Menschen dazu raten. Und wenn Sie dann, sagen wir, kurz nach Mitternacht in der Nähe des Hutzelwaldpfades angekommen sind, hocken Sie sich einmal für eine halbe Stunde hin. Sie werden staunen, was Sie zu hören bekommen. Und wenn Sie dann erst den Sonnenaufgang erleben, ist es um Sie geschehen. Ich verspreche es Ihnen als Veltenhöfer, als Professor und Verhaltensforscher.

Wissen Sie, ich verspreche nicht viel, aber wenn ich von etwas überzeugt bin, dann zu hundert Prozent.

– Sagt Ihnen der Begriff ANG etwas?

– Er kommt aus dem Bereich der Biologie und steht für das Alles-oder-nichts-Gesetz, welches das Verhalten reizbarer Gewebe beschreibt. ANG besagt, dass auf einen Reiz, der die Reizschwelle erreicht, die volle Reaktion, präzise gesagt, die Erregung der Nervenzelle, vielmehr der einzelnen Muskelfaser erfolgt und zwar unabhängig davon, ob der Reiz andauert, stärker oder schwächer wird. ANG bedeutet aber auch, dass auf unterschwelligen Reiz keine Reaktion erfolgt.

Ich habe Ihnen die Frage nach dem Alles-oder-nichts-Gesetz nicht umsonst gestellt, denn ich möchte Ihnen darlegen, was ich in letzter Zeit mit Sorge verfolge. Ich glaube nämlich, zu beobachten, dass sich der angeblich zivilisierte Mensch zunehmend nach diesem Gesetz ausrichtet und zwar nicht auf seine Muskelfasern bezogen, sondern auf sein Gehirn. Alles-oder-nichts-Gesetz als Maxime der modernen Zeit.

Registrieren Sie, worauf ich hinaus möchte?

– Das Alles-oder-nichts-Gesetz, welches in der physiologischen Biologie unabkömmlich ist, hat sich inzwischen nämlich auch in unseren Köpfen breitgemacht. Leider.

Wir beschränken uns nicht mehr auf naturgegebene Herausforderungen, sondern konstruieren künstliche Schlüsselreize, um uns noch mehr abzusondern und von anderen zu unterscheiden. Suchen also extremste Reize, um jede bisherige Herausforderung als Standard zu degradieren. Dies geschieht auf allen Ebenen, hauptsächlich sogar in den kommunikativen Disziplinen. Und deshalb wird mittlerweile vieles, was noch vor Jahrzehnten als abstoßend und widerwärtig betrachtet wurde, akzeptiert, da wir längst ohne jeden Argwohn glauben, beinahe alles um uns herum akzeptieren zu müssen, entsprechen doch die Handlungen, die wir in unserer Umgebung wahrnehmen, dem Ideal der modernen Zeit sowie dem Alles-oder-nichts-Gesetz, nach welchem sich mittlerweile ein jeder mehr oder weniger erfolgreich auszurichten versucht. Die Medien berichten ja unentwegt davon.

Also gut! Dann wird es schon seine Richtigkeit haben, denken vermutlich die einen und anderen. Und folglich bejubeln viele Menschen all diese Akteure, die sich immer lautstärker in Szene setzen. Dabei geschieht jedoch mitunter, dass man jene omnipräsenten Demagogen und Verschwörer, Medienmacher wie Meinungsmacher, getarnten Bauernfänger wie angeblichen Visionäre nicht mehr ohne Weiteres voneinander zu unterscheiden weiß.

Man rennt also womöglich in völlig unreflektierter Weise den Wölfen im Schafspelz hinterher. Doch noch ein zweites Phänomen kommt hinzu, denn treten unbedarfte Menschen nur lange genug in Massen auf, werden sie letztlich zu Brüdern im Geiste. Und dann geschieht es: Sie marschieren mit ausgebreiteten Armen und der größtmöglichen Engstirnigkeit in die große Leere, die zumeist in irgendeinem Verderben endet.

Kaum noch ein natürliches Bremsen mehr, kein beherztes Einschreiten. Zu wenig Kritik, Distanz und Skepsis.

Kommt uns jemand ob ideell oder körperlich zu nahe, weichen wir aus, anstatt demjenigen die Stirn zu bieten, ihm unsere Argumente entgegenzuhalten. Wir widersetzen uns nicht mehr genügend dem Imponiergehabe, der nur an Macht und Erfolg ausgerichteten Welt. Setzen der Fäulnis zu wenig Vitalität entgegen. Und in diesem Verhalten liegt des Pudels Kern begraben. Der Mensch, das wird vergessen, hat kein verbrieftes Recht auf Glück.

Weshalb denn auch? Wieso denn auch? Wodurch denn, bitte schön?

– In der Natur gibt es kein Glück. In der Tierwelt gibt es kein Glück. Und das einzige Glück, das wir Menschen haben, vor allem uns an der Natur, den Tieren und, wenn wir wirklich Verstand hätten, am Wohlergehen unserer Mitmenschen zu erfreuen, nehmen wir gar nicht mehr wahr, da unser Streben permanent darauf ausgerichtet ist, das eigene Glück in den Mittelpunkt zu stellen.

Wir glauben nicht an Glück, was durchaus in Ordnung wäre, wir erzwingen es auf die brutalste, weil menschliche Methode. Doch es ist ein Segen, wie ich sage, denn wir werden an diesem Vorhaben scheitern, so wie wir häufig bereits an anderen Intentionen gescheitert sind.

Verstehen Sie nun, weshalb ich eine Pistole bei mir habe? Mich weigere, zum Wohle eines mir Fremden überfallen zu werden? Mit dem Geld, das ich bei mir trage, zum Glück eines anderen beizutragen, obschon genau derjenige keine Sekunde an die Zerstörung meines Glückes denkt?

Wenn ein morscher Baum zusammenbricht, reißt er womöglich eins, zwei andere Bäume mit, was bedauerlich, doch nicht zu ändern ist. Wir Menschen jedoch reißen andauernd andere Menschen in den Abgrund. Bin ich nicht glücklich, soll es auch kein anderer sein: So denken wir. Der Großteil denkt so, daran habe ich nie gezweifelt.

Wissen Sie, wenn Sie täglich über Stunden draußen sind und sehen, wie die Leute, die aus dem *Aldi* kommen, neidvoll in die Einkaufswagen anderer schauen, dann können Sie nicht mehr zweifeln. Die Kunden des *Aldi* schauen missgünstig auf die Kunden, die aus der *Galeria Horten* kommen und diese wiederum auf die mit Einkaufstüten bepackten Kunden, die aus den Türen des *Kraus* auf die Hauptstraße treten und so weiter und so fort.

Bei *Wempe* oder *Christ* einzukaufen ist längst nicht mehr nur eine Frage des Geldbeutels, sondern eine Sache des Ansehens. Es ist ein Glaubensbekenntnis geworden. Ich kaufe dort und dort, ergo bin ich der und der. Du kaufst nicht dort und dort, also bist du ein Nichts. Nur die wenigsten sind vor solch schwachsinnigen Argumenten gefeit und kaufen demnach ganz nach Bedarf einmal in dem einen und ein anderes Mal in dem anderen Geschäft. So sollte es normalerweise sein. Einkaufen ohne Imponiergehabe, aber auch ohne Minderwertigkeitsgefühle.

Das Ganze ansehen als das, was es ist: eine kaufmännische Handlung. Ohnehin, da stimmen Sie mir womöglich zu, hält die Freude an neuen Objekten nie lange an, denn es ist mit unserer Habgier wie mit unserem Magen: Wir befinden uns konstant in dem Zwischenzustand von Satt-werden-Wollen und dem Jetzt-bin-ich-aber-satt-Gefühl.

Ist Ihnen schon aufgefallen, dass wir Menschen, die einzigen Lebenswesen sind, die viel zu viel essen, sich regelrecht überfressen, die weitaus mehr Nahrung zu sich nehmen, als sie brauchten?

– Wir nehmen von allem zu viel. So haben wir auch Afrika genommen, wenngleich wir es nicht brauchten, und was schlimmer ist: Wir haben Afrika genommen, wiewohl es den Afrikanern gehört. Wir haben gar nicht erst darauf gewartet, dass man uns ins Land hineingebeten hat, haben stattdessen die Türen Afrikas eingeschlagen und uns an den gedeckten Tisch gesetzt.

Ich habe noch immer ein Bild von meinem Großvater im Kopf, eine Schwarz-Weiß-Fotografie, mit dem er jedem die Dekadenz der Kolonialpolitik vor Augen führte.

Hier, Junge, sagte er, schau hin! Dieses Gebaren ist ein Beweis für den Niedergang der Humanität. Und was daraus folgt, sagte er, ist die Ahndung Europas, und somit das längst überfällige Ende der selbsternannten Herrenmenschen.

Als Halbwüchsiger ist mir an dem Foto nichts Besonderes aufgefallen, wenn ich es heute sehe, macht es mich wütend, obwohl es weder eine brutale noch eine blutrünstige Szene zeigt. Wissen Sie, man sieht einen weißen, dickleibigen Missionar mit Tropenhut auf dem Kopf. Und jener Mensch lässt sich in einer Hängematte, die an zwei Bambusstangen befestigt ist, von vier Schwarzen über die Savanne tragen. Das für mich bezeichnende Detail auf diesem Foto ist das an einer Kette befestigte Kruzifix, das den immensen Bauch des Predigers ziert.

Es ist traurig, erst jetzt im Alter zu begreifen, welch einfühlsamer, toleranter und intelligenter Mensch mein Großvater war. Er war sogar derart weise, um zuzulassen, dass ich ihn mit meinen Militär- und Kriegsfragen löcherte, und er brachte es trotz meiner Begeisterung für alles Soldatische fertig, mir mittels verständigen Argumenten – nie von oben herab, nie mitleidig lächelnd – die Naziflausen aus dem Kopf zu treiben; und dies behutsam und mit seinem intuitiven Wissen, dem Wissen des Orthopädieschuhmachers, das sich in jeder Hinsicht vom Wissen meines Vaters, dem eingeschränkten Arztwissen unterschied.

Wäre mein Großvater nicht schlau gewesen, hätte er mir nie seine Pistole geschenkt. Er spürte, wie es um mich stand, wenn ich ihm in die Wälder folgte, spürte meine Begeisterung für den Gesang der Nachtigall, merkte, wie hartnäckig ich bereits als Dreijähriger an seinen Hosenbeinen zupfte, mit ihm hinauswollte, um Beeren zu pflücken und hinter den Böschungen des Schneebergwegs die Mauswiesel zu beobachten, die mich seinerzeit begeisterten. Heutzutage – ich schließe eine Wette darauf ab – werden Sie dort oben keine Mauswiesel mehr sehen und ich sage Ihnen auch weshalb.

Weil man dort inzwischen zu jeder Tageszeit trainiert, mit topmodischen Funktionskleidern im Kreise rennt und zwischendurch den Hinweisschildern folgt, die einem raten, sich auf diese oder jene Weise zu strecken, dehnen und zu beugen, seine Glieder fachmännisch und nach den neuesten Richtlinien der Fitnessgurus auszuschütteln. Dem bewegungsarmen Menschen mag es guttun, den Mauswieseln nicht. Sie sind längst davongezogen.

Mein Großvater hatte jedenfalls den Narren an mir gefressen, wie es heißt, und deshalb habe ich neben vielen anderen Sachen auch die 6.35er *Haenel-Schmeisser M1* von ihm erhalten. Hätte er meinen Schwestern die Pistole gegeben, wäre eine von ihnen schon tot. Oder ich.

– Wissen Sie, meinen Schwestern fehlt jeder soziale Instinkt, sie argumentieren nicht, sondern streiten sofort drauf los. Das führte schon zu allerhand Unannehmlichkeiten. Oft bat man mich um Hilfe, fragte von Seiten der Mieter bei mir nach, ob ich bei irgendwelchen Bagatellen, die von meinen Schwestern zu Bedeutsamkeiten aufgeschaukelt wurden, als Schlichter fungiere. Freilich bin ich in solchen Fällen hoch gegangen zur Albert-Ueberle-Straße, bei derartigen Schlichtergesprächen immer gegangen, nicht wie ansonsten mit dem Taxi gefahren, da ich Zeit brauchte, um mir vor den Fehden mit Adelind und Adeltrud den Kopf frei zu machen. Dann habe ich den beiden stets primär die Leviten gelesen, wie es heißt, um mich danach in den Lehnstuhl nahe der Tür zum Wintergarten zu setzen und die zänkischen Hyänen erzählen zu lassen.

Es ging jedes Mal um Brimborium, mehr oder weniger aufgeblasenen Firlefanz, um nichts und wieder nichts, doch derart heftig vorgetragen, dass mich ihre Mieter, immerhin akademisch gebildete Menschen, um Hilfe baten.

Können Sie sich vorstellen, wie peinlich dies für mich war? Wie demütigend, ja, wie solche Situationen meinen Verstand beleidigten?

Ich fühlte mich oft hundsmiserabel. Wegen derartigen Irritationen ins Haus meiner Schwestern gerufen zu werden, vergällte mir, wie sich denken lässt, den ganzen Tag. Es gelang mir zwar jedes Mal, den sogenannten Streit zu schlichten, doch mit meinen Schwestern zerfleischte ich mich erwartungsgemäß noch Stunden später.

Adelind und Adeltrud hassen mich, weil ich es zu etwas brachte, zumindest für vier Jahrzehnte als ernstzunehmender Wissenschaftler galt. Damit kamen sie nie zurecht. Hätte ich eine Frau gehabt, so wäre sie von beiden attackiert worden. Meine Schwestern hätten die Verbundenheit zwischen mir und meiner Gattin systematisch zerstört und nicht einmal mir, als ihrem Bruder und früheren Beschützer, gegönnt, mich fleischlich zu vergnügen, was ich allerdings, wir sprachen ja bereits über die Gründe, nicht als erstrebenswert erachte.

– Falls Sie Geschwister haben, hüten Sie sich vor zu viel Intimität!

Eine einmal fälschlicherweise ausgesprochene Bemerkung, eine nur etwas unvorsichtig daher gesagte Äußerung kann Ihnen bereits zur Falle gereichen. Vor Menschen generell muss man auf der Hut sein, denn sie neigen zur Gefräßigkeit, saugen, wie man sagt, alles aus einem heraus, um daraus schlussendlich den Strick zu drehen, an dem man baumeln wird. Die allermeisten Familien erweisen sich am Ende als barbarisch und abgebrüht, denken Sie bloß ans Thema Erbschaft.

Wenn es ums Auffüllen des eigenen Portemonnaies geht, schweigen die christlichen Devisen. Rücksichtslos wird jedes gegen alles aufgerechnet. Was Sie einmal in guter Absicht sagten, wird cholerisch verneint, stattdessen dichtet man Ihnen Anmerkungen an, die Sie zu keiner Zeit geäußert haben. Von einem Augenblick zum anderen werden Sie von Ihren nächsten Angehörigen für vogelfrei erklärt.

Ich kenne Fälle, in denen man völlig gesunde Menschen von jetzt auf nachher Unzurechnungsfähigkeit attestierte. Sozusagen gestern noch unversehrt und morgen schon Insasse einer Nervenheilanstalt. Und dies, Sie ahnen es vielleicht, nicht selten mithilfe von Aussagen korrupter Mediziner. Zahlreiche Familien und Ärzte stehen sich in nichts nach, wenn es um Vorteilsnahme geht. Ihre Methoden unterscheiden sich zwar, doch sie dienen mitunter den gleichen Zielen.

Wissen Sie, es ist ein einfacher Deal: Ein paar schmutzige Dienstleistungen für ein paar saubere Scheine. Dazu kommt, dass jede gewonnene Stunde Freizeit und das damit verbundene Vergnügen mittlerweile weitaus mehr wiegen als dreißig Minuten Hilfe und Anteilnahme. Traurig.

Weshalb, fragt sich also ein Großteil, für einen kranken oder pflegebedürftigen Mitmenschen sorgen, wenn man ihn stattdessen doch offiziell und medizinisch bestätigt auszulagern weiß?

Dies wiederum bedeutet, dass man sich stattdessen ohne Gewissensbisse den schönen Dingen des Lebens widmen kann, der ureigenen Zerstreuung, den Reisen, dem süßen Nichtstun fernab aller Sorgen.

Unbequemlichkeiten überlässt man gerne anderen. Man zahlt dafür, investiert auch reichlich Geld. Und Hilfsbedürftige gehören nun einmal am besten in die dafür vorgesehenen Einrichtungen, die Krankenhäuser, Altenheime, die Sterbekliniken sowie die geschlossenen psychiatrischen Anstalten. Hinein also mit den lästigen Kranken! Fort mit den siechen Patienten und renitenten Verwandten! Ein gewissenloser Arzt sowie ein entsprechendes Attest genügen zumeist.

– Glauben Sie mir, selbst Unkraut ist menschlicher als der Mensch. Eine Brennnessel springt Sie nicht an, eine Ackerdistel sticht Sie nicht ohne Grund, eine Wucherblume gaukelt Ihnen nicht vor, eine Rose zu sein. Aber wir erheben uns unentwegt zum Gipfel der Schöpfung, fressen sozusagen alles auf, was sich fressen lässt und bereuen keine Sekunde lang, dass wir dadurch fortwährend anderes Leben missachten oder gar wissentlich zerstören.

– Wissen Sie, mitunter denke ich, wir hätten unsere Befähigung zur Sensibilität vollends verloren. Wenn ich heutzutage Menschen betrachte, sehe ich häufig das Abgestumpfte, das Nicht-mehr-Aufleuchten in ihren Augen. Wir haben anscheinend bloß noch deshalb Augen im Kopf, um nicht über unsere Füße zu stolpern, vielmehr den Unrat, den wir selbst verbreiten. Hätten wir automatische Sehhilfen, maschinengesteuerte Sehwerkzeuge, die uns – technisch ist es womöglich in naher Zukunft schon machbar – durch die Tücken des Verkehrs führten, brauchten wir keine Augen mehr.

Keinen Sinn mehr fürs Schöne, weshalb dann Augen?

Mit den Ohren verhält es sich ebenso. Da man uns ohnehin fast ausnahmslos nur Schwachsinn erzählt, könnten wir auch gleich weghören, gar nicht erst hinhören. Keinen Sinn mehr für die Töne der Natur, wozu dann Ohren?

Was wir gewiss brauchen, sind außer unseren kaum klein zu kriegenden Herzen hauptsächlich drei Dinge: gefräßige Münder, gut funktionierende Greifwerkzeuge, um die Münder zu stopfen und unversehrte Schließmuskeln, die alles wieder entsorgen, was nicht zu essen ist, vielmehr gegessen werden kann, doch wir entwickeln uns diesbezüglich ja fleißig weiter.

Ärzte, Biochemiker und Pharmazeuten sorgen längst dafür, dass unsere Organe resistenter werden, gefeit gegen alle Keime, wir also getrost dem Alter entgegen sehen dürfen in eine überaus vielversprechende Zukunft, in welcher man unser Dasein auf bestmöglich medizinischem Niveau begleiten wird, wie uns jene Fantasten glauben machen. Also nehmen wir deren Geschwätz als bare Münze und denken, dass es die morgigen Mediziner schon richten werden. Doch was kommt dabei heraus?

Hocheffizientes Windelwechseln nach neuen, bahnbrechend hygienischen Methoden für betagte Menschen, also auch für mich sowie für alle anderen alten Hosenscheißer. Das ist eine Aussicht, nicht wahr?

– Tagsüber bloß in der Wohnung herumzugeistern, wie viele ältere Menschen es tun, brächte mich um. Dann wäre ich von jeder Kommunikation abgeschnitten. Und dermaßen eingeschränkt sowie bewegungsunfähig, brächte ich mich tatsächlich um.

Eine *Haenel-Schmeisser M1* kann man selbst in einem Rollstuhl bedienen. Ich meine, jeder sollte sich beizeiten mit den Funktionen einer Pistole auseinandersetzen, damit es im unumgänglichen Fall mustergültig vonstattengeht. Die Pistole geradewegs zwischen die Augen halten und beherzt den Abzug bedienen; nicht allzu heftig atmen dabei, denn das wäre womöglich ein Fehler!

Glücklicherweise bin ich noch ziemlich gut beisammen. Wahrscheinlich liegt es an den langen Spaziergängen, die ich bis vor wenigen Jahren noch regelmäßig unternahm. Fernsehschauen indes habe ich mir fast gänzlich abgewöhnt. Bloß zweimal im Jahr und zwar stets an den ersten Samstagen im April und November setze ich mich von sieben Uhr abends bis Mitternacht vor das Gerät und schalte von einem Kanal zum nächsten. Dabei bricht für ein paar Stunden der Verhaltensforscher wieder durch.

Ich mache keine Notizen, denn was ich zu sehen bekomme, ist nicht eine Zeile wert. Von den mehr als fünfzig Sendern, die man –

welch ein Wort? – *eingespeist* hat, zeigen bestenfalls drei oder vier und auch jene nur temporär ein Programm, das eines intelligenten Menschen würdig ist.

Wissen Sie, ich denke an diesen speziellen Samstagen, dass ich all den Müll, den ich während des Tages von an mir vorbeieilenden Personen in tragbare Telefonapparate gesprochen, habe hören müssen, am Abend im Fernsehen unter Einbeziehung von bewegten Bildern noch einmal aufgetischt bekomme. Ist das nicht grauenvoll und frustrierend?

Exakt die gleiche Kost, die ich vormittags hörte, bekomme ich in abgewandelter Form am Abend wieder vorgesetzt. Doch genau die brauche ich nicht, weil ich bereits gesättigt bin; bis zur Halskrause voll damit.

Können Sie das nachempfinden?

– In der Natur gibt es keine Duplizität, wohl jedoch, das ist indessen etwas völlig anderes, Entsprechungen.

Sehen Sie, jeder Regenschauer ist verschieden, unterscheidet sich, wenn auch nur in Nuancen, vom vorherigen. Die Wolkenbilder sind immer anders geartet; natürliche Gemälde, wie man sagen könnte, doch kaum mehr von uns beachtet. Und auch ein Gewitter ist sowohl eine optische als auch akustische Offenbarung; die Flugbahn einer Schwalbe, stiebt sie in die Höhe, eine Augenweide. Solche Ereignisse zu beobachten, ist weitaus heilsamer als eine Migränetablette zu schlucken. Doch kein Arzt verschreibt derartige Arzneien.

– Man braucht keine Bahnkarte oder ein Flugticket, um Stress zu entkommen. Es muss nicht einmal die Ostsee sein, die Eifel oder der Bayrische Wald. Eine Bank im Park genügt, ein Gang über den Philosophenweg, der eigene Balkon. Freilich ist Kenia faszinierender als der Kraichgau, Boston imposanter als Ludwigshafen, Henningsvær bunter als Sprockhövel, doch auch dort ist noch manches unentdeckt. Wir wollen zu viel, zu viel auf einen Schlag; gleichzeitig überall und bei sehr vielen Aktivitäten dabei sein.

Am Morgen eine Massage im *Sheraton* - Wellness, wie es nunmehr heißt -, am Nachmittag einen Einkaufsbummel in der Via Montenapoleone, danach einen Rundflug übers untere Tessin und dann am Abend nach Zürich zu einer Cocktailparty.

Haben wir etwas vergessen?

Lässt sich noch irgendwo ein wenig Sport und Kultur einschieben oder ein Besuch bei einem halbwegs prominenten Menschen, den man - aber sicher doch - kennt, da man ja in jeder Region, jeder Metropole jemand von Bedeutung kennt, kennen muss, sozusagen zu kennen hat?

Wissen Sie, ein Mensch, der niemanden von Rang und Namen kennt oder zumindest behauptet, dass er jemanden kennt, der bedeutsam ist, so er sich selbst ja ebenso bedeutsam wähnt und ergo von vielen gekannt und geschätzt zu werden glaubt, ein Mensch, der diese Bedingungen nicht erfüllt, ist heutzutage ein gesellschaftliches Niemand. Da also beinahe jeder vorgibt, in diesem Spiel mitzumischen, dabei zu sein und dazuzugehören, dürfte man logischerweise nur Menschen begegnen, die eine glaubwürdige Souveränität ausstrahlen. Es ist indes entschieden anders.

- Haben Sie sich einmal angesehen, wie gekrümmt und voneinander abgewandt die meisten Leute über die Bürgersteige hasten? Mit welch wirren Grimassen? Wie fiebrig und in sich selbst versunken sie auf den Straßen unterwegs sind?

- Manchmal denke ich darüber nach, ob wir uns insgesamt nicht als zu qualifiziert einschätzen. Wir glauben stets, dass wir von dieser oder jener Sache, insbesondere der Beschäftigung, die wir ausüben, etwas verstehen. Und es stimmt ja auch bisweilen.

Wir haben unser Handwerk sozusagen im Griff, meinen jedoch zu häufig, wir seien auf unseren Gebieten Koryphäen. Und da wir unentwegt durch Gehabe und Wichtigtuerei unseren Chefs und Untergebenen signalisieren, wir verstünden mehr von der Materie, als es den Tatsachen entspricht, werden wir permanent befördert und befördert und mit noch mehr Aufgaben betreut, die wir erwartungsgemäß noch weniger bewältigen, als die, an denen wir bislang größtenteils gescheitert sind.

So, und nun, junger Mann, stellen Sie sich einmal vor, Sie gehen zu einer Behörde, in ein Fachgeschäft oder besuchen ein Seminar, wo Sie genau mit den Geistesnullen konfrontiert werden, die zwar schon beängstigend weit auf ihrer Karriereleiter emporgestiegen sind, von nichts jedoch eine Ahnung haben! Und schon passiert Folgendes: Sie tragen die untauglichsten Schuhe an ihren Füßen, weil man Sie nicht kompetent beraten hat, lauschen einem pseudowissenschaftlichen Vortrag, bei dem der Referent bloß Halbwahrheiten verkündet, besuchen einen Arzt, der Ihnen zu einer Herzkathederuntersuchung rät, obwohl Sie lediglich Ihre Ernährung umzustellen brauchten. Oder Sie verlassen sich auf die Kreditberatung eines geschätzten Bankhauses und stellen bei der ersten Nachbetrachtung fest, dass Ihr Einkommen nur unwesentlich höher ist als die zu begleichende Rate. Und so weiter und so fort.

Wundert Sie es noch immer, weshalb die Leute mit verbitterten Mienen durch die Städte hetzen?

– Auf das eigene Urteilsvermögen verlässt sich kaum noch jemand. Auch Sie sollten auf der Hut sein, denn selbst was ich Ihnen erzähle, muss bei Weitem nicht der Wahrheit entsprechen.

Wie denn auch?

Bin ich doch selbst nur ein Abhängiger dieses Systems aus Lug, Trug und Aufschneiderei.

– Brombeeren essen und ein wenig auf ironische Weise über den Wahnwitz der Menschen zu sprechen, ist, wie ich herausgefunden habe, ein probates Mittel, um in diesem Wirrwarr nicht vollends den Verstand zu verlieren. Sich mehr nach innen als nach außen auszurichten, scheint mir sinnvoller denn je.

– Wissen Sie, einerseits bewundere ich Mönche, andererseits erschreckt mich deren Lebensweise. Sie kasteien sich und ich frage mich, wofür?

Lebt der Mönch am Ende de facto besser als der Zimmermann?

In der Tierwelt gibt es solche Fragen nicht, doch wir Denker, denken uns unentwegt derartige Fragen aus. Und diese unlösbaren Fragen peitschen uns mit einer ungeheuren Dynamik zuerst aus der Ruhe in die Hast, dann von der Bewegung in den Stillstand und schließlich vom Heute-noch-Existieren zum Morgen-schon-unter-der-Erde-Sein.

– Wir denken zwar jede Sekunde und das ist an und für sich von Vorteil, doch wir denken überwiegend an unersprießliche Dinge und das wiederum ist ein Nachteil. Die Kinder werden zu früh, viel zu früh, zum logischen Denken genötigt. Weil wir selbst nur unzulänglich systematisch denken, verlangen wir von unserem Nachwuchs, logisch zu denken und systematisch zu handeln.

Die Kinder sollen richten, was wir nicht schafften. Das ist eine riskante Verfahrensweise, ein Schuss, der zumeist nach hinten losgeht. Zu viele von uns glauben doch, dass wir Menschen - vor allem wir angeblich zivilisierten – fähig seien, makellos logisch zu denken und dadurch auch folgerichtig zu handeln, zumindest jedoch mit positiven Vorsätzen das eigene Leben anzugehen, das Leben unserer Mitmenschen zu akzeptieren und uns demnach in einer größtenteils vernunftgesteuerten Welt zu bewegen.

Doch wenn dem so wäre, weswegen gibt es dann weiterhin Kriege und Völkermord? Weshalb noch Ausgrenzungen von Minderheiten, Ächtungen, Ehrenmorde und die Todesstrafe? Weswegen auch heutzutage anachronistische Verstümmelungen an Frauen und Mädchen? Wieso noch Menschen, die an Hunger zugrunde gehen?

Ich frage Sie: Sind all jene Machenschaften die Resultate systematischen Denkens und des permanenten Fortschritts oder sind sie sozusagen zivilisatorische Kollateralschäden, vielmehr unvermeidbare Schäden auf dem Weg in die Welt von morgen?

– Geben Sie mir bitte jetzt einmal eine logische Antwort!

– Sie geben mir keine. Und ich selbst kann mir auch keine geben. Doch unsere Kinder, die wir mit vermeintlicher Logik und angeblichem Wissen vollstopfen, sollen dafür sorgen, dass die morgige Welt ein Stück weit humaner wird.

Aber wie denn, wodurch denn und mit welchen Werkzeugen?

Ich mag nicht rechtens daran glauben.

– Sehen Sie, wir alle tragen Uhren, die genauesten, schönsten und die teuersten freilich auch, doch wenn wir darauf schauen, achten wir bloß auf die Uhrzeit, das Datum oder vielleicht noch auf die angezeigte Mondphase, mitunter auch die Zeit eines zweiten Kontinents. Wir sehen indes nie, wie viel Leben wir mit jedem Blick auf den Zeitmesser verloren haben. Erkennen nicht, dass wir mit jedem Blick auf eine Uhr wieder einige Sekunden unseres Daseins hinter uns gelassen haben. Und falls wir es erkennen, verdrängen wir diese Tatsache. Denn Zeit und Vergehen sind Prozesse, die wir kaum begreifen.

Wie viele Philosophen, Wissenschaftler, wie viele Intellektuelle, Künstler und Genies haben sich schon mit derartigen Fragen beschäftigt, um letztlich daran zu scheitern?

Wenn jemand Zeit und Endlichkeit halbwegs versteht, dann alte Menschen, die einerseits permanent darüber klagen, nicht schon früher solche Gedanken aufgegriffen zu haben, andererseits aber gar nicht darüber nachdenken möchten, da mit jedem Blick, den sie auf die Zeiger einer Uhr verschwenden, die Gewissheit auf sie niederbricht, nur noch eine kurze Spanne dabei zu sein und demzufolge unweigerlich zu denen zu gehören, deren Uhren sich bald überhaupt nicht mehr drehen. Und jetzt steigen Sie einmal mit derartigen Gedanken aus dem Bett, dann wissen Sie, wie grausam und brutal das ist.

– Sehen Sie, wenn ich mir alle diese umherhetzenden Menschen betrachte, diejenigen, die ins *Aldi* rennen und dann aus dem *Aldi* stürmend, ins *Bauhaus* drängen, um danach noch in den Drogeriemarkt *Müller* zu hasten, permanent in Eile, kontinuierlich Abwechslung und Zerstreuung suchend, nehme ich zwangsläufig an, dass die meisten dieser Leute am Morgen mit genau solch zerstörerischen Gedanken aus den Betten gekrochen sind.

Es bleibt ihnen auch kaum etwas anderes übrig, als eben ins *Aldi,* das *Bauhaus*, den *Kaufhof* oder die *Sportarena* zu eilen, um dort die mitunter unsinnigsten Dinge zu kaufen, die allerdings kaum benutzt werden, sondern schon Stunden, wenn es hoch kommt eins, zwei Tage nach dem Auspacken wieder zur Seite gelegt werden, um sie irgendwann später, falls man sie tatsächlich einmal benötigen sollte, parat zu haben, wie es heißt, obwohl man bereits im Augenblick des Auspackens weiß, dass man nur selten darauf zurückgreifen wird, stattdessen werden sie in absehbarer Zeit verschenkt oder für irgendeine wohltätige Sache gespendet, was zumindest das Gewissen beruhigt.

Wie auch immer, man brachte den Tag wieder einigermaßen sinnvoll hinter sich, lenkte sich nach bewährter Methode ab, konnte einmal mehr vor der Brutalität der Endlichkeit fliehen, brachte Geld und Kaufkraft dafür auf, sich etwas vorzumachen und zu glauben, dies alles, dieses System von Kaufen und Gekauft-Werden, von Zerstreuung und Ablenkung gehöre sozusagen unabdingbar zu einem sinnerfüllten Leben. Und am nächsten Morgen geht es von vorne los. Werkeln statt denken, einkaufen statt denken, verreisen statt denken, fernsehen statt denken und so fort. Doch es hilft nicht, hilft nicht auf Dauer, denn je älter wir werden, desto häufiger drängen sich die Gedanken um Zeit und Ende in unsere Köpfe. Und jetzt, da wir den Arzt und Chirurgen brauchten, der uns die Sterbensangst aus den Schädeln schneiden könnte, stellen wir fest, dass es derartige Mediziner nicht gibt, wir bloß Chirurgen finden, die das sogenannte Körperliche wegschneiden, die Geschwülste und Fisteln und Eitersäcke, nicht jedoch unsere Gedanken, die, je älter wir sind, immer egoistischer werden und sich unheilbar in unseren Köpfen breitmachen, wo sie die ehemals noch humanen Gedanken nach und nach zersetzen.

Wissen Sie, bin ich im Wald unterwegs, denke ich nur selten an Uhren, vielmehr die Zeiten, die sie anzeigen.

– Man behauptet ja mitunter, wir Wissenschaftler sähen alles bloß mit dem Auge der Rationalität, doch das entspricht nicht der Wirklichkeit, denn gerade, weil wir rational vorgehen, das Emotionale sozusagen berufsbedingt in den Hintergrund stellen, holt es uns zumeist am Abend ein und plättet uns dann mit doppeltem Gewicht. Nicht rationale Menschen leiden tagsüber unter Melancholie, rationale am Abend und in der Nacht, nachdem sie ihre Labore und Beobachtungsstätten verlassen haben.

– Zwischen neun und zehn Uhr am Abend ist meine – ich nenne sie so – dunkle Stunde. Denke ich dann an irgendetwas, drängen sich stets auch Unmengen an negativen Gedanken in mein Gehirn. Ich denke dann zwangsläufig an meine Leiden, meine streitsüchtigen Schwestern sowie die Menschen, die anders sind als Sie, eben nicht gesprächig. Und ich sinniere darüber, ob ich es nicht trotz aller Bedenken mit einer Frau an meiner Seite besser gehabt hätte.

– Können Sie sich vorstellen, wie mühsam es für mich war, das Kochen zu lernen?

Ich stellte mich wie ein Flickschuster an. Anfangs brannte mir das Fleisch im Topf an oder es war nicht durch, wenn ich es auf den Teller legte. Die Kartoffeln kochte ich meist zu lange und meine Soßen waren wässrig, hatten zu wenig Konsistenz, wie der Fachmann sagt. Doch ich gab nicht auf, ging jeden Abend mutigen Schrittes zum Elektroherd und probierte es von neuem.

Jetzt im Alter beherrsche ich das Kochen, stehe zumeist an Wochenenden bis zu drei Stunden in der Küche, weil ich dann gewisse Dinge wie Nudeln, Gemüse und Semmelknödel in großen Mengen zubereite, auf Vorrat sozusagen, um sie Tage danach dann bloß noch aufzuwärmen.

Suppen esse ich für mein Leben gern. Schon als Kind war ich auf Suppen fixiert. Und Tante Gretel, das ist aber auch das einzige, was man ihr zuschreiben kann, kochte eine Oberpfälzische Butterknödelsuppe, auf die ich geradezu versessen war. Nie habe ich gleich wo eine Oberpfälzische Butterknödelsuppe gegessen, die besser gewesen wäre als die der Tante. Womöglich verdanke ich den vielen Suppen, die ich schon gegessen habe, meine gesunden Innereien, denn Magen- und Darmprobleme kenne ich kaum. Hin und wieder Durchfall, was ich dem übermäßigen Trinken von Kaffee zuschreibe.

– Ich weiß nicht, ob Sie es wissen, aber wir Menschen sind im Grunde keine Fleischesser. Obwohl wir keine Reißzähne haben, sind wir geradezu versessen auf Fleisch. Auch ich. Doch unabhängig davon steht für mich fest: Müsste ich nur ein Tier schlachten, um dessen Fleisch zu verzehren, verwandelte ich mich auf der Stelle in einen Vegetarier. Aber ich verhalte mich so pharisäisch wie Millionen andere. Schaue beim Schlachten weg, denke nicht ans Ausbeinen und Zerkleinern von einst springlebendigen Kreaturen, verdränge den Anblick von Kübeln mit Schlachtabfällen, Schweineköpfen und Rinderaugen, stattdessen beschwöre ich das Bild des Metzgers herauf, der mir, *bitte schön, Herr Professor* sagend, das Hüftsteak über die Ladentheke reicht. Wir sind und bleiben Heuchler in so vielen Dingen.

– Heute Abend werde ich kein Fleisch essen, sondern ein Gemüsegericht aus der Pfanne: Vollkornnudeln mit Brokkoli und Zucchini. Und dazu trinke ich eine Flasche *Holsten*, die zweite dann hinterher, während ich im Ohrensessel des Arbeitszimmers sitze und lese. Das Fenster meines Arbeitszimmers geht übrigens nach Südwesten raus.

– Wissen Sie, Fach- und Sachbücher lese ich schon seit geraumer Zeit nicht mehr. Wir werden ja mittlerweile von Sachbüchern geradezu überschwemmt. Jeder annähernd prominente Zeitgenosse glaubt doch heutzutage, er müsse der Menschheit etwas Nützliches hinterlassen. Etwas Praktisches, das man zugleich auch noch als geistreich erachtet. Doch wenn Sie deren Bücher aufschlagen, entdecken Sie nur Altbekanntes, bloß neu verpackt, von anderen gestohlen, frisch formatiert und großreißerisch aufgeplustert.

Das Äußere zählt mittlerweile mehr als der Gehalt. Und was von Dritten empfohlen wird, glauben wir zumeist bedingungslos, wohingegen wir den eigenen Fähigkeiten misstrauen oder sie gewaltig überschätzen. Sagt uns beispielsweise ein Hüttenwirt, wir sollen einen Berg dem momentanen Wetter zufolge nicht begehen, lassen wir es, steigen wir indessen auf eigene Faust hinauf und hören dabei hundert Meter vom Gipfel entfernt ein Gewittergrollen oder sehen uns einer Nebelwand gegenüber, sagen wir uns, dass wir das schon schaffen werden. Einer Gämse unterliefe dieser Fehler nie. Wir jedoch sind prinzipiell entweder zu ängstlich oder glauben, alles gelänge uns; kein Mittelmaß mehr, das uns gut anstünde.

Wir haben inzwischen auch die Individualdistanz verloren, respektieren zu wenig die Privatsphäre der anderen. Da wir selbst unentwegt Privates von uns preisgeben, glauben wir, ohne Rücksichtnahme auch ins Innere unserer Mitmenschen eindringen zu dürfen.

– Afrikaner, dies habe ich festgestellt, gehen behutsamer miteinander um. Ich weiß nicht genau, woher dies rührt und um es zu ergründen, wäre eine lang angelegte Studie vonnöten, aber ich glaube, dass sich Afrikaner in der Regel auch dem sogenannten Altmenschen verbunden fühlen, während wir nur auf die Jetztmenschen ausgerichtet sind.

Apropos, wenn Ihnen, was ich plaudere, zu akademisch ist, dann sagen Sie es nur!

– Wissen Sie, es ist bei uns Wissenschaftlern eine Krankheit, vielmehr eine Manie: Sprechen wir zum Beispiel über Menschenaffen allgemein, so erklären wir zwangsläufig auch die Unterschiede zwischen Schimpansen, Gorillas, Orang-Utans und Gibbons, sprechen über deren kräftige Schädel, die ausgeprägt flachen Stirnen dieser Affen, ihre Überaugenwülste, Eckzähne und Greifhände.

Was immer anderes Sie von irgendjemand je gehört haben, vielmehr hören werden, so ist eines unbestritten: Menschenaffen haben viele gemeinsame Merkmale mit uns und sie lernen aus Erfahrung. Des Weiteren benutzen sie Werkzeuge, was übrigens, ich glaube, ich erwähnte es bereits, auch Krähen tun. Menschenaffen und Krähen sind wesentlich lernfähiger als Hunde, und zwar völlig unabhängig davon, mit welcher Rasse man sie vergleicht.

– Krähen waren ja über viele Jahre meine Lieblingsobjekte, sie sind mir sozusagen ans Herz gewachsen, sind mir auch heute, will sagen, näher als meine Schwestern. Was Konrad Lorenz für die Graugänse war, bin ich für die Krähen gewesen. Ich fühlte mich ihnen manchmal dermaßen nahe, um zu vergessen, dass ich keine Flügel hatte.

Verstehen Sie das, diese Leidenschaft zu einem Forschungsprojekt?

– Aber trotz aller Intensität bleibt ein Projekt stets ein unvollendetes, da jedes Projekt, betrachten wir es realistisch, immer unvollendet bleibt. Auch die Ergebnisse meines Banksitzens werde ich nicht endgültig zusammenfassen können, denn das Leben geht weiter, während ich eines Tages auf einer Bank für immer die Augen schließe.

Obwohl ich den Wisch in meiner Jacke trage, der mich vor Organjägern schützen soll – wer weiß, ob sich diese transplantationsbesessenen Wölfe überhaupt daran halten? – werden sie mich wahrscheinlich trotzdem auseinandernehmen. Das meiste von mir wird ohnehin nicht zu gebrauchen sein, dennoch gibt es bestimmt irgendein Forschungsprojekt, für das meine Leber oder mein Großhirn noch verwendbar wäre.

Der Gedanke an so etwas lässt mich schaudern, denn Kommen und Gehen ist ein natürlicher Prozess und deshalb sollte man ihn nicht über Gebühr strapazieren. Im Auditorium sprach ich seinerzeit zu wenig darüber, was gewiss ein Fehler war.

– Wissen Sie übrigens, dass das Vibraphon ein geradezu meditatives, in jeder Beziehung gesundmachendes Instrument ist?

Man kann es ohne Vorkenntnisse spielen. Ein Nachbar von mir, ein aus Niederösterreich stammender Dachdeckermeister namens Heuberger Ferl – also Ferdinand – besaß ein solches Instrument, ein Erbstück seines Onkels, der einst Orchestermusiker war. Wenn mich der Heuberger Ferl zu einem seiner berüchtigten Obstler- und Welschrieslingabende einlud und ich etwas mehr als üblich getrunken hatte, ging ich des Öfteren hinunter in seinen vorletzten Kellerraum, und eben dort stand das erwähnte Vibraphon.

Es geschah nicht selten, dass ich mehr als eine Stunde am Stück spielte. Sozusagen aus dem Bauch heraus. Dabei konnte ich alles um mich herum vergessen, quasi in eine für mich völlig neue Welt eindringen.

– Seltsam, erst durch unser Gespräch erinnere ich mich wieder daran, wie ich Vibraphon spielte. Da sitze ich auf einer Bank, unterhalte mich mit einem wildfremden Menschen und denke dabei an ein Vibraphon.

Das ist alles andere als logisch, doch es ist das Leben, nicht wahr?

Und kein Computer und keine Software wird Derartiges jemals zustande bringen. Nie und nimmer.

Haben Sie sich schon einmal überlegt, wie es wäre, wenn Sie auf der Stelle alle Ihre Gedanken und Fantasien umsetzen könnten? Direkt aus dem Kopf in die Tat?

– Wenn ich Vibraphon spielte – stets laienhaft, das ist unbestritten –, stellte ich mir mitunter vor, ich säße in einem Segelflugzeug und flöge über die Alpen; unter mir ein langes Tal, an dessen Ende ein paar Gehöfte sowie ein Gasthaus ständen. Bisweilen sah ich mich tatsächlich fliegen, wie ich von Lentikulariswolken umgeben der Abendsonne entgegenflog. Einmal wähnte ich mich über Südtirol, ein anderes Mal über der Landschaft Umbriens.

– Mein Nachbar war einer der Menschen, der nichts wegwerfen konnte. In seinen Kellerräumen – es waren fünf oder sechs – befand sich Krimskrams aus Jahrzehnten. Ich entdeckte dort Dinge, die ich schon Jahre, wenn nicht Jahrzehnte, aus meinem Gedächtnis gebannt hatte: alte Tretnähmaschinen, ein Kanonenofen, Trockenständer für Fotoplatten, Zinnsoldaten, mechanische Rechenmaschinen, Klapptintenfässer, Uhrenpendel und Matrosenmützen, auch Tonbandkoffer, alte Waschschüsseln und Wäschestampfer.

Erwartungsgemäß kannte ich diese Gegenstände, wusste und weiß auch heute um ihren Gebrauch, doch da ich wie alle Menschen mit der Zeit gehen muss, mit der Zeit zu gehen, genötigt werde, verschwinden diese einst nützlichen Hilfsmittel des täglichen Lebens allmählich aus meinem Gedächtnis, so irgendwann alles Alte aus unserem Gedächtnis verschwindet. Zunächst verschwinden die Utensilien der Großväter und Großmütter, dann die der Väter und Mütter, schließlich verschwinden unsere Vorfahren selbst, ich meine damit freilich die Bilder, die wir von ihnen haben.

Jeden Tag verlieren wir etwas von ihnen: Gegenstände, Gespräche, einst wichtige Begegnungen. All diese Erinnerungen nehmen immer weniger Platz in unseren Köpfen ein. Auch die Dinge meines Kellers und meiner Wohnung, meine Studien und abertausend Bücher werden eines Tages beim Sperrmüll landen, achtlos weggekarrt. Selbst meine Schwestern interessieren sich nicht für meinen Nachlass, nur für meine Sparbücher. Sollen sie sich daran laben!

– Wissen Sie, es geht mir manchmal auf die Hutschnur, von morgens bis abends den edlen Veltenhöfer zu mimen, der ich nicht bin und niemals war. Mein Geld und mein Vermögen sind mir egal, mein Kopf und meine Organe nicht.

Ich habe mich bereits vor langem von der weltfremden Vorstellung verabschiedet, dass wir Menschen eines Tages neidlos und friedvoll miteinander umgehen, wir dazu in der Lage sind. Ich glaube an kein reines Gutmenschendasein, da es den Gutmenschen per se nicht gibt. Wir alle sind mehr oder weniger von Neid gesteuert. Beneiden andere, die erfolgreicher, sportlicher, intelligenter und besser angesehen sind als wir selbst. Auch wohlhabende und gutaussehende Menschen beneiden wir. Ich selbst bin nicht davor gefeit, obwohl ich vor Jahren nie zugegeben hätte, was ich nunmehr offen bekenne. Ich sage Ihnen nämlich geradeheraus, dass ich euch, die jungen Leute beneide, ja jeden, der jung ist und an mir vorübergeht, insbesondere Schwimmlehrerinnen. Treffe ich auf einen athletischen Mann, der jung und zugleich auch noch gebildet ist, könnte ich verzweifeln. Weinen könnte ich. Was alles, denke ich dann, steht diesem Menschen offen. Er wird bewundert, man spricht mit ihm, lädt ihn zu sich nach Hause ein und buhlt um seine Freundschaft. Ihm liegt die Welt zu Füßen. Mir nicht.

So ist es. Das ist die Wahrheit. Auch Sie beneide ich. Ich trachte ja geradezu nach ihrer Vitalität und noch wie Sie so richtig dabei zu sein; ohne die kranke Aorta, den Gehstock und die Rückenschmerzen, wenn ich mich von einer Bank erhebe.

– Freilich weiß ich, weshalb Sie neben mir sitzen bleiben. Sie respektieren mich, weil ich gebildet, der Professor Veltenhöfer bin, weil ich das eine oder andere treffend formuliere und in Ihren Augen etwas vom Leben verstehe. Doch genau genommen ist es Mitleid, sonst nichts. Wenn Sie heute Abend im Kreis ihrer Kameraden Bier und Wodka trinken, bin ich längst für Sie vergessen. Gegessen und verdaut. Einem Spinner seien Sie über den Weg gelaufen, werden Sie Ihren Freunden erzählen, einem durchgedrehten Alten, der eine Waffe getragen und damit geprahlt habe, wie schnell er sie bedienen könne. Und dann endet Ihre Geschichte. Aus, die Maus. Ich bin für Sie gestorben, wie jeder Patient für den Psychotherapeuten, nachdem die Tür des Behandlungszimmers geschlossen wurde.

– Haben Sie überhaupt eine Vorstellung davon, wie erbärmlich und bejammernswert es für mich ist, auf einer Bank zu sitzen und darauf zu warten, dass sich jemand neben mir niederlässt, dem ich das erzähle, was ich Ihnen erzähle?

Satz für Satz. Wort für Wort. Nun ja, nicht völlig en détail. Aber ich bereite sozusagen jedem Wildfremden mein Leben sowie meine Gedanken aus, was gewiss nicht ungefährlich ist. Trotzdem kann ich nicht anders, weil ich ansonsten schon in Kürze ins Gras bisse. Und dennoch ist das, was ich tue, reichlich absurd: Ein einst angesehener Verhaltensforscher, der auf die Unterhaltung eines Taxifahrers angewiesen ist, der darauf hofft, dass sich ein vom Einkaufen müder Mensch für eine Weile neben ihn setzt. Und bin ich im Wald unterwegs, ist es mitunter noch schlimmer. Manchmal schluchze ich in mein Taschentuch.

– Wissen Sie, mit Tausenden von Menschen habe ich gesprochen, doch wenn ich abends das Bratfleisch wärme, habe ich ihre Gesichter vergessen. Und das, was sie sagten – falls ich sie zu Wort kommen ließ – vermischt sich in meinem Kopf mit den unzähligen Sätzen, die dort bereits gespeichert sind.

Ist es eine Frau oder ein Mann gewesen, ein dreißig- oder vierzigjähriger Mensch?

Wen habe ich wo und mit was...?

Aber lassen wir das!

– Einige Stunden nach einem Gespräch weiß ich manchmal schon nicht mehr, mit wem ich gesprochen habe. Zu viele waren es, zu viele, in denen ich einerseits mein Spiegelbild entdeckte, andererseits das exakte Gegenteil. Es ist zum Verzweifeln: Suche ich eine Trompete, finde ich eine Posaune, erwarte ich ein Veto, erhalte ich vorgetäuschte Zustimmung.

Sagen Sie nichts!

– Ihre Einwände kenne ich, da ich die Menschen kenne, mich kenne. Eine Ameise wäre ehrlicher, eine Krähe auch, ein Baum am ehrlichsten, ein Berg die unumstößliche Wahrheit.

– Sehen Sie, selbst wenn wir nicht lebten, es änderte kaum etwas. Und dennoch hat uns etwas dazu verdammt, auf dieser Bühne, die wir Leben nennen, aufzutreten. Für die meisten bleibt nur eine schäbige Rolle.

Wenn ich an all die gut gemeinten Weihnachtsansprachen unserer Bundespräsidenten denke, an die Worte zum Sonntag, gleichgültig ob von einem Bischof oder einer Nonne ins Mikrofon gesprochen: Was haben sie bewirkt?

Auch die Bücher der Philosophen und Friedensforscher: Man liest sie, glaubt sich ein wenig schlauer und einsichtiger als zuvor, doch wenn man den Buchdeckel schließt, sind deren Ratschläge meist schon vergessen. Dass ich dies alles weiß und nicht ändern kann, lässt mich schier verzweifeln. Ein Geistesmensch, und das ist nun einmal sein

Schicksal, kommt nie zur Ruhe, denkt sich geradewegs ins Verderben. Ja, es ist wahr, ich beneide Handwerker, Installateure und Klempner, Schmiede, Kellnerinnen und Anstreicher. Was gäbe ich dafür, einer der ihren zu sein.

– Glauben Sie, dass ich einsam bin?

– Nein, meinen Sie.

Dann betrachten Sie mich sicher in irgendeiner Weise als exzentrisch oder gar schizophren. Nur raus mit der Sprache: Erscheine ich gewaltbereit? Ängstige ich Sie womöglich?

– Überhaupt nicht, sagen Sie! Das ist ja interessant, junger Mann! Jetzt haben Sie mich tatsächlich überrascht. Sie behaupten also, dass ich einfach nur so wie andere Menschen auch mein Leben lebe. Allerdings ziemlich geradeheraus, wie Sie sagen. Und äußerst reflektiert, wie Sie sagen.

Sicher, da haben Sie recht. Ich lebe mein Leben. Und es stimmt auch, dass ich primär nach meinen Vorstellungen lebe, existiere, sozusagen noch voll im Dasein verankert bin.

Aber was exakt mache ich hier? Weshalb ist mein Dasein nur annähernd von Bedeutung und was macht denn Ihre Existenz überhaupt erst lebenswert? Worin liegt der Sinn des Lebens generell?

– Wann und in welchen Momenten, frage ich Sie jetzt allen Ernstes, ist unser Vorhandensein tatsächlich bedeutend oder beschert uns gar eine Art von Wohlbehagen?

Wenn wir jemanden das Fell über die Ohren ziehen, in eine Frau eindringen, mit gesättigtem Bauch ein Restaurant verlassen, wenn wir weniger gebrechlich als unser Nachbar sind?

Wenn wir den eigenen Namen in der Zeitung lesen oder einen lächerlichen Ehrentitel vor einem hirnlosen Auditorium entgegennehmen?

Wenn wir zum stolzen Vater werden, obwohl wir wissen, dass sich die eigene Brut eines Tages gegen uns stellt und wider unseren Willen in ein Altenheim verfrachtet?

– Sie schweigen und Sie schweigen nicht bloß aus Höflichkeit, sondern weil Sie wissen, dass ich etwas ausspreche, das auch Sie schon hinterfragten, wenn auch nicht so konsequent wie ich. Jeder weiß um diese Dinge, doch sie werden aus dem Alltag verbannt. Wir kümmern uns zu wenig um das Morgen, denken und glauben, alles gehe immerfort in der gleichen Weise weiter.

Sehen Sie, ich habe nie geraucht. Womöglich war es ein Fehler, denn hätte ich geraucht, wäre ich unter Umständen schon tot; sparte mir und Ihnen dieses zwar anregende, aber auch überflüssige Gespräch. Sie säßen dann statt dem alten Veltenhöfer einer reizvollen Schwimmlehrerin gegenüber. Und ich käme in Ihrem Kopf nicht vor. Sie wüssten nicht einmal von meiner Existenz.

Aber, nein, ich habe nie geraucht, blieb somit am Leben und packe also weiterhin frühmorgens meine Sachen ein, wickle die Pistole ins ausgediente Handtuch, nehme die Thermoskanne mit Kaffee sowie die *Studentenküsse* und deponiere sie neben der Waffe in der Tasche, dazu die belegten Brote und im Winter die Fäustlinge, dann steuere ich eine *meiner* Bänke an, mache den Oberen Mausbachweg oder gehe hinüber ins Neuenheimer Feld, wo ich stundenlang darüber nachdenke, weshalb der eine Student so gemächlich, der andere so hastig zur Mensa geht, der erste bei dem Engländer mit den Büchern stehen bleibt, der zweite achtlos an ihm vorüber geht.

Nun meine Frage: Ist das, was ich sehe, ein Trauerspiel oder eine Posse, ist es Tingeltangel oder große Oper?

– Wahrscheinlich von allem etwas, denn gibt es das eine, gibt es auch immer das andere. Das Gesunde hier, das Kranke dort, das Wohlgefällige einerseits, das Perverse andererseits, die Jugend, die das Alter scheut, das Alter, das nach Jugend trachtet. Und mittendrin die anscheinend Guten, die doch viel Böses in sich tragen.

– Einen Hund wollte ich nie, obwohl man mir dazu riet. Nunmehr denke ich, ein groß gewachsener Mischling an meiner Seite wäre nicht zu verachten. Andererseits, was geschähe mit ihm, stürbe ich zuerst?

Meine Schwestern setzten ihn ohne Skrupel aus und auch Frau Dr. Sonnek käme mit keinem Hund zurecht, vielleicht Dr. Darius, wiewohl ich mir auch diesbezüglich nicht sicher bin.

Wissen Sie, amtierende Ärzte haben keine Zeit für Haustiere, haben sie doch kaum Zeit für ihre Familien. Ehen von Ärzten sind die schlechtesten. Polizisten und Ärzte lassen sich am häufigsten scheiden, vor kurzem erst las ich darüber. Ehen von Taxifahrern sind dagegen, will sagen, geradezu stabil, wenngleich ich vom Zusammenleben mit einer Frau so gut wie gar nichts weiß. Diese neumodische Sitte jedoch, steinalte Männer mit blutjungen Frauen, manchmal, jedoch eher selten, auch umgekehrt: Ich halte nichts davon. Und nur der Mensch ist zu einer solchen Torheit in der Lage, ist sogar dermaßen verwegen, um so etwas mit Aufgeschlossenheit und Liberalität zu begründen. Aber es ist, ich bleibe dabei, sehr fragwürdig – sozusagen die Natur auf den Kopf stellend. Ein flügellahmer Kolkrabe krächzt keiner jungen Dohle hinterher. Schlaue Vögel, wie ich schon immer sage.

Ja, unser Blick für Relationen hat sich gewaltig verändert, ist besorgniserregend getrübt. Eine Waffe bei sich zu tragen, gilt als Verrat am humanistischen Gedanken, eine Hinrichtung live im Fernsehen zu zeigen, als journalistische Pflicht. Auf Bahnhöfen zu rauchen, gilt als Verbrechen an der Gesundheit, Jugendliche mit Schnaps abzufüllen oder ihnen Gewaltvideos zu verkaufen, als clevere und durchaus legitime Geschäftsidee.

Sie kennen sicher das Dilemma. Nichts mehr folgt natürlichen Rhythmen. Christstollen gibt es schon Ende August, Osterhasen zwei Tage nach Silvester. Und immer mehr Mitleid mit den Tätern, die aus dem oder dem Grund gar nicht anders konnten, Pech indes für die Opfer, die nun einmal zufällig, da zum falschen Zeitpunkt am falschen Platz gewesen, zusammengeschlagen, ausgeraubt, vergewaltigt oder getötet wurden.

– Sind Sie einmal hellwach und mit offenen Augen durch die Flure eines Altenheims gegangen?

Ich rate Ihnen dringend dazu, sich in einem Altenheim umzusehen, denn dort, junger Mann, werden Sie mit Behandlungsmethoden konfrontiert, die Sie so in Ihrem jungen Leben nie gesehen haben.

Beobachten Sie es am besten selbst, wie gesagt, in einem Flur eines dieser Häuser – die oberen, weniger stark frequentierten Stockwerke eignen sich besonders dafür – und betrachten Sie dann für zwei, drei Stunden, was das dortige Fachpersonal mit den Alten treibt! Sie werden nicht glauben, was Sie zu sehen bekommen. Es treibt Ihnen die Wut in den Bauch.

Wissen Sie, die meisten Politiker brüsten sich zwar damit, den Rassismus in ihren Ländern abgeschafft, vielmehr überwunden zu haben, doch dem ist nicht so. In den Altenheimen wird er tagaus tagein praktiziert.

Die Rasse, ich weiß, es ist das falsche Wort, aber ich muss dermaßen dick auftragen, damit Sie mich verstehen, die Rasse der Pfleger, Pflegerinnen und Heimbetreiber demütigt und quält – und zwar um ein Vielfaches häufiger, als allgemein vermutet – die Rasse der alten Menschen. Missachtungen, bewusste Vernachlässigungen und auch Handgreiflichkeiten sind in vielen Pflegeeinrichtungen an der Tagesordnung. Freilich werden diese Schandtaten heimlich ausgeführt. Und man quält die sogenannten Altersresidenzbewohner stets nur sorgsam dosiert.

Unzählige Male habe ich gesehen, dass man die armen Menschen dort, also eben die nicht mehr wehrfähigen und somit am meisten pflege- und zuwendungsbedürftigen Heimbewohner nicht versorgt, wie es sein müsste, sondern nach und nach entsorgt, jedoch nie zu schnell, denn man darf dabei ja nicht die sogenannte Bettenkapazität, die Auslastung, aus den Augen verlieren. Und die vielen Tausender, die jeden Monat von den Sozialämtern und Angehörigen hingeblättert werden.

Die meisten Elefanten sterben würdevoller als ein Mensch im Altenheim. Einen hinfälligen alten Menschen, ob körperlich oder geistig, stundenlang in seinen Ausscheidungen liegen zu lassen, ihm nicht genügend Flüssigkeit zu verabreichen, ihn bloß punktuell zu waschen, nicht anzusprechen, nur unzureichend medizinisch zu versorgen, sein Taschengeld zu entwenden, ihn mit Tritten und Hieben zu malträtieren und des Weiteren mehr – wohlbemerkt bei monatlichen Gebühren von vier- bis fünftausend Euro: Nennen Sie das eine angemessene Pflege?

Verstehen Sie nun, weshalb ich ohne die 6.35er *Haenel-Schmeisser M1* meine Wohnung nie verlasse? Weshalb ich die Jugend beneide, Sie beneide, mir Ihre Gesundheit und Sprunggelenke wünsche?

Weshalb ich eine Gänsehaut bekomme, wenn ich die Sirene eines Krankenwagens höre, in den Wald flüchte, um dem Pflegepersonal und den Ärzten zu entgehen und darum flehe, eher wahnsinnig zu werden, als meine organischen Funktionen zu verlieren?

– Unter einer Psychose zu leiden, ist beileibe nicht schön, doch der psychisch eingeschränkte Mensch erträgt um ein Vielfaches leichter die Schmerzen und Demütigungen seiner Peiniger, die im Regelfall, und das ist teuflisch, noch seine Anverwandten sind.

Man will nicht geboren werden, doch dies gelingt einem nicht, weitaus tragischer ist indessen, sich nicht gebührend aus dem Leben verabschieden zu können, warten zu müssen auf die Erlösung.

– Wiewohl ich Herbst und Winter liebe, ist das Leben im Sommer müheloser zu ertragen. Freilich hat auch der Sommer seine Tücken, einerseits die oft unerträgliche Hitze, andererseits die Heerscharen von vergnügungssüchtigen, sonnenbankgebräunten Menschen, denen man auf Schritt und Tritt begegnet, wobei ich seit geraumer Zeit Spaziergänge durch die Hauptstraße meide; auch das *Schafheutle*, vor dem ich oft gesessen bin, umgehe ich. Bänke sind mir da lieber.

– Wissen Sie, was seltsam ist?

– Die Sache mit meinem Menschenstudium irritiert mich bisweilen, weil ich zwar Menschen studiere, des Öfteren aber vergesse, was genau ich an ihnen noch studieren möchte. Ich gehe zwar wie üblich nach meiner eignen, sehr akkuraten, jedoch auch untypischen Methode vor, sondiere und präzisiere, erwäge das eine und andere, doch ich vergesse mitunter zu welchem Zweck. Bin mittlerweile zu einer Art Maschine geworden, die ich zeitlebens hasste. Ich funktioniere, ohne mich selbst nach wissenschaftlichen Maßstäben infrage zu stellen. Und auch das Bier schmeckt nicht mehr, wie es mir vor Jahren noch schmeckte.

Wissen Sie, auch meine Blicke sind nunmehr häufiger nach unten gerichtet als nach oben, mehr zu den Ameisen hin als zu den Krähen.

Ich weiß, was es bedeutet und dennoch verdränge ich diese Wahrheit, schiebe sie fort von mir auf die folgende Woche, den nächsten Winter und aufs kommende Frühjahr. Ein erbärmlicher Aufschub. Immer nur weg von einem, verdrängen, für Momente vergessen und stattdessen darauf hoffen, dass sich ein redseliger Mensch neben mich setzt und mir ein bisschen Leben leiht; bin zur alten Hure geworden, bettelnd darum, sie noch einmal zu nehmen, des Anstands wegen, der Ehre wegen. Das einst fröhliche an mir liegt inzwischen brach.

– Sie werden es kaum für möglich halten, aber ich war in jungen Jahren ein Gesellschaftslöwe, wie es heißt, beherrschte Rumba, Paso Doble und Cha-Cha-Cha. Mein Paso Doble stand, was Grazie und Schwung anbelangt, in nichts meinen Fechtkünsten nach. Und man lud mich gerne ein, da ich immer mit einer Schlagfertigkeit aufwarten konnte oder einen Witz auf den Lippen hatte, unzählige Tieranekdoten, je nach Anlass geistreich oder platt.

Mich mit einem Heizungsmonteur zu unterhalten war ebenso leicht wie eine Konversation mit Rektoren, Dekanen und Nobelpreisträgern. Ich konnte buchstäblich einen ganzen Saal unterhalten, weit entfernt von meinen heutigen Auslegungen, die eher spärlich sind. Und sportlich, junger Mann, gab es kaum etwas, was ich nicht versuchte.

Sind Sie schon einmal Fallschirm gesprungen?

– Sehen Sie! Ich schon. Mehr als zehn Mal habe ich es gewagt. Beim letzten Sprung war ich siebenundsiebzig; es war in der Nähe von Jämijärvi, also zweihundertsechzig Kilometer nordwestlich von Helsinki.

– Ja, das Fallschirmspringen und das Bergsteigen! Den Großglockner habe ich übrigens auch bestiegen – gemacht, wie man heutzutage dazu sagt – und zwar anfangs Juni, was riskant ist, noch dazu allein. Denken Sie bloß an die vereiste obere Glocknerscharte, da gelangt man ohne Sicherung durchaus an seine Grenzen.

Damals lag mir die Welt zu Füßen, heute sitze ich mit angeschlagener Aorta auf einer Bank. Ich habe sogar, Ihnen kann ich es ja anvertrauen, schon bewusstseinserweiternde Substanzen genommen. LSD, wenn Sie verstehen. Nicht jedermann braucht so etwas, unbestritten, doch explizit diese Droge hat eine außergewöhnliche Wirkung. LSD einwerfen und dann mit einer Propellermaschine über die französischen Alpen fliegen: Ich sage Ihnen, das ist einzigartig.

Wissen Sie, ich bin von Anfang an für die Legalisierung von Haschisch gewesen. Der Mensch allein hat zu bestimmen, was er zu sich nimmt. Selbstverständlich sollte man Kinder und Heranwachsende davon fernhalten. Andererseits habe ich unter Haschischrauchern einige der friedfertigsten Menschen angetroffen; die meisten von ihnen weitaus kompromissbereiter als viele Politiker, insbesondere diejenigen, die vehement das Rauschgift verteufeln.

– Man kommt, wie ich sage, nicht zueinander im Leben. Jeder vertritt auf Biegen und Brechen seinen Standpunkt und belässt es dabei; rückt nicht einen Millimeter davon ab. Es ist weder klug noch bringt es uns voran.

Sie brauchen sich allerdings nicht zu sorgen, denn ich habe seit Jahrzehnten kein Rauschgift mehr genommen, obwohl ich mir gelegentlich ausmale, dass das Sterben mit einer Prise Kokain von Vorteil wäre. Es machte den Übergang leichter. Ein paar Minuten fröhlich sein und dann tot.

Könnten wir wie Tiere sterben, wäre das ebenfalls eine Hilfe. Ohne Verstand den Weg ins sogenannte Jenseits gehen, an das ich nicht glaube, nie geglaubt habe und glauben werde. Es ist eigenartig, einerseits wollen wir rational denkende Wesen sein, andererseits glauben wir an Auferstehung, Wiedergeburt und den sogenannten Erlöser. Geht das zusammen?

– Wir haben uns doch bloß auf Gott geeinigt, um alles, was wir nicht verstehen, begreifen und mit augenscheinlichen Argumenten begründen können, ihm, dem sogenannten Schöpfer anzulasten. Er soll schlussendlich richten, was wir nicht schafften. Er soll vergeben, was wir nie verziehen. Jedoch nicht zu Lebzeiten und im Gespräch von Mann zu Mann – also Face-to-Face –, sondern erst nach unserem Ableben und dann sozusagen von ganz unten bis nach ganz oben hinauf; will sagen: von unseren Gräbern geradewegs zur Chefetage des Himmels.

Jedes Kind gleich welcher Herkunft mag Märchen. Das ist unbestritten. Doch irgendwann sollte sich der Vorhang senken und die Realität die Bühne betreten. Doch jahrhundertalter Zwang, religiöse Gehirnwäsche und Unterdrückung zwangen die Menschen ja geradezu, an einen Schöpfer zu glauben. Manchen geht sofort ein Licht auf, manchen erst nach vielen Jahren, manchen nie. Nun gut, ein jeder nach seiner Mentalität. Ich indes bin Glaubensdingen gegenüber skeptisch. Jeder Gläubige lässt mich argwöhnisch werden.

Und weswegen überhaupt, junger Mann, sollten wir noch einmal existieren, ob auf der Erde, dem Nirwana oder irgendwo sonst?

Die meisten wissen ja nicht einmal, ob sie tatsächlich hinreichend glauben, vielmehr ihr Nichtglaube stark genug ist, um den Gläubigen die Stirn zu bieten. Auch in Glaubensdingen gefangen.

An den Wald zu glauben, ist einfach, an Ameisen und an Krähen ebenso, auch daran, dass der Obere Mausbachweg morgen aller Wahrscheinlichkeit nach noch dort sein wird, wo er gestern war. An eine Existenz nach dem Tod zu glauben, ist indes töricht. Da sich aber viele auf dieses Hirngespinst blindlings verlassen, sie waren ja auch brav jeden oder jeden zweiten Sonntag im Gottesdienst und haben fleißig gebetet und ihre Euros in den Opferkorb gesteckt, haben sie sich in gewisser Weise schon zu Lebzeiten aus dem Leben gestohlen; die Verantwortung an den sogenannten Schöpfer weitergereicht. Doch *wir* sind das Problem, nicht Gott. *Wir* führen ein konfliktreiches Dasein, nicht der Schöpfer, wenn es ihn denn gäbe.

Wissen Sie, ich bin stets ein introspektiver Mensch gewesen, habe stündlich in mich hineingeschaut, hineingehört. Dabei bin ich keinem Gott und schon zweimal keinem Schöpfer begegnet, der, wenn er existierte, gewiss höher anzusiedeln wäre als Gott, da selbst Gott einen Schöpfer braucht, falls man es logisch betrachtet, wissenschaftlich betrachtet.

Begreifen Sie nun, mit welchen Gedanken ich mich Tag für Tag beschäftige?

– Das Denken überfällt einen mitunter, will sagen, wie das Wetter die Norwegische See; eben noch Flaute, zwanzig Bootslängen später Windstärke elf. Ich habe durchaus Nehmerqualitäten, doch bisweilen schafft mich mein Kopf. Wissen Sie, wenn ich spreche und dabei zugleich versuche, die Welt zu begreifen, denke ich hin und wieder, ich sei womöglich bloß ein Phrasendrescher, der in der schnelllebigen Zeit, die wir haben, kaum mehr was zu vermelden hat.

Mein Gehirn ist zum Überlaufen voll und niemand nimmt mir etwas davon ab. Am Morgen beginne ich mich leer zu denken, doch am Abend gehe ich mit noch mehr Kopfballast ins Bett. Fallschirmspringen und Haschischrauchen versprechen zwar kurzzeitige Linderung, in meinem Alter sollte man allerdings auf derartige Zerstreuungen verzichten. Und es wäre ja geradezu lächerlich, spränge ich noch mit vierundachtzig Jahren aus einer einmotorigen U206 oder rauchte einen Joint. Übrigens: Diese Cessnas waren überaus zuverlässige Maschinen, aber auch die älteren Modelle wie die 205 machten nie Probleme.

– Zugegeben, mit uns Alten ist es eine knurrige Sache, mit uns Übriggebliebenen, Ausgemusterten, den grauen Mäusen und Dauernörglern, denn niemand nimmt uns ernst. Man gewährt uns zwar hin und wieder ein mitleidiges und halbwegs freundliches Kopfnicken und geht dann seiner Wege. Bloß für Ärzte, Krankenwagenfahrer und Altenheimbetreiber sind wir ein gefundenes Fressen. Letztlich ist dies eine unumstößliche Tatsache, bloß der alte Veltenhöfer, der nicht mehr Professor sein wollende Professor kämpft dagegen an, sucht täglich auf Bänken nach Verbündeten, nach Leuten, die ihm ein klein wenig bestätigen, dass er die Dinge nicht gänzlich falsch betrachtet, etwas dran ist, wie es heißt, an seinen Äußerungen. Aber nicht jeder sieht mich so, gewiss nicht.

– Schon seit Tagen geht mir etwas im Kopf herum. Ich überlege nämlich, ob ich mich dieses Jahr an Weihnachten und zwar ganz für mich allein an einen Heilbutt wagen sollte. Es wäre das erste Mal und bestimmt kein leichtes Unterfangen. Ich habe verschiedene Rezepte, doch keines scheint mir einfach. Bislang habe ich Heilbutt nur in Restaurants gegessen, vor allem wenn ich an der Nordsee war. Nun ja, einen Versuch ist es sicher wert.

– Wissen Sie, was mir des Öfteren passiert?

Wenn ich mich rasiere und dabei im aufklappbaren Spiegelschrank von der Seite aus betrachte, denke ich, eine gewisse Ähnlichkeit mit einem Erdmännchen zu haben, dieser südafrikanischen Schleichkatze, Suricata suricatta, wie sie auf Lateinisch heißt. Obschon ich mich für eine erneute Reise nach Kenia zu alt fühle, lockt mich das Land noch immer. Erdmännchen, die ich übrigens nie erforschte, gibt es in Kenia allerdings keine.

Jetzt im Nachhinein betrachtet, hätte ich in meiner Jugend den Führerschein machen und mir ein Motorrad kaufen sollen. Keine ganz schwere Maschine, aber eine, die für lange Touren tauglich ist.

– Ich weiß nicht, wie es Ihnen geht, bei mir jedenfalls löst das Bergansteigen eine völlig andere Reaktion aus als das Hinuntersteigen von einem Berg. Gehe ich hinauf, spüre ich ungeachtet der Vorfreude, neues Terrain zu betreten, zugleich auch immer Unruhe und eine Art Bedrückung. Lenke ich indes die Füße talwärts, fühle ich mich befriedigt, gleichgültig wie hoch der Berg gewesen ist, auf den ich zuvor gestiegen, vielmehr nicht gestiegen bin, denn das Empfinden des Wohlbehagens stellt sich auch dann bei mir ein, wenn ich zuvor auf keinem Berg gewesen bin, sondern nur von einer Hochebene in eine Schlucht hinunter wandere. Beim Besteigen von Türmen habe ich derartige Stimmungen nie gehabt. Womöglich geht es vielen Menschen so. Hier müsste ein motivierter Verhaltensforscher ran.

– Wir sind von weitaus mehr ungeklärten Phänomenen umgeben als von geklärten und wir leben um ein beträchtliches Maß mehr im Rätselhaften als in der Faktizität.

Wissen Sie, wir erklären viel zu häufig das Unnatürliche für natürlich und ich kann Ihnen auch sagen, weshalb. Weil viele vom Unnatürlichen sowie dem hartnäckigen Streben nach Erfolg, dem Gieren nach materieller Sättigung und körperlicher Perfektion profitieren. Friseure profitieren davon, Visagisten, der Kosmetikhandel sowie die Modeschöpfer, Beratungsagenturen und Verleger, desgleichen Bauunternehmer, Stadtplaner, Projektentwickler und Politiker im Allgemeinen. Journalisten freilich auch sowie die Mediziner, insbesondere Hautärzte und Schönheitschirurgen.

Und alle, die daran verdienen, werden wiederum als arglos angesehen, da sie sich doch nur die Gesetze der Marktwirtschaft zu Eigen machen. Andererseits nennen wir oftmals die ungewöhnlichen Bedürfnisse mancher Menschen krank und fragwürdig, weil sie in unseren Augen den vorherrschenden Gepflogenheiten widersprechen. Gerade jedoch die Außenseiter, die Nichtnatürlichen und sogenannten Spinner erforschen die Welt auf eine noch tatsächlich konstruktive Weise. Sie überwinden Grenzen und Normen und erkunden dabei neue Möglichkeiten, die uns Geist und Wille zur Verfügung stellen. Nehmen Sie beispielsweise einen Extrembergsteiger!

Wem dient dessen Bezwingung einer noch nie bestiegenen Wand oder Route?

Sie dient in erster Linie ihm selbst, seiner Erfahrung, dem für mich absolut verständlichen Wunsch, Grenzen auszuloten. Und ist es nicht das, was uns Menschen ausmacht, uns von Ameisen und Krähen unterscheidet: auszuwählen, sich bewusst auf das eine und andere festzulegen?

Uns durch eigenes Handeln selbst begreifen. Eben nicht bloß nachleben, was Generationen vor uns bereits durchlebten, sondern weitergehen, Maßstäbe infrage stellen und somit zu einem Entdecker werden, der, wenn auch nur für sich selbst, wenn auch nur im Stillen, neue Wege sucht und auch findet.

Waren Sie jemals auf einem Dreitausender?

– Noch nie in den Alpen gewesen, sagen Sie?

Dann wird es Zeit, denn steigen Sie auf einem Berg hinauf, einen haushohen freilich, dann sehen Sie die Landschaft mit völlig anderen Augen. Auch Hochseefischen ist inspirativ. Einmal hat man mich mitgenommen und wir sind heimwärts in schwere See geraten. Ich kann Ihnen sagen, mir war speiübel. Trotzdem bereue ich es nicht, denn ich überlegte mir dabei, ob es nützlich wäre, Gewaltverbrecher für eine gewisse Zeit auf den Atlantik zu schicken und zwar auf ein Floß im November. Der Atlantik, wie ich selbst erfahren habe, läutert Menschen, es muss nur weit genug draußen sein und bei Windstärke acht oder mehr.

Unseren Strafvollzug verstehe ich ohnehin nicht mehr. Angenommen, ich fragte Sie jetzt nach der logischen Deutung des Wortes *lebenslänglich*, was wäre Ihre Antwort, was Ihre Definition?

Doch hoffentlich nicht fünfzehn Jahre, denn fünfzehn Jahre heißen für mich fünfzehn Jahre und nicht lebenslänglich.

Sehen Sie, wir halten uns nicht mehr an die Worte, die wir aussprechen. Sprechen wir von ewiger Liebe, was ohnehin ein gewagter Begriff ist, so denken wir bestenfalls an zwei Jahrzehnte. Ewige Liebe für gerade einmal zwanzig Jahre: Das ist nicht nur ein Zerfall des Begriffes, sondern auch eine Wertezerfall. Gelegentlich nehme ich den Duden zur Hand, lese darin und verbeiße mich in ein Wort, dringe sozusagen in es ein, zerlege es in seine Silben und lese es hernach bis zu sieben oder acht Mal laut vor mich hin. Nehmen Sie zum Beispiel einmal das Wort: mutmaßen!

Ein fantastisches Wort, nicht wahr? Aber spüren Sie auch den Gehalt, der von diesem Wort ausgeht?

Ich mutmaße, Sie mutmaßen, wir alle mutmaßen.

Wir nehmen also an, was aber nehmen wir an? Und von wem oder was nehmen wir etwas an – mutmaßen?

Wissen Sie, ich denke, Wörter sind weitaus vielschichtiger als wir vermuten, annehmen, mutmaßen. Bemerken Sie die Nuancen, die Interpretationsmöglichkeiten, aber auch die Akkuratesse jedes dieser Worte?

– Wörter sind wie Menschen. Stehen sie in einem Kontext, sind sie unschwer zu deuten, stehen sie für sich alleine, kann ein Wort, das einerseits Gutes verheißt, andererseits zur Bedrohung werden. Das Wort Arzt ist ein typisches Beispiel dafür, denn es kann sowohl Heilung als auch Tod bedeuten. Vergleichen Sie bloß einmal die Rede eines Politikers mit der eines Philosophen, die Worte eines Waldarbeiters mit den Äußerungen eines Mediziners! Selbst wenn sie alle das gleiche meinen, klingen ihre Sätze abgrundtief verschieden.

Die Wahl der Worte verrät den Geist des Sprechenden. Und wenn Sie sich darin üben, auf jedes Detail einer Rede zu achten, bemerken Sie auch die unlauteren Absichten des Vortragenden; es ist die Wahl seiner Worte, die Art und Weise, wie er sie zusammenstellt, die ihn letztlich verraten. Sie erkennen einen Schurken daran, wie er spricht. Bei Politikern und namentlich bei Bürgermeistern können Sie das exemplarisch beobachten. Hören Sie diesen Menschen zu und Sie trainieren Ihr Gespür für Sprache.

Tritt ein Politiker auf, weiß ich bereits nach wenigen Sätzen, wohin die Reise führt. Politiker sind berüchtigt dafür, mit vielen Worten nichts zu sagen. Aber glauben Sie nicht, das wäre einfach! Nein, im Gegenteil, denn diese Herrschaften lassen sich ausbilden und von Sprachwissenschaftlern dazu trimmen.

Es gilt als hohe Kunst unter Politikern, mit Worten die einfachsten Sachverhalte zu verschleiern und zu umgehen. Und eine ganze Industrie verdient sich an dieser Augenwischerei dumm und dämlich. Meist waren es Doktoren der Philosophie, die zuerst den Braten rochen, wie es heißt, und dann am Bodensee, im Hunsrück und im Spessart Seminarhäuser ins Leben riefen, in denen sie schließlich – nachdem sie sich zuvörderst einmal in Dozenten für Persönlichkeitsbildung umbenannten – in sogenannten interdisziplinären Symposien rhetorische Taktiken anpriesen und zweifelsohne auch teuer verkauften.

Heute finden Sie in jeder mittelgroßen Stadt ein Rhetorikinstitut, das den lieben langen Tag nichts anderes macht, als Persönlichkeiten herauszubilden und demnach vor allem Politiker, Industrielle und Gewerkschaftsbosse, aber auch Handelsvertreter, Bischöfe und Unternehmensberater mit der Technik der Wortverdrehung vertraut zu machen. Und dann, es liegt ja geradezu auf der Hand, treten diese zur Persönlichkeit getrimmten Hanswurste an ein Rednerpult und laden ihren angelernten Rhetorikschrott auf uns ab, sagen in Wirklichkeit dreimal weniger, als wenn sie schwiegen, dies alles aber wunderbar in Worte gekleidet, die jeden Strohkopf staunen lassen, den Verstand eines intelligenten Menschen jedoch aufs Äußerste beleidigen. Und einer spricht wie der andere: der erste Kirchberg-Seminar-Teilnehmer wie der hundertste Kirchberg-Seminar-Teilnehmer, der tausendste Institut-Ransbach-Teilnehmer wie jeder Institut-Ransbach-Teilnehmer, der soeben vom Dr.-Mittelhoff-Seminar heimgekehrte Teilnehmer wie alle vom Dr.- Mittelhoff-Seminar heimgekehrten.

– Ich rate Ihnen: Achten Sie einmal bewusst aufs Aufeinandertreffen eines hochgradigen Journalisten mit einem ebenso hochgradig geltenden Politiker!

Der Journalist, dazu ausgebildet, präzise und sachlich zu fragen, kann noch so hartnäckig nachbohren, nie wird er von einem Politiker eine Aussage erhalten, die seine Frage auf unmissverständliche Art beantwortet. Einen Politiker etwas zu fragen, ist Zeitverschwendung, denn wenn er spricht, biegt er dabei das Krummste noch gerade und zwar dermaßen unverfroren, dass einem schwindlig wird. Anwälte indes bedienen sich der Sprache völlig anders. Bei ihren Plädoyers entscheidet oft ein einziges Wort über lebenslänglich oder ein Weiterleben in Freiheit. Doch wie Sie sehen, heißt lebenslänglich nicht, was es heißen müsste, sondern fünfzehn oder achtzehn oder zweiunddreißig Jahre. Ausnehmend absurd übrigens das Urteil eines texanischen Richters, der achtzig Mal lebenslänglich verhängte.

Bemerken Sie, wie man heutzutage Begriffe verschandelt? Wie man die Präzision eines Wortes vernachlässigt?

– Ich lege Ihnen dringend nahe, die Sätze sogenannter Persönlichkeiten auf die Goldwaage zu legen und Ihre Achtung vor solchen Menschen schrumpft gewaltig. Ohnedies sollten Sie Berufspolitikern grundsätzlich misstrauen, denn die meisten von ihnen haben mit dem realen Leben nicht mehr viel am Hut. Stattdessen setzten sie sich bei jeder Gelegenheit lautstark in Szene, stets darauf bedacht, beachtet und bewundert zu werden, im Mittelpunkt zu stehen und wenn möglich nichts sagen zu müssen, was ihnen irgendwann später zum Nachteil gereicht. Alles in allem ein Verhalten, das es in der Tierwelt überhaupt nicht gibt. Selbst wenn ein Pfau ein noch so großes Rad schlägt, so bleibt er doch stets nur ein Pfau.

Gerade jetzt, da ich mir das Bild eines Rad schlagenden Pfaues vorstelle, denke ich seltsamerweise an Enzian; der blaublütige gefällt mir besser als der gelbe.

– Unsere Köpfe reagieren eigenartig. In dem Moment, da wir etwas erblicken und noch darüber sinnieren, wird dieses Nachdenken bereits von unseren Gehirnen verfälscht, zu etwas völlig anderem hingeleitet und unentwegt mit diesem oder jenem verknüpft.

Nehmen Sie mich und meinen Kopf!

Ich bin das beste Beispiel, denn sehe ich einen Pfau vor mir, denke ich zugleich an blauen Enzian, sehe ich dann den Enzian vor meinen Augen, kommt mir eine Lagune in den Sinn und so geht es in einem fort. Sozusagen von der Leberwurst zum gregorianischen Choral und vom Fladenbrot zum Bolschoi Theater. Und so weiter und so fort.

– Gehirne, junger Mann, sind unermüdlich, sind teuflisch aktiv. Gehirne krempeln die Gedanken unentwegt um. Sie sind wie Totengräber: Löcher ausheben und wieder zuschütten. Haben wir ein Loch in unserem Gehirn, wird es sogleich von irgendeinem Gedanken gestopft. Das Denken ist eine Satansmaschinerie. Und je mehr Sie darüber nachdenken, desto weniger verstehen Sie davon. Manchmal glaube ich, eine Handgranate im Kopf zu haben, die unaufhaltsam die Gedanken sprengt, die ich noch zu Ende denken möchte. Solche Vorstellungen verwirren mich mitunter über alle Maßen.

– Kürzlich dachte ich über Alzheimer nach und dieser Gedanke beunruhigte mich nicht im Geringsten, was mich erstaunte. Ob diese Krankheit die Chance böte, dem Denken zu entkommen, fragte ich mich. Ich kam jedoch zu keinem Ergebnis. Was Alzheimer anbelangt, liegt die Wissenschaft nach wie vor im Dunkeln.

Wann trifft es einen mit welchen Folgen oder bleibt man verschont? Scheußliche Aussichten, nicht wahr?

– Habe ich Ihnen schon von meiner Begeisterung für Landbriefträger erzählt?

– Eine beachtenswerte Geschichte: meine Eltern, der Landbriefträger und ich!

Es war so, dass ich als Kind mit den Eltern in Kärnten war und eben dort nach einer für mich aufwühlenden Nacht einen Landbriefträger bei seiner Tätigkeit beobachtete. Diesem Mann zuzusehen, ließ mich die vorausgegangene Nacht halbwegs vergessen. Und ich wollte sie auch schnellstmöglich vergessen, weil in besagten Stunden etwas Ungeheures stattgefunden hatte und ich zum Zeugen einer spektakulären Handlung wurde. Darüber hinaus hatte ich etwas wirklich Schlimmes getan, denn ich belauschte meine Eltern. Im Nachhinein tat es mir leid, damals jedoch konnte ich nicht wegsehen und auch nicht weghören – wurden doch dort in den kärntnerischen Betten eines Landgasthofs meine Zwillingsschwestern Adelind und Adeltrud gezeugt, vielmehr mit recht lautstarken Kraftanstrengungen ins Leben gerufen, oder – treffender formuliert – nachgerade fabriziert. Ich kann es nur so nennen.

Es war in etwa Mitternacht, als ich – und dies obwohl ich mich schlafend stellte – hörte, wie meine Mutter in obszöner Weise stöhnte, während mein Vater wie ein sterbender Zeisig nach Luft japste. Sie taten demnach wieder etwas, was sie ansonsten nicht oder nur höchst selten taten. Ich war hin- und hergerissen, zugleich neugierig und aufgewühlt, aber auch um ihre Gesundheit besorgt, denn es war besorgniserregend, wie sie stöhnten, schnauften und die Matratzen zum Quietschen brachten.

Jedenfalls beobachtete ich am darauffolgenden Morgen – ich musste mich ja mit etwas anderem beschäftigen als der Nachbetrachtung des mehr oder minder frivolen Akts der Eltern – beobachtete wie gesagt zum ersten Mal, und zwar überaus aufmerksam einen uniformierten Mann, der mit einem Fahrrad unterwegs war und die Post ausfuhr. Er lenkte sein Rad von einem Gehöft zum nächsten; manchmal bat man ihn in ein Haus hinein, manchmal nicht. Schließlich kam er auch zu unserem Gasthof herauf geradelt, dem *Unteren Rösslwirthof*, wie man ihn nannte.

Wir, die gerade von einer sogenannten kleinen Vormittagswanderung zurückgekehrt waren, saßen relativ entspannt auf einem Baumstamm, blickten talabwärts und tranken Apfelschorle. Als uns der

Briefträger bemerkte, grüßte er herüber, indem er mit den Fingern an seine Kappe tippte. Erst dann übergab er unserem Gastgeber, dem Rösslwirt, vier Briefe. Mir imponierte die Gelassenheit, mit der dies vonstattenging. Ich schaute zu, wie beide, der Briefträger und der Rösslwirt Schnaps tranken, es waren zwei Stamperl für jeden.

Ein solcher Beruf könnte mir gefallen, dachte ich. Nicht des Schnapstrinkens, nein, des Draußen-Seins wegen, um in der frischen Bergluft Rad zu fahren und mit alledem auch noch Geld zu verdienen. Landbriefträger sei ein guter Beruf, dachte ich. Wie Sie mittlerweile wissen, ist nichts daraus geworden. Das Bild jenes Briefträgers kommt mir allerdings häufig in den Sinn.

– Die alten und insbesondere sehr alten Bilder kommen einem als Ruheständler oft in den Sinn. Es ist, als wolle und müsse man noch einmal dorthin zurück, wo alles begann. Je älter ich werde, umso weiter blicke ich zurück, obgleich ich derlei Erinnerungen nicht traue. Die Verhaltensforscherskepsis, wissen Sie, der Professorenzwiespalt.

Immer finden wir etwas, das uns zweifeln lässt und unser Erinnern infrage stellt. Wir sind eben von Grund auf Menschen und somit auch von Grund auf skeptisch.

Wussten Sie übrigens, dass die meisten Triebtäter im Alltag recht umgängliche Personen sind?

– Ich kenne welche, oh ja.

Man sieht in einen Menschen nicht hinein, nicht dermaßen jedenfalls, wie man es wünscht. Einerseits bemitleide ich die Psychotherapeuten, andererseits wiederum nicht, denn weshalb sollen sie es leichter haben als wir Verhaltensforscher?

Haben Sie bemerkt, wie es wieder mit mir durchgegangen ist?

– Es hat mich sozusagen erneut gepackt. Ich habe vergessen, ausgemustert zu sein, dass ich nur noch für mich alleine forsche und nicht mehr im Dienste der Wissenschaft. Aber wenn ich mich ereifere, vergesse ich Zeit und Raum. Mir entfällt, wie alt ich bin, wo ich bin und wer neben mir sitzt; vergesse mitunter sogar meine Schwestern, was etwas heißen will.

Drei- bis viertausend bislang noch nicht gedachte Gedanken gehen mir schätzungsweise während eines Tages durchs Gehirn, und hin und wieder ist ein Gedanke dabei, der mich, will sagen, total überrumpelt, der über alle Maßen verwegen ist und mein Gehirn so sehr in Aufruhr versetzt, dass ich nicht mehr weiß, wer ich bin – noch der amtierende, der noch lehrende Professor oder nur der alte Wirrkopf Veltenhöfer auf einer Bank?

Bin ich de facto ein dubioser Mann mit einer Pistole in der Tasche oder vielmehr ein wehmütiger Schoßhund, der selbst vor einer Maus den Schwanz einzieht?

– Um jedoch auf das Verhalten von Triebtätern zurück zu kommen: Es ist tatsächlich so, wie ich behauptet habe, denn der Großteil der Triebtäter ist im Alltag, aber auch nach einer Festnahme und den darauf folgenden Verhören mehr oder weniger verhaltensunauffällig und man meint bisweilen, man säße keinem kriminellen, sondern einem durch und durch zivilisierten, charakterfesten Menschen gegenüber. Herrscht der Trieb vor, vergewaltigen und morden sie, werden unberechenbar, sind sie in Gewahrsam, wirken sie verletzlich und appellieren ans Menschengefühl ihrer Gutachter und Richter. Wie das enden kann, brauche ich Ihnen nicht zu sagen, denn unser Strafvollzug spricht Bände.

Wir haben uns einerseits zu einer Gesellschaft entwickelt, in der das Perverse schon beinahe legitim ist, andererseits glauben wir dem scheinheiligen Gebaren irgendwelcher Leute, die integer und gebildet daherkommen und in Wirklichkeit die schlimmsten der Schlimmen sind, so schlimm jedenfalls, um die angeblich nicht mehr zu steigernde Perversität einiger Gewaltverbrecher aussehen zu lassen wie ein Heiligenbild. Wir werden, es ist nun einmal so, permanent getäuscht und hinters Licht geführt; namentlich von den Menschen, die als hochanständig gelten; den Vorbildern, wie es heißt. Auch von den Professoren, gerade sogar von denen. Gewiss.

Glauben Sie allen Ernstes, unsere Spezies hätte sich von alleine, also ohne die Marktschreier und Menschenfänger von Kirche und Politik, dorthin entwickelt, wo sie heute steht?

– Ich glaube nicht.

Wie auch immer, wir selbst, die angeblich Intelligenten, sind schuld an unserer Misere, da wir zu sehr an den Lippen der sogenannten Erneuerer hängen, alles glauben, alles bislang Bewährte über den Haufen werfen, nur noch ausgerichtet auf das Moderne, die Ganztagsschulen und die neuen ethischen Werte, die Liberalisierung von allem und jedem.

Wir nahmen und nehmen schon über viel zu viele Jahre, wenn nicht Jahrzehnte die Missachtung und Ausgrenzung von Menschen in Kauf. Und ebenso bedenkenlos nehmen wir die Lotterwirtschaft in den Großkonzernen hin. Desgleichen nehmen wir hin, dass viele von uns immer brutaler und pornophiler werden, dass heutzutage Prediger aller Art ihre zum Teil schwachsinnigen und hasserfüllten Ideologien im Namen einer Religion völlig ungeniert verbreiten. Und dies sogar in den öffentlich-rechtlichen Medien.

Was ist aus uns geworden?

Da toben und johlen wir, wenn wir tausende mehr oder minder nackte Schwule auf Diskowagen tänzelnd durch Berlin fahren sehen, doch bei einem Bericht, der den knienden Bundeskanzler Willy Brandt in Warschau am Denkmal der Helden des Ghettos zeigt, schalten wir das Fernsehen aus oder schnell in ein anderes Programm.

Erkennen Sie, wo wir stehen, wir angeblich aufgeklärten Mitteleuropäer?

– Wissen Sie, da ich Sport liebe, mag ich auch Boxen. Aber wenn ich mir schon, es kommt selten vor, einen Boxkampf anschaue, was sehe ich?

Ich sehe Boxer, die gleich welcher Nationalität, beim Spielen der Nationalhymnen herumwackeln und herumzappeln als seien sie aus Pudding.

Ist das Anstand? Sehen Sie da noch Wertschätzung und Achtung vor den Zuschauern und dem Gegner?

– Ich weiß keine eindeutige Antwort auf solche Fragen. Es ist ja so eine Sache mit Persönlichkeiten, ob Politiker, Sportler, Künstler oder anderen. Freilich sind es zumeist bekannte und berühmte Menschen, an die wir glauben, sind es sympathisch erscheinende Führungskräfte oder auch charismatische Rebellen, Unruhestifter und Wirrköpfe, denen wir zeitweise nachzueifern versuchen, bis wir schließlich feststellen, dass diese selbsternannten Propheten nicht einmal das Papier wert sind, auf denen ihre Schlauheiten stehen. Und somit werden unsere Erwartungen oftmals enttäuscht, müssen wir wieder von vorne anfangen, uns von Enttäuschten zu Hoffenden hocharbeiten. Und bei dieser Anstrengung bleiben viele von uns auf der Strecke, gehen an mangelnder Orientierung zu Grunde. So ist es und keinen Deut anders.

Aber Ihnen, junger Mann, werde ich jetzt verraten, was noch von keinem Verhaltensforscher je untersucht, geschweige denn veröffentlicht wurde: Die Musik nämlich, und zwar gleichgültig welche Art von Musik, ist eins der wenigen Labsale, das uns Menschen bleibt. In der Musik finden wir immer und überall Trost. Ich weiß es, denn nur weniges hat mich dermaßen berührt wie Musik. Sie müssen sie bloß zulassen, sich den Tönen öffnen.

Am besten, Sie musizieren selbst. Kaufen Sie sich ein Klavier oder eine Gitarre! Und wenn Sie kein Geld für ein Instrument haben, Studenten sind ja zumeist knapp bei Kasse, dann singen und trommeln Sie eben, das geht an jedem Ort. Musizieren und sich der Musik hinzugeben, wäre der einzig sinnvolle Ratschlag, den Sie auch von einem Psychotherapeuten bekommen sollten. Aber von eben denen bekommen Sie ihn nicht. Nur von mir, dem Veltenhöfer. Und er ist umsonst.

– Wissen Sie, unsere Kinder haben insgesamt betrachtet kaum mehr genügend Freiräume. Ich meine Räume, in denen sie sich frei bewegen können, die aber dennoch klar umrissene Grenzen haben. Wir alle brauchen Grenzen. Ich schließe mich da keineswegs aus. Gewiss nicht, denn ich warte ja geradezu auf jemanden, der mich zu meinen Grenzen führt.

Freiheit ohne Grenzen ist ein Zerrbild, ein Gespinst der 68er. Doch das wenige, was in dieser Zeit tatsächlich frei gewesen ist, waren beispielsweise das Gitarrenspiel von Jimi Hendrix und John Bonhams Trommeln, vieles andere ein Vorgaukeln von Freiheit, denn man erzog die Kinder nur deshalb frei – was übrigens nichts anderes war, als dass man sie sich selbst überließ –, um die eigenen Freiheiten, auf die man in und nach den Nachkriegsjahren so lange verzichten musste, endlich auszuleben. Und dann vögelte man kreuz und quer, was nicht zu verachten ist, zog für den Frieden auf die Straße, was ebenso nicht zu verachten ist und setzte sich für Minderheiten sowie die Dritte Welt ein, ganz und gar nicht zu verachten.

Was jedoch geschah mit dem eigenen Nachwuchs?

Man zeigte den Yankees die Grenzen auf, forderte von den Universitäten Reformen und verlangte, Europas Grenzen abzubauen, doch welche Schranken setzte man seinen Kindern?

Und heute, junger Mann, sitzen nicht wenige dieser Herrschaften, dieser einstigen Revolutionäre und antiautoritär erziehenden Väter und Mütter in irgendwelchen Wirtschaftsausschüssen oder Aufsichtsräten bei *SAP* oder der *Bahn AG*, verdienen Heidengelder und kümmern sich weder um Menschenrechte noch um sonst etwas Sinnvolles. Die meisten von ihnen, sprechen – falls sie noch vor ein Mikrofon treten – genau den gleichen Schwachsinn wie alle anderen mittleren Entscheidungsträger auch, waren sie doch gleichfalls auf einem Kirchberg- oder Ransbach-Persönlichkeitsseminar, vögeln wahrscheinlich überhaupt nicht mehr und fliegen stattdessen zweimal im Jahr nach Florida und Kalifornien ins einst verteufelte Musterland der Imperialisten, wo man aber, so sie nunmehr sagen, und auch der Dollarpreis spiele derzeit mit, fantastisch Urlaub machen könne. Werte, wie man sieht, kippen ständig; doch selten zum Guten hin.

– Falls Sie einmal Kinder haben, empfehle ich Ihnen, sorgsam mit ihnen umzugehen, sie zu behüten, wo Sie nur können und ihnen einerseits Schranken aufzuzeigen, andererseits aber auch zu ermöglichen, sich ergiebig auszuprobieren. Bei alledem dürfen Sie jedoch keinesfalls versäumen, ihre Kleinen mit der ungeschminkten Wirklichkeit zu konfrontieren; und zwar von Anfang an. Lügen Sie ihre Kinder niemals an und schonen Sie sie nicht, wenn es um elementare Begebenheiten geht. Ein Kind, das nämlich von frühauf Krankheit, Wahnsinn und Tod kennenlernt, wird gefestigter durchs Leben gehen, als ein permanent geschontes.

Wissen Sie, wenn ein Kind einmal mitbekommt, wie ein Mensch unter einen Lastkraftwagen gerät, wenn es dessen Schreie hört und die zerquetschten Unterschenkel sieht, wird es später kaum Videospiele benötigen, um das sogenannte Echtleben, das freilich nur künstlich ist, auf einem Bildschirm nachzuempfinden.

Langsam, aber stetig und mit lebensnahen Beispielen an die Realität heranführen, heißt meine Devise. Sie entspricht der Natur, die niemals wegschaut, komme was wolle. Am allerwichtigsten jedoch ist die Achtung vor anderen. Ich kann es nur immer wieder sagen. Gäbe es mehr Achtung, gäbe es weniger Amokläufe, respektierte man einander, brauchte man sich nicht zu schlagen. Was als Erstes zu lernen ist, ist weder lesen noch Englisch, sondern Achtung voreinander zu haben. Doch nur wer selbst geachtet und beachtet wird, ist auch in der Lage, seinen Mitmenschen zu achten.

Werden Sie, werde ich genügend geachtet? Verstehen Sie und sehen Sie nun, wo der Hund begraben liegt?

– In einem selbst hat es zu beginnen. Wo auch sonst?

– Wissen Sie, alles führt schlussendlich zum Kopf. Was immer wir sehen, hören oder mit den Händen berühren, wird in unseren Gehirnen eingelagert. Somit bleibt nicht aus, dass wir zum Großteil das werden, was wir zuvor gesehen, gehört und vor allem gedacht haben. Und daraus ergibt sich ein nicht enden wollender Kreislauf. Ich bin ein Musterbeispiel für diese Tatsache.

Ist es für Sie vorstellbar, dass ich eine Art Waldlehrer, Naturlehrer sein könnte?

– Es ist zwar reichlich absurd, aber manchmal habe ich mir ausgemalt, wie es wäre, wenn man ganze Schulklassen in den Oberen Mausbachweg führte, um dort, so es dann von den begleitenden Lehrern hieße, eine Stunde lang dem alten Veltenhöfer, also mir, zu lauschen.

Ich erklärte den Kindern den Begriff Achtung, spräche über die Achtung vor der Natur; die Achtung vor dem Baum, dem Tausendfüßler sowie dem Fischotter, auch über die Achtung, die man vor der Pfingstrose wie dem Pfifferling haben sollte. Und freilich käme auch die Achtung untereinander zur Sprache, wobei ich meine Person bei diesem sogenannten Unterricht unter freiem Himmel keineswegs schonte, selbst das Thema von meinem schwierigen Verhältnis zu den Zwillingsschwestern wäre kein Tabu. Und ich erläuterte diesen Kindern, weshalb es mich in die Wälder zieht, ich die Natur erwandere und mich am liebsten auf Bänke setze – mitunter zehn, zwölf Stunden lang.

Können Sie sich einen derartigen Unterricht inmitten des Waldes vorstellen – mit mir als Lehrer? Ein kurioser Gedanke, nicht wahr?

– Nun gut! Ich glaube, dass ich auch ein guter Handwerker geworden wäre, falls ich mich dazu entschieden hätte.

Alles kann ich mir bei mir vorstellen, vom Schleusenwärter angefangen bis hin zum Geigenbauer. Nur Metzger wäre nie infrage gekommen. Metzger und Ärzte, Fleischer und Chirurgen haben eine zu große Ähnlichkeit. Auch Schusswaffen herzustellen, wäre eine faszinierende Aufgabe gewesen. Denken Sie nur an die mannigfaltigen Arten von Jagdwaffen und deren Präzision! Präzision begeistert mich ohnehin. Und beim Säbelfechten ist präzises Vorgehen der Schlüssel zum

Erfolg. Übrigens, falls ich Büchsenmacher geworden wäre, hätte ich beim Einschießen der Gewehre niemals auf Tiere geschossen, sondern nur auf ausgediente Dosen und Wassereimer.

Wissen Sie, es ist noch heute so: Schneide ich mir beim Kochen in den Finger – es kommt häufiger vor, als Sie vermuten –, eile ich immer zuerst ins Bad, um mir den blutenden Finger abzuwaschen. Erst dann, wenn sozusagen die Blutung unterbunden ist, klebe ich mir ein Pflaster über den Schnitt. Vorher hinzuschauen ist bestialisch. Ich kann nun einmal kein Blut sehen. Oft dachte ich, werde erst mal älter, dann legt sich deine Panik vor Blut, es war indes nicht so, denn sie wurde stärker. Heutzutage werde ich schier hysterisch, denke ich an blutende Artgenossen. Mehr ein Nachteil als ein Segen.

Selbst ein Mensch der etwas vom Leben und den Abläufen der Natur versteht, ist nicht gegen Panikattacken gefeit. Es geschah schon hin und wieder, übrigens auch auf dieser Bank, dass ich unvermittelt dachte, es ginge zu Ende. Meist wurde ich dann kreidebleich, manchmal auch feuerrot im Gesicht. Gewiss kein schöner Anblick.

Stellen Sie sich nur einmal vor, Sie würden mich nicht kennen, kämen sozusagen ahnungslos aus dem *Aldi* oder *Bauhaus* und gingen, um eine Abkürzung zu nehmen, durch diesen Park, nähmen mich nur peripher wahr, quasi im Augenwinkel, und urplötzlich sähe mein Gesicht fahler aus als der Mond oder das Blut stiege mir zu Kopf.

Nun, wie wäre Ihre Reaktion?

– Es ist keineswegs erstaunlich, wie häufig Menschen zusammenbrechen. So etwas geschieht unentwegt. Da wir sozusagen schon die Welt überschwemmen, bleibt es logischerweise nicht aus, dass quasi alle hundert Meter ein Schwächeanfall zu verzeichnen ist. Heutzutage brechen die Leute wegen den unterschiedlichsten Gründen zusammen, doch es sind zumeist psychosomatische Anlässe, die sie aus der Bahn werfen.

Waldarbeiter, Förster und Landschaftsgärtner brechen weitaus seltener zusammen als Angehörige anderer Berufsgruppen, ich las erst neulich in einem Zeitungsartikel darüber, allerdings stand der Artikel im Krefelder Boten, was nicht heißen soll, er wäre dadurch weniger glaubwürdig, als wenn er in Süddeutschen gestanden hätte; seltsam nur, dass ich diese Zeitung frühmorgens auf einer Bank am Leinpfad fand. Entweder war bereits jemand vor mir an dieser Stelle – kaum vorstellbar, denn immerhin lasse ich mich zumeist schon vor fünf Uhr auf jener Bank nieder – oder irgendwer hatte sie am Vorabend dort liegenlassen. Womöglich ein Krefelder zu Besuch in Heidelberg. Es wäre denkbar, zumal man vom Leinpfad aus ungehindert auf die Altstadt sowie das Schloss hinüberblicken kann.

– Mit den Touristen ist es ja so eine Sache. Wir Heidelberger brauchen sie einerseits, andererseits rauben sie uns die Ruhe. Jeden Tag, Sommer wie Winter der gleiche Akt: Zuerst aufs Schloss, dann hinunter zum Neckarschiff, von dort hinauf zum Philosophenweg, danach der Abstieg über den Schlangenweg, schließlich hinüber über die Karl-Theodor-Brücke und von dort im Gänsemarsch zum Neckarmünzplatz, wo die Reisebusse samt Fahrern schon seit Stunden warten. Und stets noch jede Menge Schnappschüsse für die Daheimgebliebenen. Allen voran die Japaner, die wirklich alles fotografieren, was nur irgendwie einen historischen Bezug zu Europa haben könnte. Ein Stück abendländische Kultur muss um jeden Preis auf den Chip der Kamera – ob ein Abbild des Brückenaffen, des Hexenbisses oder Studentenkarzers. Solche Fotos braucht der Asiate!

Doch ich darf mich nicht beklagen, denn was in Heidelberg geschieht, ist geradezu ein Kinderspiel zu dem, was sich in Prag abspielt.

Glauben Sie mir: Wäre ich ein Prager und sähe Tag für Tag Abertausende vom Hradschin über die Karlsbrücke wandernden Touristen an meinem Fenster vorüberziehen, griffe ich irgendwann zum Strick. In Prag zu leben, ist heutzutage der Wahnsinn schlechthin, die Hölle. Dabei ist diese Stadt einmalig schön. Und das Bier der Tschechischen Republik ist unvergleichlich gut, es gehört unangefochten zur Weltspitze.

Wahrscheinlich nur des Bieres wegen erhängen sich so wenige Prager. Da sehen Sie mal wieder, was ein gutes Pils bewirken kann.

– Ich handhabte es bei meinen Städtereisen stets anders, bin vorrangig in die nicht berühmten und überlaufenen Stadtteile gegangen, habe mir stattdessen auch die Hinterhöfe angeschaut, namentlich in Paris, Budapest und Barcelona. Selbst in Acapulco, Caracas, New York und Chicago streifte ich durch anrüchige Straßen, ging explizit in die Stadtteile, vor denen in den Reiseführern gewarnt wurde, dabei hatte ich nicht einmal die 6.35er *Haenel-Schmeisser M1* in der Tasche. Nichts Schlimmes ist mir passiert.

Und wissen Sie weshalb?

– Weil ich an den Schwarzen, Chinesen und Puerto-Ricanern vorüberging, wie ich in Heidelberg an Einheimischen und Auswärtigen vorübergehe. Eine einfache, gleichwohl bewährte Gepflogenheit, nicht wahr?

Die Menschen wahrnehmen, anstatt sie abfällig zu betrachten. Ich kann Ihnen nur raten, Städte wie Landschaften zu Fuß zu erkunden. Sie müssen, wie ich sage, die Straßen riechen. So unterschiedlich dic Düfte der Natur, so kunterbunt die Gerüche von Straßen. Auch auf Bergen, den hohen, nicht mehr bewaldeten, glaubte ich, spezielle Gerüche wahrzunehmen. Und in Afrika, es liegt ja auf der Hand, riecht es anders als in Amerika; auch der Nordpol unterscheidet sich in nasaler Hinsicht vom Südpol.

Von meinem Vater habe ich einiges übers Riechen erfahren, das muss ich sagen, obschon ich immer mehr der Augenmensch gewesen bin, der Beobachter. Für Psychotherapeuten anscheinend von Belang.

Den Geruch, vielmehr Gestank eines Schlachthofes ertrage ich nicht, wohingegen ich Holzgerüche aller Art für mein Leben gern rieche. Soeben erst gefällte Bäume verströmen einen betörenden Duft, aber auch Ackerschollen. Manchmal muss man sich, um besser riechen zu können, nach vorne beugen; wichtig dabei, dass Sie beim Riechen alles andere um sich herum vergessen. Sie sollten wie ein Kreiselkompass ihr Objekt anpeilen.

– Haben Sie sich schon einmal intensiv mit Menschen beschäftigt, die Nahrung zu sich nehmen?

– Die meisten Leute werden von Lebensmitteldüften ja geradezu angelockt. Denken Sie nur an Rostbratwürste, Sauerkraut, Wirsing oder dänischen Höhlenkäse, doch wenn sie dann die Bratwürste in den Händen halten, vielmehr vor den Tellern mit Sauerkraut hocken, riechen sie nicht mehr, sondern fangen sofort zu essen an.

Gerade beim Essen vergessen wir häufig, wie wichtig das Riechen ist, insbesondere, wenn es sich um Gemüse, Gewürze, Back- und Fleischwaren handelt, aber auch bei hochprozentigen Getränken. Ich behaupte sogar, dass Schnäpse und Branntweine mehr durch ihren Geruch betören als durch ihren Geschmack.

An den Abenden, an denen ich mit dem Heuberger Ferl Obstler trank, bestätigte sich diese Feststellung von Glas zu Glas. Auch Frauen, nicht jede allerdings, meine Schwestern schon gar nicht, bezaubern durch ihren Duft. Schwimmlehrerinnen sind diesbezüglich benachteiligt, denn sie riechen naturgemäß nach Chlor, wofür sie aber andere Qualitäten haben; allein, wie sie sich bewegen. Glauben Sie mir: Wenn ich nicht so kraftlos in den Beinen wäre, belegte ich einen Schwimmkurs, erwartungsgemäß einen, der von einer Frau geleitet wird.

Obwohl ich miserabel schwimme, bin ich des Öfteren mit Otto Steinbach – er stammt aus Speyer und ist ein Kunstmaler mit eigenem Boot – auf dem Bodensee gesegelt. Es ist zwar ewig lange her, doch ich habe mir die Namen der Knoten gemerkt: den Achterknoten, Kreuzknoten, den Kuhstek sowie den Rundtörn mit zwei halben Schlägen, der für mich der schwierigste war.

Einmal sind wir gekentert. Es passierte meinetwegen, weil ich mich wie ein tollpatschiger Anfänger verhielt. Glücklicherweise geschah es in Ufernähe, so dass ich nicht ertrunken bin. Ich hatte aber, wie es heißt, die Hosen gestrichen voll. Der Veltenhöfer im Bodensee ertrunken, das wäre es gewesen. Ein beschissener Tod.

– Beim Segeln muss jeder Handgriff sitzen. Wissen Sie, die trügerisch ruhigen Gewässer haben es in sich, falls das Wetter umschlägt. Stille Gewässer sind wie stille Menschen, man sollte ihnen mit Vorsicht begegnen. Die als ruhig und behäbig geltenden Menschen neigen nämlich dazu, urplötzlich durchzudrehen. Prinzipiell ruhig zu sein, ist ohnehin gegen die Natur, da in der Natur Stille und Sturm einander bedingen. Wir sollten uns ohnehin mehr an der Natur ausrichten. Stattdessen stampfen wir wie Mammuts durchs Leben und trampeln alles nieder, was uns im Wege steht. Keine Achtung, wie ich sage.

– Interessieren Sie sich für die psychedelische Kunst der sechziger Jahre?

– Sagt Ihnen nichts, sagen Sie.

Ich erwähne es nur, weil sich mein Seglerfreund aus Speyer jener Kunst verschrieben hat. Otto Steinbachs Bilder sind auffallend farbenfroh, doch mir sagen sie nicht zu. Keines seiner Gemälde hat mir je gefallen. Regelrecht verhunzt finde ich seine sogenannte Kunst, wiewohl er mit den Schmierereien überaus viel verdient. Die neureichen Russen sind geradezu versessen auf Steinbachs Bilder. Und je größer das Gekrakel, umso mehr blättern sie dafür auf den Tisch. Nun gut!

Ich begeistere mich, wenn schon für die Malerei, eher für Landschaften; Monet mag ich, jedenfalls einige seiner Gemälde, noch mehr mag ich seine Skizzen. Zeichner sind mir ohnehin näher als Maler. Dieses schnelle Handwerk vom Kopf direkt aufs Papier fasziniert mich. Denken Sie nur an F.W. Bernstein, Robert Nippoldt, Karl Lagerfeld und Tomi Ungerer. Ihnen beim Zeichnen zuzuschauen ist ein Vergnügen. Überhaupt haben alle guten Zeichner auch einen Hang zum Philosophischen.

Wen wundert es?

– Das Provozieren sowie die Provokation an und für sich finde ich durchaus angebracht, wiewohl ich nunmehr sage: mit Maß und Ziel.

Auch beim Provozieren die Relation bedenken, die Verhältnismäßigkeit im Auge behalten!

Apropos Augen, neulich, als ich seit Langem wieder den Oberen Mausbachweg hinaufgestiegen bin, sah ich tatsächlich einen Sperber. Er flog keine zwanzig Meter von mir entfernt mit einem Sperling im Schnabel über die Baumkronen. Sperber sieht man an jener Stelle selten, wohingegen man Wanderdrosseln, Blaumeisen und Eichelhäher zuhauf antrifft. Sie alle sind im Vergleich zu Krähen geradezu farbenprächtig, trotzdem verbindet mich, man kann und darf es so nennen, eine langjährige Freundschaft mit diesen Vögeln.

Bin ich im Winter draußen, insbesondere nach einem Schneefall, kann ich mich an Krähen gar nicht satt sehen, immer wieder begeisternd, wie elegant sie über die Schneedecke flanieren. Und sie können zum Lebensretter werden. Mich zumindest haben sie einmal definitiv vorm Erfrieren bewahrt.

– Sie zweifeln, sagen Sie? Sie glauben, dies sei nicht möglich?

Dann hören Sie jetzt einmal genauestens zu! Die Geschichte liegt zwar gut sechs oder sieben Jahre zurück, dennoch erinnere ich mich an fast jedes Detail. Ich saß jedenfalls am Promenadenweg auf einer Bank ohne Rückenlehne und schaute zum *Bierhelderhof* und zum Max-Planck-Institut für Kernphysik hinüber. Es war überaus kalt, womöglich einer der eisigsten Januartage, die ich in Heidelberg je erlebte. Nachdem ich eine Weile dort gesessen war, hatte ich plötzlich das Gefühl, niemand außer mir und den Krähen, die am Wegesrand nach Essbarem suchten, sei um diese Zeit und bei der grauenvollen Kälte noch draußen. Und an jenem Tag, ich war viel zu lange unterwegs und drohte infolgedessen auf eben jener Bank zu erfrieren, da halfen mir ausgerechnet diese Vögel, zu überleben. Möglicherweise erkannten sie mich, möglicherweise nicht, doch sie bemerkten meine Notlage und dass ich dort ohne fremde Hilfe wahrscheinlich stürbe.

Wissen Sie, ich kann Ihnen im Nachhinein nicht mehr detailliert sagen, auf welche Weise sie mich gerettet haben, sie flogen jedenfalls immer näher zu mir hin und zupften mit ihren Schnäbeln an meinen Hosenbeinen, was mich dann endlich mit allerletzter Kraftanstrengung dazu brachte, mich zu bewegen und von der Bank zu erheben. Auf unmenschlich mühsame Art und Weise schleppte ich mich Schritt für Schritt zum *Bierhelderhof* hinunter. Nach einer Ewigkeit dort angekommen, glaubte ich wahnsinnig zu werden, denn es war ein Montag, an dem das Gasthaus geschlossen hatte. Mein Plan, von dort aus ein Taxi zu bestellen, somit vereitelt. Was ich dann machte, weiß ich nicht mehr.

Herr Schumacher berichtete mir Stunden später, dass er mich äußerst verwirrt in seinem Biergarten vorgefunden habe, wo ich in fast völliger Dunkelheit hin und her gewankt sei und von Raben gesprochen hätte. Immer wieder, behauptete er, hätte ich von *meinen Raben* und *meinen Krähen* gesprochen, nichts anderes als die Worte Krähen und Raben seien aus meinem Mund gekommen, nicht indes mein Name oder sonst eine brauchbare Information.

Nebenbei bemerkt, wenn Sie etwas wirklich Feines und Bodenständiges essen möchten, empfehle ich Ihnen guten Gewissens den *Bierhelderhof*, montags wie gesagt geschlossen. Bei den Schumachers gibt es Rindfleisch aus eigener Zucht, Angusrinder, falls es Ihnen etwas sagt. Wie auch immer, dem Wirt, seiner Familie sowie den Krähen vom Promenadenweg verdanke ich, dass ich noch unter den Lebenden weile.

Es hätte, sagte Herr Schumacher im Nachhinein, über zwei Stunden gedauert, bis ich aufgetaut gewesen sei, sowohl in körperlicher als auch sprachlicher Hinsicht, und dies obwohl er mich sogleich an den Kachelofen gesetzt habe. Dann jedoch, während ich vom Gulasch und den hausgemachten Spätzle gegessen hätte, sei ich von Minute zu Minute wieder rege geworden und hätte mich für meine Rettung bedankt, aber auch, so er meinte, über seltsame Themen zu sprechen angefangen. Von Holzschlupfwespen hätte ich erzählt, mich dann über Maulbrüter ausgelassen, allen voran über den Buntbarsch. Ich sei quasi übergangslos von der Nachtschwalbe zum Stör gekommen, von den Fängen des Sperbers bis zu den Daunenfittichen der Schleiereule, hätte von Zebrafinken geschwärmt und im gleichen Atemzug den Fadenwurm erwähnt sowie zu guter Letzt von den typischen Eigenschaften der Geburtshelferkröte gesprochen. Exakt so und keinen Deut anders sei es gewesen. Und dann, eigentlich unmöglich, hätte ich einige Minuten lang gar nichts gesagt, wäre nur dagesessen und hätte auf den leeren Teller und das Besteck gestarrt.

Jedenfalls kann ich Ihnen gar nicht eindringlich genug sagen, wie dankbar ich der Familie Schumacher bin, die mich quasi vorm Erfrieren bewahrte und sich nachhaltig mit meiner Wiederbelebung und Beköstigung beschäftigte, anstatt sich um ihr Groß- und Kleinvieh sowie den damit verbundenen Angelegenheiten zu kümmern. Darüber hinaus nahmen sie weder Geld fürs Essen noch für das Telefonat, um ein Taxi zu bestellen.

Wirklich gut aufgehoben fühlte ich mich in jenen Stunden. Und kurz bevor ich ins Taxi stieg, kam der Chef des Hauses noch mit einer Flasche Birnenschnaps und meinte, damit sollten wir auf den geglückten Ausgang meiner Winterexkursion anstoßen, was wir auch taten. Als ich dann zu Hause den Lodenmantel an die Garderobe hängte, staunte ich umso mehr, denn Herr Schumacher hatte mir klammheimlich zwei Würste in die Manteltaschen gesteckt, links die Griebenwurst, rechts den Schwartenmagen. Es freute mich ungemein. Viel fehlte nicht und mir wären die Tränen gekommen.

– Rabenvögel, das will ich Ihnen noch mit auf den Weg geben, sind übrigens die einzigen, die ihr Spiegelbild erkennen. Mit dem In-den-Spiegel-Schauen ist es so eine Sache, will ich mal sagen. Je öfter Sie hineinsehen, umso rätselhafter sehen Sie aus. Im Alter ist es besonders ausgeprägt.

Wissen Sie, in letzter Zeit entdecke ich Dinge an mir, die mir früher nie aufgefallen sind: Rötungen, Flecken, neue oder größer gewordene Muttermale und vor allem diese widerlichen Haare, die an Stellen wachsen, wo sie nichts verloren haben. Einmal entdecke ich ein Haar mitten auf der Nase, dann zwischen den Augenbrauen, die Ohren werden ebenso heimgesucht, selbst der Kehlkopf. Ich rupfe sie freilich, allerdings foppen mich die Biester. Habe ich hier eins ausgerissen, drückt sich dort ein neues durch die Haut: eine Schlacht, die von vornherein verloren geht. Zudem gibt es Körperstellen – ich gehe nicht ins Detail, denn schließlich sind Sie immer noch ein Fremder für mich – an denen Haare nun wirklich nichts verloren haben. Trotzdem wachsen sie auch dort, was mich ärgert. In gewisser Weise kann ich mich jedoch trösten, denn alte Frauen werden ebenso von jenen Störenfrieden heimgesucht. Womöglich sind diese wuchernden Haare ein Signal, das wir erst in ferner Zukunft verstehen. Ich weiß es nicht, noch reizt es mich, mir darüber den Kopf zu zerbrechen.

Wir verändern uns ja andauernd mit minimalen Schritten, meinen jedoch, wir seien noch die Gestrigen, dabei sind wir bereits die Heutigen, die insgeheim schon zu den Vorgestrigen gehören. Und plötzlich sind wir steinalt und wackelig auf den Beinen und haben Demenz oder sonst ein Gebrechen.

Was ist daran schön? Was daran erstrebenswert?

– Mein Vater starb relativ früh, gerade erst siebzig Jahre alt geworden. Obgleich selbst Arzt, vermied er es, andere Ärzte aufzusuchen, und dadurch wurde er von heute auf morgen schwerkrank und somit zum bettlägerigen Todeskandidaten. Meine Schwestern, obwohl im gleichen Haus und bloß eine Etage unter ihm wohnend, kümmerten sich nur notdürftig um ihn. Das meiste blieb demnach an mir hängen und so bin ich jeden Tag von der Landfriedstraße zum Neckar hinunter gegangen, dann über die Theodor-Heuss-Brücke auf die andere Flussseite hinüber, um von dort die steile Albert-Ueberle-Straße hinaufzusteigen in mein Elternhaus, wo ich meinen Vater versorgte. Sie wissen sicher, was es bedeutet. Nicht bloß füttern.

Auch als er starb – die Kliniken hatten ihn längst aufgegeben, so dass er sein Ende im heimischen Bett erwartete –, war ich an seiner

Seite und hörte ihn ein letztes Mal röcheln. Als ich in besagter Nacht meine Schwestern rief, um ihnen vom unaufhaltsamen Sterben unseres Vaters zu berichten, sagten sie zwar, sie kämen schnellstmöglich in sein Zimmer hinauf, doch bis sie endlich kamen, war der Vater bereits gestorben. Ein Trauerspiel. Ich habe es ihnen bis heute nicht verziehen, wiewohl sie sich für ihr Zuspätkommen entschuldigten.

Als sie in jener Nacht irgendwann nach ihren Rosenkränzen griffen und beteten, verstand ich für einen Augenblick die Welt nicht mehr. Hatten sich meine Schwestern inzwischen in empathische Wesen verwandelt?

Ich fragte mich, ob mir etwas entgangen sei, ich zu sehr mit mir und meinen Beobachtungen beschäftigt war. Ich hatte ja stets nur das Bild von ihnen im Kopf, das ich schon seit Jahrzehnten in meinem Kopf bewahre.

Unbestritten waren sie über lange Zeit nur auf ihren Vorteil und ein bequemes Leben aus; sie haben weder ihren Geist noch ihren Körper gefordert und sich freiwillig keiner Herausforderung gestellt. Nur wenn einmal ein Artikel über mich in der Rhein-Neckar-Zeitung zu lesen war - in meiner Zeit als Professor geschah dies regelmäßig -, versuchten sie sich im Dunstkreis meines Erfolges aufzuspielen, wie man sagt und sprachen den Bäcker, Metzger und Friseur darauf an, was wiederum schwachsinnig war, da diese Neuenheimer und Handschuhsheimer Kleingewerbetreibenden weder an Verhaltensforschung noch an der Lehrtätigkeit eines Heidelberger Professors interessiert gewesen sind und somit keine Artikel lasen, die sich mit jenen Themen auseinandersetzten.

Nur um es zu erwähnen: Es gab freilich auch Veröffentlichungen von mir, vielmehr über mich und meine Forschungsprojekte in der FAZ, der Süddeutschen, der Neuen Zürcher sowie der Welt, doch derartig anspruchsvolle Zeitungen wurden und werden von meinen Schwestern nur selten gelesen.

In meiner Jugend habe ich mir gewiss andere Schwestern gewünscht als Adelind und Adeltrud. Wenn schon Schwestern, sagte ich mir, dann welche wie die Heckmanns, die im Nachbarhaus wohnten und Sommer wie Winter jeden Morgen mit mir zum Gymnasium gingen, was allzeit ein Vergnügen war. In die ältere von ihnen, die Christiane, bin ich seinerzeit verliebt gewesen. Doch die Sache entwickelte sich zum Rohrkrepierer. Ich bemühte mich zwar redlich, doch nach heutigen Maßstäben reichte es nur für ein paar sittsame Küsse, denn weder Christiane noch ich besaßen den Mut, ein paar Schritte weiterzugehen. Sie war schüchtern und ich war schüchtern, was alles sagt. Nur einmal – aus irgendeinem Grund spazierten wir nach dem Deutschunterricht in die Jesuitenkirche – griff ich ihr eben dort im Chorgestühl unter der Holzfigur des heiligen Ambrosius in einem Anflug von Wagemut mit beiden Händen an ihren gleichwohl schönen als auch mädchenhaften Busen. Wahrscheinlich war mein Griff zu zaghaft, denn er führte zu keinem weiteren Erlebnis und schon kurz darauf gingen wir getrennte Wege; ich interessierte mich fürs Säbelfechten, Christiane für einen anderen, nicht so schüchternen Jungen aus der Parallelklasse.

Wie das Leben so spielt. Sie werden das kennen. Die Psychotherapeuten sind ja geradezu versessen auf derartige Geschichten. Und ich ahne, wozu.

– Habe ich Ihnen schon erzählt, dass ich das Aussehen eines Menschen zumeist einem Tier zuordne?

– Manche Leute gleichen Hunden, einige auch Sumpfbibern, andere wiederum haben typische Vogelgesichter.

Sie, zum Beispiel, ordne ich einem Galago zu und zwar einem Senegal-Galago. Womöglich kennen Sie diese Tiere nicht, es sind nachtaktive Halbaffen mit aufgeweckten, markant großen Augen. Und Sie – ich sage es frei heraus – haben ebenfalls auffällig große Augen, was beileibe kein Manko ist. Große Augen sind durchaus von Nutzen, vor allem in der Dämmerung. Ich hingegen komme mehr auf einen Waldkauz hinaus und speie wie er alles Unverdauliche aus, entleere sozusagen mein geistiges Gewölle, indem ich unentwegt spreche, was Sie inzwischen ja mitbekommen haben.

Eulen sind ohnehin bemerkenswerte Tiere mit eklatantem Gefieder, wobei ich Ihnen nicht sagen kann, inwieweit diese Vögel mittlerweile erforscht sind; ich bin ja nicht mehr auf dem Laufenden.

Sich mit Pflanzen zu vergleichen, macht kaum jemand, denn erstens ist es ungleich schwerer sich in einer Blume als in einem Affen wiederzuerkennen und zweitens vergleichen wir Menschen uns stets mit Wesen, die Augen haben und auch sonst eine menschliche Eigenart. Wir gehen nie ganz zurück, stets nur so weit, wie wir es ertragen können. Zurückzugehen heißt im gleichen Atemzug auch immer, nach vorne zu gehen und ergo auf das Ende zu. Und wer möchte das schon?

– Haben Sie bemerkt, was ich bereits seit Minuten bemerkte?

– Es ist inzwischen kühler geworden, nicht allzu viel, ich schätze um zwei bis drei Grad, mehr zwei als drei. Als wir unsere Unterhaltung begannen, war es noch lauwarm, jetzt kaum mehr lau und in zwei Stunden wird es schon herbstlich ungemütlich sein.

Wissen Sie, ich habe im Laufe der Zeit ein Gespür für Temperaturen entwickelt. Und heute passierte mir eine Geschichte wie die am *Bierhelderhof* nicht mehr, ich verließe vor den ersten Anzeichen einer Erfrierung die Bank, auf der ich säße. Doch durch meine damalige Erfahrung bewundere ich umso mehr Polarforscher und Bergsteiger, die häufig auch im Winter vereiste Reviere und Wände aufsuchen. Und man kann dabei nicht immer in Handschuhen agieren.

– Sehen Sie, jetzt ist mein Heißhunger auf Brombeeren von allein verflogen. Man muss, wie ich gelegentlich behaupte, oft nur warten und die Dinge regeln sich von selbst.

Wenn ich mich nicht dazu entschlossen hätte, heute Abend Vollkornnudeln mit Brokkoli und Zucchini zu essen, wären Frankfurter keine schlechte Wahl. Frankfurter Rindswürste sind schnell aufgebrüht und dazu dann Kartoffelsalat und Senf. Während ich Senf mag, verabscheue ich Meerrettich; ich weiß nicht um den Grund. Einige Leute sind auf Meerrettich geradezu versessen. Ich keineswegs.

Wissen Sie, jeder von uns hat gewisse Abneigungen und Vorbehalte, ist voreingenommen und diese Verhaltensweisen sind mit der frühesten Kindheit verknüpft. Ein Schlüsselerlebnis reicht, um uns beispielsweise das ganze Leben lang Haferbrei oder Kohlrabi zu vergällen. Ich bin mir nicht einmal sicher, ob es ein Psychotherapeut wieder richten könnte und falls doch, dann nur mit einem immensen Aufwand an Geduld. Aber es gibt glücklicherweise immer Alternativen. Zu allem gibt es Alternativen. Zu Haferbrei sowie zu Psychotherapeuten. Das ist so sicher wie das Amen in der Kirche.

– Der Stadtmensch, wie ich feststellte, ist wählerischer als der Landmensch, aber er denkt auch mehr. Das ist durchaus keine Qualifikation, jedenfalls nicht zwingend, denn die Leute vom Land denken selbstverständlich auch, nur wesentlich geradliniger, was wiederum mit ihren Beschäftigungen sowie der unmittelbaren Konfrontation mit der Natur zusammenhängt. Deren Gedanken sind nun einmal zuvörderst mit der Natur und dem Wetter verknüpft, was jedoch nicht in jedem Fall von Vorteil ist, denn durch das Ausrichten ihres Denkens auf die Natur, vernachlässigen sie mitunter das geistige Beschäftigen mit sich selbst.

Wir Heidelberger gehören wiederum weder zu den Großstadtmenschen noch zu den Landmenschen, was an und für sich ein Nachteil ist. Zu wankelmütig. Andererseits sind Wohnen und Leben in Heidelberg mit verschiedenen Vorzügen verbunden. Beispielsweise kurze Wege. Gehe ich von einem Ende der Stadt zum anderen, etwa vom Hasenleiser zur Handschuhsheimer Tischbein-Straße oder vom Wehrsteg bis zum Hackteufel hinüber, dauert es nie länger als eine gute Stunde. Um in Köln, Leipzig oder Magdeburg von einem Ende zum anderen zu gelangen, brauchte ich erheblich länger, falls ich es überhaupt schaffen sollte. Jedenfalls haben wir in Heidelberg genügend Bänke, auch wenn sie bisweilen in keinem guten Zustand sind.

Haben Sie sich schon einmal Gedanken darüber gemacht, weshalb auf Friedhöfen stets ausreichend Bänke stehen?

– Man möchte den Noch-nicht-Toten die Gelegenheit bieten, sich in Ruhe und mit einem gewissen Komfort auf ihre zukünftige Heimstätte vorzubereiten.

Ich umgehe Friedhöfe, wo ich kann, selbst wenn mir das Beschreiten eines solchen den Weg abkürzt. Nein, ich gehe an ihnen vorüber, vermeide ihre Nähe und wähle auf meinen Touren Straßen aus, die weiträumig an ihnen vorüberführen. Bin stets ein Friedhofsverweigerer gewesen, wie ich auch Ärzten fernzubleiben versuche, die ich schlussendlich dann doch aufsuche, damit sie meine Aorta untersuchen oder irgendein Organ, das mir derzeit Schmerzen bereitet.

Es ist ein Jammer, denn wir wollen konsequent sein, beschwören uns immer wieder konsequent zu bleiben, während wir uns im Spiegel fest in die Augen blicken, und dann, die kleinste Komplikation genügt, weichen wir von der Linie ab und finden jede Menge Argumente, die unsere Inkonsequenz rechtfertigen. Wie Menschen eben.

Muss ich noch mehr dazu sagen?

– Ich glaube, Sie denken in gewisser Hinsicht ein wenig wie ich, nicht wahr?

– Wenn Sie so weitermachen, taugen Sie womöglich zu einem Naturwissenschaftler oder Philosophen; beide übrigens nicht so weit voneinander entfernt, wie Sie offenbar vermuten – mutmaßen. Mit ihren großen Augen wären Sie freilich auch für den Beruf des Installateurs geeignet. Da diese Leute häufig in unbequemer Haltung unter oder neben Waschbecken und Siphons kauern, um mit ihren Taschenlampen die Zu- und Abflussrohre zu kontrollieren, brauchen sie gute Augen. Da hätten Sie einen naturbedingten Vorteil. Doch überlegen Sie sich genau, wofür Sie sich entscheiden, denn ist man erst einmal in einen Beruf geschlüpft, ist eine Umkehr selten möglich.

Mit den Berufen ist es wie mit Frauen: Die uns als geeignet erscheinende stellt sich im Nachhinein als die absolut falsche heraus und die,

die wir nicht genommen haben, im Eck des Partykellers sozusagen haben stehen lassen, wäre womöglich die ideale gewesen.

– Ich weiß nicht, weshalb mich Frauen immer auch an Gazellen erinnern, insbesondere an Thomsongazellen. Diese Tiere sind auffallend zierlich, was man von Frauen insgesamt betrachtet so wiederum nicht behaupten kann. Aber auch Männer und, was erschwerender ist, schon Kinder werden zunehmend dicker. Manche sind regelrecht fett, vielmehr aufgedunsen.

Sie brauchen bloß Leute zu beobachten, die ins *Aldi* hineingehen oder herauskommen. Zwei Drittel sind übergewichtig. Und dann überlegen Sie einmal, wie viel an sogenannten Lebensmitteln diese lebenden Fleischberge in sich hineinstopfen und – ärger noch – wieder aus ihren Därmen in die Natur entleeren. Diese Vorstellung ist grauenhaft. Tonnenweise Fäkalien. Doch nicht bloß der Mensch scheidet unaufhörlich aus, sondern auch seine Hunde, Katzen und Kanarienvögel. Und dann noch das andere Getier: Hirschkäfer, Tauben, Ameisen, Grizzlybären und Bachforellen. Groß oder klein, sie müssen alle.

Wie viel, glauben Sie, ich drücke es des grässlichen Umstandes wegen etwas drastisch aus, wird jeden Tag in die Welt geschissen?

– Angenommen man verlüde diese Ausscheidungen und transportierte sie mit einem Güterzug, ich glaube, wir beide wären nicht in der Lage, uns auch nur annähernd die Länge dieses Zuges vorzustellen. Lässt Sie ein solches Bild nicht schaudern?

Mich schon, obgleich ich das alles nicht ändern kann, trage ich doch selbst mit meinen Haufen zur pausenlosen Weltbescheißung bei.

– Sie lachen, wie ich sehe?

– Ja, lachen Sie nur!

Gewiss, es ist lächerlich. Und die Jugend hat das Recht über alles und jedes zu lachen; auch über Fäkalien, gerade sogar über Exkremente dieses Ausmaßes.

Was auch ist lächerlicher als eine Welt, die sowohl permanent beschissen als auch zugeschissen wird, was grotesker als die ewige Jagd nach Nahrung, die uns jedoch nur kurzzeitig sättigt?

Ebenso jämmerlich ist unsere fortwährende Jagd nach Gütern jeder Art. Ramschen, ramschen, ramschen. Und dann enden diese Güter schlussendlich im Lokus, dem großen, alles verschlingenden Weltabort. Unendlich vieles kommt hinein: fleischlicher und pflanzlicher Abfall, konkreter wie geistiger, jahrhundertealter oder gestern erst entstandener. Der Globus ist ja anerkannter Maßen immer schon auch ein monströser Lokus, vielmehr ein gigantischer Mülleimer. Kaum etwas, was wir nicht hineinstopfen: Staubsaugerbeutel, Taschentücher, Atommüll, ausgemusterte Schlachtschiffe, Damenbinden, Kugelschreiber, Bürostühle, alte Documenta-Kataloge, Apfelsinenschalen, Arm- und Beinprothesen sowie Weißweinflaschen, Fahrradschläuche und Tapetenreste, ja, sogar Landesflaggen, signierte Erstausgaben weltberühmter Schriftsteller und Beethovenbüsten in allen Größen. Nichts ausgenommen, ob von fester Konsistenz oder flüssig. Und am Ende – ein unvermeidbarer Akt – werden auch wir in den Müllsack gesteckt, manche mit einem Sarg unter die Erde gebracht, andere als Überbleibsel einer Einäscherung über den Tegernsee gestreut: Es ist völlig belanglos. Völlig.

Und, geht Ihnen jetzt ein Licht auf? Verstehen Sie nun, weshalb wir Menschen allesamt so an diesem erbärmlichen Leben hängen?

Weil wir kein anderes haben. Oder glauben Sie womöglich an diesen Humbug von Auferstehung?

– Wir hängen ja in erster Linie nur deshalb an dem beschissenen Leben, weil der Tod noch weitaus beschissener ist.

Die Natur, wissen Sie, geht damit um; jeder Vogel, jedes Raubtier, auch Gräser und Büsche sowie die Bäume am Oberen Mausbachweg. Nur wir, die Intelligenzler, verzweifeln daran, rennen zwecks lebensverlängernder Maßnahmen zu den Ärzten, nehmen für teures Geld die Liegen der Psychotherapeuten in Anspruch und versuchen auf teils paradoxe Art und Weise das Wissen um die Sterblichkeit zu verdrängen und falls dies nicht gelingt, anderweitig zu umgehen. Dabei, und das ist beileibe kein Geheimnis, könnten wir es einfacher haben: eine anregende Unterhaltung wie die unsere, ein wenig umherlaufen oder auf Bänken sitzen und am Abend *Holsten* Bier trinken; man braucht ja nicht zu übertreiben.

Wir haben alles, was wir zum Dasein benötigen, nutzen es aber nicht, jedenfalls in dem Ausmaß, indem wir es könnten. Man kann und wird niemals das Optimum erreichen, weil es immer Grenzen gibt. Für jeden Menschen sowie für jede Handlung.

Als Student sollten Sie bedenken, dass ein Studium, gleich welches, stets nur ein Teilstudium ist. Und wenn Sie einen Wasserhahn reparieren, sollten Sie wissen, dass auch in den nächsten hundert Jahren derartige Reparaturen vonnöten sind. Und ich sollte mir sagen: Gestern hast du auf der Bank am Hackteufel gesessen, morgen früh nimmst du die am Mönchhofplatz!

Das sind ja schon allerhand sinnvolle Überlegungen, nicht wahr?

Und jetzt frage ich Sie, ob diese Erkenntnisse nicht genügen, ob es permanent neuen und größeren Wünschen bedarf, weil wir allesamt Nimmersatte geworden sind, die den Hals nicht voll bekommen?

– Jetzt habe ich mich beinahe wieder erregt. Mich selbst über kleinste Kleinigkeiten aufzuregen ist ein Leichtes, wissen Sie. Und dabei sage ich mir jeden Morgen: Errege dich nicht! Rege dich nicht auf! Spreche ich dann aber eins, zwei Stunden später mit Menschen, errege ich mich zwangsweise doch über das eine und andere.

Wissen Sie, ich denke, wir leben nicht mehr intuitiv genug, springen zu sehr in den Gedanken umher, anstatt sie einfach anzunehmen, herein zu bitten, sie wie Freunde zu behandeln, die man zu einer Runde Bier einlädt. Wären wir intuitiver, gelänge manches, was durch ein Zuviel an Planung zu halbherzigen Handlungen führt.

– Haben Sie je darüber nachgedacht, weshalb Sie nie oder nur selten mit Menschen zusammenstoßen, die Ihnen beim Überqueren einer Straße entgegenkommen?

– Stellen Sie sich einmal folgende Situation vor: Sie stehen am Bismarckplatz und planen, zur anderen Straßenseite, also zur Hauptstraße hinüberzuwechseln. Ihnen gegenüber befinden sich etwa vierzig Personen, die ihrerseits zum Bismarckplatz möchten und nun wechselt die Fußgängerampel von Rot auf Grün und Sie gehen los.

Wohin aber setzen Sie Ihre Schritte, für welche Lücke entscheiden Sie sich? Passieren Sie den einen Passanten links, den nächsten rechts oder stattdessen die ersten beiden linker und die folgenden drei dann rechter Hand?

– Sehen Sie, Sie denken nicht nach und aus diesem Grund stoßen Sie mit niemandem zusammen, so wie auch die Ihnen entgegeneilenden Menschen nicht nachdenken und ergo mit keinem zusammenprallen. Von den vierzig oder achtzig Leuten, die die Straße überqueren, überlegt keiner, ob er rechts oder links gehen wird. Und dieses Verhalten, junger Mann, ist ein Paradebeispiel intuitiven Handelns. Ist in etwa ein Gehen, wie Krähen fliegen, ist Natur in reinster Ausprägung. Denken Sie indes darüber nach, wie Sie ausweichen werden, beispielsweise rechts an den Entgegenkommenden vorbei oder stattdessen links oder auch akkurat abwechselnd, so führt dies zu einem Chaos, denn Sie stoßen unweigerlich mit irgendeinem Artgenossen zusammen und stellen somit den Automatismus des Gehens infrage.

Versuchen Sie es und Sie werden sagen: Der Professor hatte recht. Doch es geht mir nicht um Recht, sondern um das Bewusstwerden der Möglichkeiten. Die Vielfalt ist es, die wir bewundern sollten, nicht bloß die Dinge, die wir aus dem Topf der Vielfalt als gerade nützlich erachten. Nicht allein pragmatisch denken, sondern gleichfalls weltumspannend! Das Universelle im Auge behalten! Das Spektrum der Natur als Schenkung betrachten und das Wissen um sie, auch wenn es noch so bescheiden ist, weitergeben!

– Ich kann Ihnen nur eindringlich raten: Hören Sie in sich selbst! Auf das, was Ihnen sagt: Lasse es oder mache es! Glauben Sie nie blindlings an den soeben publizierten Wissenschaftskram! Warten Sie stattdessen stets auf die zweite oder dritte Expertise, aufs sogenannte Verfestigen einer Theorie, die schlussendlich doch immer widerlegt oder entkräftet wird, da es in der Natur der Sache liegt!

Und noch etwas rate ich Ihnen: Fliegen Sie einmal in einem Doppeldecker! Es ist ein unvergessliches Erlebnis, mit einer derartigen Maschine über den Odenwald oder das Voralpenland zu fliegen. Unser Lustempfinden ist ja vielfältig ausgeprägt, doch das Land aus einem Doppeldecker heraus zu betrachten, gefällt gewiss jedem. Meine Schwestern wären vermutlich die einzigen, die es nicht genössen, sondern sagten, so etwas sei Mumpitz, sei unnützer Zeitvertreib für Angeber.

– Aufgrund meiner jahrelangen Beobachtungen bestätige ich Ihnen, dass innerhalb von Familien größte, wenn nicht allergrößte Diskrepanzen bestehen. Man will es nicht wahrhaben und dennoch ist es so.

Als ich von der ersten Afrikareise zurückgekehrt, meinen Schwestern Fotos jener Reise zeigen wollte, lehnten sie entschieden ab, sagten, es interessiere sie nicht. Nicht ein Bild sahen sie sich an und dabei sind es gelungene Aufnahmen. Bis heute ist mir rätselhaft, wofür sie sich tatsächlich interessieren. Für Fotos anscheinend nicht. Manchmal glaube ich, sie überhaupt nicht zu kennen, wenngleich ich in meiner Kindheit Stunden damit verbrachte, ihnen die Faszination eines Regenwurms zu erklären. Es gelang mir nur ansatzweise. Nun, ich möchte ja hier nicht über meine Schwestern reden. Ich dachte nur gerade an sie – der Bilder wegen.

– Ich spreche ja keineswegs von Heidelberg und seiner millionenfach abgelichteten Schlossruine. Ich spreche von Afrika, was etwas völlig anderes ist als Heidelberg, Walldorf, Zuzenhausen oder Spechbach.

Wissen Sie, was eine unfassbare Tatsache ist?

– Dass kein Mensch, gleichgültig wie alt er wird, alle Orte der Erde besuchen kann. Niemals. Selbst als Vielreisender muss man Prioritäten setzen. Die einen zieht es in den Süden, die anderen nach Finnland, manche mögen Afrika, manche Vorderasien, einige schwärmen von Kanada, einige von Australien, doch niemals gelingt es einem Menschen überall zu sein, wiewohl es welche gibt, die in großkotziger Manier eben dies von sich behaupten. Treffe ich auf einen derartigen Aufschneider, frage ich ihn geradeheraus, ob er schon jemals im Transarktischen Gebirge war und sogleich herrscht Schweigen.

Bescheidenheit, junger Mann, ist auch heutzutage eine dankenswerte Tugend.

– Aus dem Kleinen ins Große gehen, nicht umgekehrt. Wir Wissenschaftler gehen freilich gegensätzlich vor, das ist sogar unerlässlich. Wenn Sie beispielsweise heutzutage als Wissenschaftler an ein Pferd denken, haben Sie auch stets zugleich den Körper eines Pferdes vor fünfzig Millionen Jahren vor Augen, demzufolge das sogenannte Hyracotherium, das nur fuchsgroß gewesen ist.

Sensationell, nicht wahr?

Aber alles letztlich bloß eine Sache der Evolution und somit ist aus einem fuchsgroßen Tier unser derzeitiges Pferd geworden. Das ist doch faszinierend?

– Als Wissenschaftler, der das Pferd betrachtet, muss man logischerweise auch die Entwicklung des Menschen betrachten, ihn einerseits zurückverfolgen, sich andererseits die Frage stellen, was eines Tages aus uns Menschen wird, ob wir tatsächlich einmal unseren Verstand einsetzen, um uns nicht gegenseitig umzubringen; und wie und in welchen Systemen wir in tausend Jahren leben und uns organisieren?

Wissen Sie, es ist falsch, Diktaturen von vornherein zu verdammen. Stünde nämlich dieser allseits beliebte Herr Jesus Christus einer von Nächstenliebe geprägten Diktatur vor, rebellierte gewiss kein Christenmensch, nicht einmal die ansonsten so streitfreudigen Christdemokraten.

Alles eine Sache des Maßstabs, der Verhältnismäßigkeit sowie der Zeit, in der es geschieht. Relativ, wie Einstein sagte. Damit sprach er eine Wahrheit aus, die über das Heute hinaus besteht und wahrscheinlich weiterhin bestehen wird; ist sie womöglich sogar die langlebigste Wahrheit überhaupt.

– Ich gäbe keinen guten Diktator ab, weil ich einerseits zu unnachgiebig, andererseits zu weichherzig wäre. Aber da der Sohn des sogenannten Heilandes nun einmal kein Diktator war, obliegt es auch keinem anderen, diese Funktion auszuüben. Wiewohl – so jedermann weiß, der in jenen Stunden im Gymnasium nicht gerade schlief oder sich mit einem Mädchen hinter der Schulhofhecke mit irgendeiner Heißblütigkeit beschäftigte – es in der Geschichte der Menschheit Diktaturen gab, die um ein Vielfaches humaner waren als einige der heutigen Demokratien.

Sie wissen das doch selbstverständlich, nicht wahr?

– Die Natur entwickelt sich in langsamen Schritten, uns Menschen geht es nie schnell genug. Haben wir heute ein Ziel erreicht, greifen wir morgen nach dem nächsten. Wir streben, wie es heißt, nach grenzenlosem Materialismus; Freiheit nennen wir ihn und gehen dafür über Leichen. Das Wissen um diese Tatsache lässt mich häufig nicht schlafen. Liege ich im Bett und denke darüber nach, raubt es mir den Schlaf. Manchmal hilft ein drittes Bier, manchmal nicht. Ein viertes oder fünftes möchte ich nicht trinken, da ziehe ich stattdessen die Schlaflosigkeit vor.

– Nicht dass Sie sich wundern, aber ich habe Verständnis für Alkoholiker, denn im Kern sind es sensible Geschöpfe, die an Ungereimtheiten jeder Art verzweifeln, vielmehr verzweifelt sind.

Mal ehrlich, nur die wenigsten von uns haben doch die Kraft, schwere Verluste mir nichts dir nichts wegzustecken. Ob es der Verlust des Arbeitsplatzes ist, der Tod eines nahestehenden Menschen, dass man von seinem Lebenspartner betrogen und verlassen wird oder ob man erkennen muss, wie die eigene Kraft und Zuversicht verloren gehen: Solche Stolpersteine im ansonsten gleichförmigen Alltag erzeugen ja geradezu Strudel, die kaum zu umschiffen sind. Alkohol ist da für viele der letzte Strohhalm, obwohl ein jeder, der sich an ihn klammert, letztlich daran zugrunde geht. Trotzdem verstehe ich diese Leute, diese sich Aus-dem-Elend-Hinwegtrinkenden, die Sich-Dauerbetäubenden. Was ich indessen nicht verstehe, sind jene teils sehr jungen Leute, die das Trinken, will sagen, Saufen, als sportlichen Wettkampf unter ihresgleichen betrachten.

Womöglich verstehe ich als alter Mensch generell zu wenig von der Jugend und deren Bedürfnissen, bilde mir nur ein, etwas vom Leben, der Natur und den Vögeln zu wissen. Doch niemand ist allwissend. Wie denn und wodurch?

Gleichwohl denken wir, die Wahrheit gepachtet zu haben. Dabei ist unser Denken kaum mehr als Flickschusterei. Wir nehmen von dem etwas, fügen etwas anderes hinzu, würzen das Ganze , rhetorisch aufgeplustert mit irgendwelchen Trivialitäten, streuen einige Zitatenschätze darunter und schon betrachten wir uns als Geistesgrößen.

Übrigens habe ich mich vor geraumer Zeit einmal mit Herrn Professor Karasek über dieses Thema unterhalten. Es war so, dass ich für einen Augenblick allein auf einer Bank nahe der Stadthalle saß – auch das gab und gibt es hin und wieder, wenn auch selten –, als dieser Mann geradewegs aus der Stadthalle kam, wo er, so ich später erfuhr, vor vollem Haus einen Vortrag über Billy Wilder gehalten hatte. Und dies mit großem Erfolg, wie tags darauf in der Zeitung zu lesen.

Aber, worauf ich hinaus möchte: Eben dieser Professor Karasek, eine Koryphäe der Literatur, des Theaters und internationalen Films, fragte, ob er sich zu mir gesellen dürfe. Meine Antwort werden Sie kennen. Nun gut, nachdem wir uns eine Zeit lang über Heidelberg und den besorgniserregenden Verkehr des Neckartals unterhalten hatten, kamen wir auf das Thema Authentizität und insbesondere das Thema authentische Menschen in einer freien Gesellschaft zu sprechen.

Und hier muss ich sagen: Hut ab vor dem Mann. Sprach mir der Professor doch aus der Seele. Auch er, meinte Professor Karasek, beobachte mit Sorge die Entgleisungen unserer Konsumgesellschaft und die damit einhergehende Oberflächlichkeit in menschlichen Beziehungen, die einerseits zu totaler Abschottung, andererseits zu grenzenloser Selbstüberschätzung führe.

Schade, dass der gute Mann, welcher meiner Meinung nach über einen ausgeprägt subtilen Humor verfügt, noch am gleichen Abend eine Verabredung im Europäischen Hof hatte. Ansonsten hätte ich ihn zu ein paar Flaschen *Holsten* zu mir nach Hause eingeladen. Dieser eloquente Professor ist gewiss ein Mensch, mit dem ich mich gerne länger unterhalten hätte. Vielleicht wäre mir sogar gelungen, ihn für einen Spaziergang zu begeistern. In diesem Fall hätte ich den vorderen Philosophenweg vorgeschlagen. Dort oben dann auf einer Bank zu sitzen und über seinc Welt zu sprechen, das Theater, die Literatur, seine Kritikerkollegen ganz allgemein und seine unzähligen Begegnungen mit den unterschiedlichsten Persönlichkeiten: Es hätte mir viel bedeutet.

Sie kennen doch sicher Professor Karasek, nicht wahr, diesen Hellmuth Karasek? Kennen garantiert seine spektakulären Wortgefechte mit Reich-Ranicki?

– Doch zurück zu meiner These: Wir nehmen uns zu wichtig. Messen uns eine größere Bedeutung zu als der Natur. Das geht zwangsläufig in die Hosen.

Komödianten und Zirkusleute wählen fast immer die richtigen Wege, wissen aus ihrem Wesen heraus intuitiv mehr über Zusammenhänge, als Wissenschaftler, Ingenieure und Philosophen zusammen, wiewohl gerade der Philosoph dem Komödianten nahesteht. Während dem Philosophen an und für sich das Humoristische fehlt, sind seine Äußerungen – und zwar mehr unbeabsichtigt als wissentlich – zuweilen durchaus schalkhaft. Andererseits ist es so, dass Komödianten und

Zirkusleute grundsätzlich zu den philosophierenden Menschen gehören; sie sind gewissermaßen Alltagsdenker von hoher Qualität.

Für die Clownerie habe ich von klein auf etwas übriggehabt, ebenso für Rhönradturnen, die Jonglage im Allgemeinen sowie die Hochseilakrobatik. Für die Clownerie am meisten. Und auch Sie, ich bemerkte es erwartungsgemäß, haben hin und wieder bei meinen Ausführungen gelächelt. So soll es sein! Kaum etwas entspannt mehr, als ein Gespräch, das von Humor getragen ist.

– Jetzt im Nachhinein denke ich, dass Brombeeren doch gut gewesen wären.

Übrigens: Haben Sie jemals Flügelfedern aus der Nähe betrachtet?

– Sie sind überaus interessant, denn die Flügel eines Vogels bestehen aus den unterschiedlichsten Federformen. Da gibt es die kleinen und großen Deckfedern, die Daumenfittiche, Schirmfedern, Arm- und Handschwingen, um nur einige zu nennen. Insbesondere Perlhuhn-Federn begeistern mich, aber auch die der Mandarinente, der Waldschnepfe und des Brachvogels. Alles sowohl recht filigrane als auch robuste Teile, um den Wind zu meistern.

Sie glauben gar nicht, wie viele Flugzeugkonstrukteure diese Federn studierten, sozusagen ihren Doktor an ihnen machten. Unaufhörlich lernen wir von der Natur. Wir brauchen bloß hinzusehen und uns nach draußen begeben, weg von den Computern und stattdessen zu den Auen, an die Bäche, in den Wald und auf die Wiesen.

– Nicht dass Sie mich auslachen, aber anfangs trug ich bei meinen Wanderungen, die grundsätzlich immer Erkundungen waren, original englische Knickerbockers, da ich sie praktisch finde. Später dann, die Mode verbot einem ja quasi solche Teile in der Öffentlichkeit zu tragen, verstaute ich sie im sogenannten Reserveschrank linker Hand des Winterschreibtischs und kaufte mir, wie der Großteil der Wanderfreunde Freizeithosen aus atmungsaktivem Funktionsmaterial. Diese Hosen haben zwar viele Taschen, was von Vorteil ist, sie können es aber nicht mit meinen Knickerbockers aufnehmen, an die ich mich wehmütig erinnere, waren sie mir doch auf Tausenden von Kilometern treue Begleiter. Ich trug sie insbesondere bei meinen Reisen in Südeuropa und dort wieder insbesondere in Italien.

Wäre ich für längere Zeit in Kalabrien oder auf Sizilien geblieben, hätte ich mir wahrscheinlich sogar ein Maultier angeschafft. Ich mag diese Tiere, denn sie sind in gewisser Weise wie ich: störrisch und eigensinnig, dann wieder überhaupt nicht störrisch, gar nicht eigensinnig. Und das Reiten auf ihnen geht zumeist problemlos vonstatten. Doch der Anblick eines auf einem Maultier reitenden Professors auf dem Oberen Mausbachweg – na, ich denke, das hätte wohl ein wenig grotesk ausgesehen und die engstirnigen Heidelberger dazu gebracht, wohl über Gebühr an meinem Verstand zu zweifeln. Deshalb sagte ich mir, dass es sinnvoller sei, Maultiere in Kalabrien zu besuchen, als mir eines in die Kurpfalz zu holen. In der Landfriedstraße gibt es zudem auch keinen Stall, denn die Landfriedstraße, wie ich Ihnen bereits sagte, ist eine ausgesprochene Ärzte- und Therapeutenstraße und keine für Nutztierhalter, wiewohl ich mich mustergültig um das Maultier gekümmert hätte – einen Stall vorausgesetzt.

Wissen Sie, ich habe mich meinen Anvertrauten immer angenommen, ob es meine Assistenten waren, die Studenten, die Krähen; selbst meinen Schwestern schenkte und schenke ich aus Prinzip ein Mindestmaß an Beachtung. Und dies verlangt mir einiges ab. Einiges.

Nun, immerhin bin ich durch mein Interesse an Maultieren sowohl nach Kalabrien als auch nach Sizilien gekommen, was mir unter anderem die dort lebenden Menschen näherbrachte. Nicht sehr nahe, aber doch so nahe, wie man einem Süditaliener nahekommen kann. Und darf.

– Soll ich Ihnen einmal erzählen, wie ich seit vielen Jahren mein Gedächtnis trainiere?

– Gut! Dann passen Sie auf, denn was ich Ihnen jetzt verrate, ist eine Methode, die ich mir selbst erarbeitete!

Ich saß vor längerer Zeit abends hinter meinem Haus und beobachtete, während ich meine zweite Flasche *Holsten* trank, gegenüber vier Arbeiter, die ein über drei Stockwerke reichendes Gerüst abmontierten. Mich begeisterte, wie geschickt sie dabei hantierten. Sogleich dachte ich über die Gewandtheit bestimmter Berufsgruppen nach. Dadurch angeregt, kam mir ein Gedanke. Und zwar einer, der wiederum mit meiner Methode des Gedächtnistrainings zusammenhängt.

Die Initialzündung hieß schlicht und einfach Branchenbuch. Veltenhöfer, sagte ich zu mir: Nimm am besten abends vorm Schlafengehen das Branchenbuch in die Hand. Dann denkst du dir eine x-beliebige Ziffer aus und schlägst hinterher exakt die Seite auf, die der Ziffer entspricht. Und danach, sagte ich mir, tippst du mit dem Finger auf einen Eintrag und sprichst dabei laut irgendeine Uhrzeit aus. Somit hatte ich drei Komponenten für mein Gedächtnistraining, nämlich den Namen eines Unternehmens, die dazugehörige Adresse und eine willkürlich genannte Uhrzeit.

Soviel zu meiner Idee, die ich erwartungsgemäß umsetzte und weiterhin umsetze. Die ganze Prozedur wiederhole ich jeden Abend drei Mal, habe demnach am nächsten Morgen, wenn ich zu den Bänken gehe oder mich von einem Taxifahrer zu ihnen bringen lasse, drei Zettel in der Jackentasche stecken, auf denen entweder die ausgewählten Namen oder die Adressen des Vorabends stehen. Der Rest, das heißt, der wesentliche Teil der Übung besteht nun darin, dass ich mir die dazugehörigen Daten ins Gedächtnis rufe, was anfangs schwierig, später einfacher und nach Jahren praktisch problemlos vonstattengeht. Habe ich dann beispielsweise einen Namen im Kopf, versuche ich sogleich auch die Branche sowie die Adresse und die von mir erdachte Uhrzeit hinzuzufügen. Ich sage mir demnach: Veltenhöfer, du hast heute wieder deine *drei Termine*, aber bei wem noch, bitte sehr, und um wie viel Uhr?

Und dann bringe ich mein Gedächtnis auf Vordermann und grüble so lange, bis ich die Daten zusammen habe, was für einen Laien leichter aussieht, als es ist. Fällt mir beispielsweise von einem meiner Zettel die Anschrift Ahornstraße 16 ein, so sollte ich den dazugehörigen Namen sowie die ausgemachte Uhrzeit wissen.

Probieren wir es! Nehmen wir in diesem Fall vielleicht – Augenblick noch! – ja, die *Evangelische Sozialstation ‚Nördliche Bergstraße' e.V.* in Hemsbach. So und jetzt kommt noch die fiktive Uhrzeit hinzu. Bei der Angabe *Evangelische Sozialstation* müsste es, wenn ich richtig liege, null Uhr einundfünfzig sein.

– Nein. Stopp!

Jetzt habe ich mich tatsächlich verhauen. Denn in diesem Fall wäre null Uhr zweiundfünfzig die korrekte Antwort gewesen. Ja, gewiss null Uhr zweiundfünfzig.

Das war wohl wenig überzeugend – nicht wahr?

Aber Sie sehen, ganz so einfach ist es eben nicht.

Können Sie sich überhaupt vorstellen, wie hilfreich derartige Übungen sind?

– Fortwährend den Kopf trainieren, sage ich, den Kopf und die Beine! Den Rest können Sie mitunter vernachlässigen. Aber der Kopf sollte fit sein sowie die Beine.

Wenn Sie in einem Branchenbuch blättern, es nimmt weniger Zeit in Anspruch als man denkt, sehen Sie erst einmal, welch seltene Berufe es heutzutage gibt: Automatenfachmänner, Vakuumpumpenvertreiber, Sonnenschutzmechatroniker, Tele-Chirurgen, Nostalgologen, Juristen für privates Patentrecht, Hochzeitskutschendekorateure, Packmitteltechnologen, Kaffeesatzleserinnen und Erstellerinnen von Horoskopen. Diese Sparte ist übrigens auffallend stark um Walldürn vertreten, doch es gibt durchaus Berufe, die mir sinnvoll erscheinen, etwa: Landhotelrestauratoren oder Dolmetscher, die von Kisuaheli in Slowenisch übersetzen. Das Betätigungsfeld ist unerschöpflich. Und stirbt ein Beruf aus, entsteht sogleich ein anderer. Die Lücken werden umgehend gefüllt. Manchmal geschieht es zyklisch, manchmal antizyklisch, ganz wie in der Natur, die ebenfalls ständig neue Arten kreiert.

– Während wir denken, um uns herum geschähe bloß wenig, geschieht unglaublich viel. Wir bemerken es bloß nicht mehr, weil unsere Sinne abgestumpft sind, wir in unseren Wahrnehmungsfähigkeiten eingeschränkt sind. Und manche Mitmenschen verharren auch schon viel zu lange in Altenheimen, Pflegeinstituten und diesen zermürbenden Krankenanstalten und Universitätskliniken, wo sie mitunter in ihren Betten fixiert ins Leere starren und darauf warten, langsam aber sicher mit Hilfe des Fachpersonals zu Tode gefüttert zu werden.

Wie sollen sie da das Leben spüren, den Frühling und die Freudentänze der Bäume?

Ans Bett gefesselt, da geht Ihnen, ich nenne es einmal so, der Frühling am Arsch vorbei; übrigens ein Ausdruck, den ich erstmals in Mannheimer Kneipen hörte, später dann mehr oder weniger selbst... Aber lassen wir das! Schwamm darüber!

– Damals jedoch, und das dürfen Sie mir glauben, habe ich den Frühling noch in allen Gliedern gespürt. Im ersten Jahr, nachdem ich mein Studium abgeschlossen hatte, bin ich Woche für Woche und zwar jeden Abend durch die Reviere gezogen; Willy Katzenbacher mit dabei, Emil Seibert und der seinerzeit schon kahlköpfige Manni Gall, ein Witzbold ersten Ranges.

Es gab kaum eine Kneipe, in der wir nicht gewesen sind, doch die Mannheimer Schluckspechte mieden uns, weil wir Heidelberger waren und die Heidelberger Stammtrinker machten einen Bogen um uns, da sie glaubten, wir seien Mannheimer Querulanten. Uns war es gleichgültig, denn wir wurden weder mit den Heidelberger Studentenköpfen noch mit den Mannheimer Einfaltspinseln angemessen gesellig. Die sympathischsten Zechbrüder und Quasselstrippen kamen ohnehin entweder aus dem Saarland oder dem Ruhrpott. Hamburger und generell alle Norddeutschen waren ebenfalls adäquate Trinker, falls man auf welche traf.

Wie auch immer, es war eine rundum sorgenfreie Zeit, obwohl wir keine großen Sprünge machen konnten. Ein Auto hatten weder Willy noch Erich oder Manni und so nahmen wir die Kneipen mit dem Fahrrad oder zu Fuß ins Visier. Vor drei Uhr morgens gingen wir nie nach Haus, das war ein ungeschriebenes Gesetz. Und im Sommer auch keine Seltenheit, dass wir bis zum Morgengrauen am Neckarufer auf der Wiese beim Leinpfad hockten, die Füße ins Wasser getaucht und die letzten Flaschen leerend. Worüber wir seinerzeit im Einzelnen sprachen, kann ich Ihnen nicht mehr sagen, es ging jedoch wie bei allen halbwegs gebildeten Jungtrinkern um überaus wichtige Themen. Sie wissen ja: Frauen, Musik, Sport, Filme und Romane, also das Existenzielle an sich.

Als es dann irgendwann gemeingefährlich wurde, ich meine, des nicht unbeträchtlichen Alkohols wegen, den wir Abend für Abend konsumierten, zog ich gerade noch beizeiten die Notbremse.

Wissen Sie, ich bemerkte, dass ich beim Säbelfechten Koordinationsprobleme hatte. Ich war nicht mehr vollends konzentriert und kassierte so manchen Hieb, den ich ein halbes Jahr zuvor locker pariert hätte. Also ging ich mit mir hart ins Gericht und entschied mich von diesem Zeitpunkt an für einen gemäßigten Alkoholgenuss, den ich bis heute praktiziere. Hätte ich weitergemacht, wäre ich wahrscheinlich nie Professor geworden. Dennoch reut mich kein Glas, keine anderthalbstündige Fahrt mit dem Drahtesel zu einer Mannheimer Eckkneipe, ob zur *Susi* oder dem *Goldenen Stern.*

Und jetzt ein halbes Leben später, Sie sehen es ja, sitze ich neben Ihnen und denke über meine damaligen Kameraden nach, von denen keiner mehr unter uns weilt. Sie alle haben die Achtzig nicht gepackt, bloß der Veltenhöfer, der Bankhocker und Frühaufsteher.

– Man steckt nicht drin, wie es heißt, weiß nicht, wann es unumstößlich zu Ende geht. Morgen, übermorgen oder doch erst in vier Jahren. Es ist ein teuflisches Spiel und es verlangt Geduld. Auch ein Thema, über das ich seinerzeit auf der Bank an der Stadthalle mit Professor Karasek gesprochen habe. Leider zu kurz. Leider.

– Wenn Sie erst einmal so alt sind wie ich, denken Sie mehr in Wochen- als in Monats- oder Jahresschritten. Zwei oder drei Jahre vorauszuplanen, wäre töricht für mich. Ich muss vielmehr auf dem Sprung sein und denken, dass der übernächste Krankenwagen mir schon gelten könnte. Dies alles ist eine Last und beschäftigt einen permanent. Früher dachte ich etwa ein- bis zweimal pro Monat ans Sterben, heute beinahe jede Stunde. Und die Zeit, obgleich sie dieselbe ist, scheint davon zu fliegen.

Wissen Sie, wenn ich alte Männer und Frauen allein auf Bänken sitze sehe, wird mir schwer ums Herz. Diese Bilder des Alleinseins, des Nicht-mit-einander-sprechen-Könnens machen mich zuweilen schwermütig. Oft denke ich dann, dass diese armen Kreaturen ein erbärmliches Leben führen, sie womöglich ebenso leiden wie ihre Leidensgenossen in den sogenannten Gesundmachungsfabriken, die jedoch nur Verendungsstätten sind, in denen letztlich bloß gestorben wird, wenn auch in Raten.

– Jetzt fragen Sie sich bestimmt, weshalb ich nicht zu diesen Alten gehe und mich neben sie setze, ich, der so viel zur Sprache bringen, erzählen und erklären könnte.

Sie denken wahrscheinlich, da müsste der Veltenhöfer ran und den Retter spielen, ein wenig von dem und ein wenig von dem erzählen, von den Krähen und Ameisen, dem scharfsinnigen Professor Karasek oder dem Heidelberger Theaterchef und dessen Geld verschlingenden Opernzelt. Sie denken, ich könnte fragen, ob meine Altersgenossen auch den Synagogenbrand mitbekommen hätten, oder sie mit der einen und anderen Anekdote aufheitern; aus meinem Professorendasein berichten, den Afrikareisen, meinen garstigen Schwestern oder wie mir Frau Professor Janikovsky nachstellte. Nicht wahr, junger Mann, das denken Sie?

– Aber ich werde Ihnen erklären, weshalb Ihre Annahme niemals zutreffen wird, denn wenn Sie mich während unseres Gesprächs nur halbwegs so intensiv erforscht hätten wie ich Sie, wüssten Sie, dass ich mich wie nichts anderes von genau diesen allein herumsitzenden Alten fernhalte, weil ich sie überhaupt nicht ermutigen oder gar unterstützen könnte, sondern prompt das Gegenteil einträfe, also sie mich ihrerseits in den Trübsinn stürzten, vielmehr bis ins Bodenlose verdrössen und höchstwahrscheinlich dazu brächten, mich bereits Stunden danach und somit nur halbwegs vorbereitet umzubringen, die *Schmeisser M1* aus dem Handtuch zu wickeln, um zur letzten Handlung überzugehen. Den Rest können Sie sich ausmalen.

Wissen Sie, es ist eine unleugbare Tatsache, dass ich seit geraumer Zeit nicht mehr mit alten Leuten zurechtkomme, weil alles, was sie von sich geben, nacktes Elend ist. Ausschließlich furchteinflößende Krankheits- und Elendsgeschichten bekommt man von ihnen aufgetischt. Und zwar zuhauf, wie man es früher nannte. Immer wieder sprechen diese Menschen über ihre Söhne und Töchter, von denen sie nicht mehr besucht werden oder bestenfalls, um Geld zu fordern. Erbschleicher-, Beleidigungs-, Kränkungs- und Krankheitsberichte ohne Ende.

Ob es sich um Dickdarmzysten, Oberschenkelhalsfrakturen oder Arthrosen handelt, um verkrüppelte Mittelzehen, Schleimhautgeschwülste oder Schildknorpelverhärtungen: Es ist Jacke wie Hose, denn solche Worte und Begriffe will ich von mir Fremden nicht mehr hören. Meine Ohren versperren sich anderer Leute Krankheitsgeschichten, denn was sie sagen, kenne ich nur allzu gut. Ich bin ja selbst oft genug in den Fluren der Krankenhäuser hin und her geschlappt und habe mit den schlimmsten Befürchtungen im Kopf auf die Mitteilung des OP-Termins gewartet. Auch das leidige Debattieren, ob irgendein Besuch bei irgendeinem Therapeuten jemandem weiterhalf oder doch im Sand verlief, brauche ich nicht. Kenne ich zur Genüge. Alles am eigenen Leib erfahren, bis zur Halskrause voll damit.

Nein, ich brauche Menschen, die mich hoffen lassen, am nächsten Morgen aufzustehen und mit ein wenig Mut in ein Taxi zu steigen, das mich zum Oberen Mausbachweg fährt oder zur Abtei Neuburg, in deren Gärtnerei ich dann stundenlang verweile. Ich brauche junge Menschen, die noch etwas zu sagen haben, Leute wie Sie, die inmitten des Lebens stehen.

Wenn man erst einmal, um es symbolisch ausdrücken, kein Rad mehr ist, sondern bestenfalls ein Hexagramm, überlegt man sich genau, mit wem man zusammen sein möchte. Am wenigsten doch wohl mit einem maroden Quadrat.

– Übrigens, allzu häufig vergessen wir, dass wir über eine entscheidende Fähigkeit verfügen, namentlich die, uns die Gesellschaft auszusuchen, die uns erstrebenswert erscheint. Bereits vorhandene Gesellschaften vermehren sich zwar ständig durch ihre Nachkommenschaft, das heißt, sie wachsen durch den naturbedingten Prozess der Fortpflanzung, demgegenüber schrumpfen sie freilich durch Todesfälle. Des Weiteren gibt es Menschen, die sich aus freien Stücken dazu entschließen, die eigene Körperschaft, in die sie einst hineingeboren wurden, zu verlassen und sich stattdessen ein anderes Kollektiv auszusuchen.

Es ist schade, dass wir einerseits diese Möglichkeit zu selten ins Auge fassen, andererseits liegt es im Wesen jeder Gesellschaft, somit auch der unsrigen, sich in ihr geborgen zu fühlen und zugleich gegen sogenannte Eindringlinge abzuschotten. An diesen Verhaltensweisen lässt sich erkennen, wie wenig wir mit unserem Verstand anfangen.

Wir halten kategorisch an dem fest, was wir haben und kennen und betreten dadurch nicht das exorbitante Feld der Vielfalt. Nicht so nachdrücklich jedenfalls, wie wir es sollten. Die Welt, junger Mann, steht uns offen. Man braucht bloß anzuklopfen.

Apropos, haben Sie bemerkt, welch anderes Wort ich unter anderem für Gesellschaft wählte?

– Ich sagte: *Körperschaft*. Und in diesem Begriff liegt bereits ein Grundübel jeder Gesellschaft. Denn wir glauben zu sehr, ihr anzugehören, auf Gedeih und Verderb sozusagen Teil ihres Körpers zu sein; in vielerlei Hinsicht sehen wir uns sogar als deren unkündbares Bestandteil an, was keineswegs stimmt, denn wir können dank unseres freien Willens unter demokratischen Gesellschaften wählen. Leider jedoch – und hier greifen geradezu exemplarisch die Beeinflussungsmechanismen des Christentums sowie die Räderwerke der politischen Manipulation – wagen viel zu wenige von uns ihre Nester zu verlassen, um in andere Gefilde zu fliegen. Wir bleiben, da wir uns in unseren Körperschaften in Sicherheit wiegen – oftmals auch recht fragwürdigen und trügerischen –, fast ausnahmslos in unseren Nistkästen hocken; derart lange hocken, bis es mit uns in eben jenen Gemeinschaften zu Ende geht.

Als Eule geboren, als Eule gestorben. Zum Habicht erkoren, als Habicht verendet. Als Amsel gezwitschert, als Amsel geschwiegen. Und keine Änderung des Status. Der Christ bleibt standhaft Christ, der Moslem lebenslang Moslem, der Sozi unbeirrt Sozi, der Reiche dem Reichtum zugetan und der Arme fühlt sich unter seinesgleichen gut gebettet. Letztlich immer an des Archetypus Rockzipfel, auch als alter Mensch. Es ist, wie ich schon des Öfteren sagte: Jede Sau schätzt ihre Suhle, jeder Adler seinen Horst.

Sie begreifen doch hoffentlich, was ich mit diesem etwas rigorosen Beispiel sagen möchte?

– Geist und Körper, die Hauptbestandteile menschlicher Organismen arbeiten ja gegenwärtig noch recht unzulänglich zusammen. So werden sie, falls überhaupt, erst in Jahrhunderten zu einer von Erfolg gekrönten Symbiose. Aber immerhin sind wir auch heutzutage schon mit allerlei brauchbaren Funktionen ausgestattet, wenngleich wir sie fast ausnahmslos zur Zerstörung einsetzen. Fortpflanzen und zerstören mit der gleichen Raffinesse und Hartnäckigkeit. Heute zeugen wir

Kinder, morgen schicken wir sie für unsere wirtschaftlichen Interessen an die Front.

Ein Aberwitz, denkt man darüber nach, nicht wahr?

– Als Politiker wäre ich nicht weit gekommen; zu wankelmütig, zu komplex. Ein entschlussloser und nur schwer einzuschätzender Mensch sei der Veltenhöfer, hätte man wahrscheinlich einander gesagt, wenn ich mich wider besseres Wissen für diesen Weg entschieden hätte.

Aber verstehen Sie mich bitte, ich kann nun einmal – es ist meine Natur – nicht ausschließlich nur schwarz oder weiß denken, nicht entweder nur rot oder grün sagen, nicht bedingungslos blau bestätigen ohne auch gelb oder grau ins Auge zu fassen. Ich sehe über meinen Tellerrand hinaus, esse gerne fremde Suppen und exotisches Gemüse. Eine solche Verhaltensweise ist einem Politiker erwartungsgemäß aber abträglich, denn er hat stets die Suppe zu löffeln, die er einst einmal für nahrhaft hielt, auch wenn sie ihm heute den Magen wendet. Man wechselt in der Politik nicht so holterdiepolter die Seiten, nein, da gilt es, der Linie treu zu bleiben, der sogenannten Gesinnung und den spendenfreudigen Lobbyisten, die stets das Hauptgericht bestellen. Ein Jammer, da es weltweit geschieht. Und keine Hoffnung auf Besserung.

– Da fällt mir gerade ein, was ich Sie die ganze Zeit über schon fragen wollte.

Meine Frage ist die: Gelingt es Ihnen, problemlos Wochen- und Sonntage auseinander zu halten? Sie überlegen jetzt sicher, was diese Frage soll, nicht wahr?

– Doch bedenken Sie, wenn man aus dem sogenannten Berufsleben ausgeschieden ist, vermischen sich die Tage untereinander, ist irgendwie immer Sonntag oder Montag oder sonst ein Tag.

Sie werden lachen, aber es passiert mir hin und wieder, dass ich mit meiner Stofftasche vorm *Penny Markt* an der Ecke Neugasse und Plöck stehe, um Kartoffeln, Bärlauchkäse und Maggi Fix zu kaufen, das Geschäft jedoch geschlossen ist, weil ich törichterweise sonntags dorthin gegangen bin. Dann greife ich mir an den Kopf und tappe unverrichteter Dinge zur Landfriedstraße zurück. Es sind zwar bloß ein paar hundert Meter, trotzdem ist es ärgerlich. Ich weiß, welches Jahr wir schreiben, auch welcher Monat am Himmel steht, doch mit den Wochentagen habe ich meine Probleme.

Apropos Lebensmittelgeschäft, wissen Sie, was ich denke?

– Ich meine, dass es die heutigen Angestellten, vor allem die eines Supermarktes schwerer haben als die früheren. Nicht das Körperliche macht sie kaputt, sondern der Lärm.

Ja, Sie haben richtig gehört! Der Lärm ist es, der die Menschen krank macht. Wenn ich zum Beispiel im *Penny Markt* in der Schlange vor einer der beiden Kassen warten muss, höre ich bei jedem Artikel, der über jene Lichtschranken gezogen wird, ein haarsträubendes Geräusch. Ich würde es als eine Art zjipp bezeichnen. Andauernd dieses: zjipp, zjipp. An der einen Kasse ein paar Frequenzen höher als an der anderen Kasse, nichtsdestotrotz aber ein sich immerzu wiederholendes Zjipp. Zjipp, zjipp und nochmals zjipp – Stunde um Stunde, Kunde für Kunde.

Wie, frage ich mich, schaffen es diese armen Kassiererinnen am Abend abzuschalten?

Es zjippt bei ihnen doch bis in die Nacht hinein. Zjipp beim Abendessen, zjipp bei der Tagesschau, zjipp beim wahrscheinlich ohnehin einfältigen Sex.

Nennen Sie so etwas einen wohlverdienten Feierabend?

– Wäre ich Ingenieur geworden, hätte ich mich diesem Problem unverzüglich angenommen, federführend, wie es bei Politikern heißt. Wie denken Sie darüber?

– Es kann doch nicht allzu schwer sein, eine andere, Ohren schonende Methode zu entwickeln?

Und was bemerkenswert ist: Man hört diese Geräusche nur in allen stark frequentierten Läden, also den Discountern, wo Leute einkaufen, die nicht unbedingt zur Oberschicht gehören. Wie auch immer, es nervt die Angestellten und Kunden gleichermaßen. Bei *Wempe in Düsseldorf, Selfridges in London und bei Bogner, Armani und Montblanc in Hamburg* wird vermutlich kein Zjipp zu hören sein. Der Lärm ist ohnehin maßgeblich daran beteiligt, dass wir außer Rand und Band geraten und bisweilen, wie gesagt wird, durchdrehen. Wir haben uns zu einer durchdrehenden Gesellschaft, einer permanent gestressten entwickelt; bewegen uns sozusagen konstant inmitten von gewaltbereiten und labilen Menschen. Die einzigen, vor denen wir etwas Respekt haben und in deren Beisein wir weniger durchdrehen als ansonsten, sind – ich werde sie wohl nicht los – die Mediziner und Psychotherapeuten.

Nur bei den Weißkittelträgern reißen wir uns zusammen und erinnern uns an gewisse Prinzipien und gesellschaftliche Regeln, die auf einmal wieder greifen, obwohl wir sie für gewöhnlich ablehnen, vor allem die Jugend. Aber stehen wir einem Arzt gegenüber, verhalten wir uns mitunter, als ständen wir unserem Richter gegenüber. Es ist kaum zu fassen.

Ich denke, mein Verhältnis zu Ärzten muss Ihnen ja nachgerade absurd vorkommen, nicht wahr?

– Sie werden sich fragen, weshalb ein derart alter Mensch so mit den Ärzten hadert, wo er doch beinahe wöchentlich in ihren Wartezimmern sitzt?

Aber sehen Sie, junger Mann, es ist ein hinlänglich bekanntes Phänomen, dass wir das, was uns guttäte, größtenteils ablehnen. Die Natur tut uns beispielsweise gut, doch wir schätzen sie nicht, jedenfalls nicht genügend. Menschen, die sich um uns sorgen, Männer wie Frauen, weisen wir zurück und kränken sie. Den Nachbarn, der aus reiner Freundlichkeit einen Blick auf unser Anwesen wirft, während wir die Toskana durchkreuzen, stempeln wir als Spießer ab und so weiter und so fort.

Wir wollen stets das Gegenteil von dem, was wir haben, und haben wir es endlich, sehnen wir uns zu dem zurück, was wir törichterweise verlassen haben. Einer Krähe wird das nicht passieren, auch einer Ameise nicht; nur uns Menschen, die wir nie perfekt waren und niemals werden. Dies anders zu sehen, fällt mir schwer. Ich sehe es so im besten Glauben – optima fide, so der Lateiner. Wir sollten bleiben, was wir sind: unfertige Wesen in einer perfekten Natur.

– Obwohl ich Schnee, Eis und Raureif mag, ist die Winterzeit für alleinstehende Menschen wie mich die schlimmste. Man empfindet Kälte doppelt kalt, die langen Nächte zweimal so lang, das Alleinsein doppelt allein.

Verstehen Sie, was ich meine?

– Ich weiß ja nicht, wie es bei den sogenannten Persönlichkeiten ist, wie sich deren Altersdasein gestaltet. Ob sich Keith Richards, Alice Schwarzer, Reinhold Messner, Elfriede Jelinek und Professor Karasek, um nur fünf Beispiele anzuführen, auch mit solchen Gedanken wie den meinigen quälen, wenn sie auf die Achtzig zugehen?

Ob auch sie Ärzte und besserwisserische Therapeuten meiden oder sogar verabscheuen?

– Man sieht ja nicht in die Köpfe der anderen hinein. Wahrscheinlich ist es gut, nicht in die Köpfe anderer Leute zu sehen, obwohl ich glaube, dass Mediziner und Biochemiker längst an solchen Verfahren arbeiten; der Verfassungsschutz hat bestimmt ebenfalls ein reges Interesse daran. Mich interessiert es gleichfalls, des Menschenstudiums willen. Wohl kaum etwas ist so interessant, wie die Vorstellung, ins Denken seiner Gegenüber einzudringen. In die Köpfe zu leuchten. Quasi in sie hineinzusteigen.

– Wissen Sie, wir sagen häufig das Eine, während wir das Andere denken. Sprechen Nettigkeiten aus und wünschen zugleich die von uns Angesprochenen zum Teufel. Nicht grundsätzlich, doch bei weitem öfter, als wir zugeben. Die sogenannten boshaften und destruktiven Gedanken aber sind es, die uns zeigen, wo wir tatsächlich stehen. Doch keine Instanz der Welt verurteilt uns aufgrund eines bösartigen Gedankens, wohl aber, wenn wir einen Bußgeldbescheid wegen einer lächerlich geringen Geschwindigkeitsüberschreitung ignorieren und in den Abfalleimer werfen. Ist das nicht bedenkenswert?

– Wir Menschen sind wie Eisberge. Unsere wahren Gedanken und Gelüste bleiben unter der Oberfläche. Es ist vermutlich besser so, denn stellen Sie sich nur einmal den Gedankenmüll vor, den wir uns tagaus tagein so ausdenken!

Und wenn ihm dann noch der Weg nach draußen gelänge?

Ich bin davon überzeugt, dass Gedanken, die um Sadismus, Devotion, Nötigung und leichte bis mittelschwere Körperverletzungen kreisen, insgesamt gesehen, noch vergleichsweise harmlos sind gegen die sogenannten innerfamiliären Mordgelüste. Aber auch die gibt es zuhauf. Die Vorstellung, dass Schwimmlehrerinnen ab und an hundsgemeine Gedanken hegen, fällt mir erwartungsgemäß schwerer als bei Apothekerinnen, Prostituierten, Hebammen und Geigerinnen. Und dennoch trifft auch dies vermutlich zu.

Wir alle haben ja unsere Geheimnisse, die Sachen, die man am liebsten vergessen und ungeschehen machen möchte, auslöschen aus dem Gehirn, um nicht mehr darüber reden und grübeln zu müssen. Auch ich selbst habe düstere Zeiten durchlebt, Stunden und Tage, die ich, wenn es ginge, am liebsten ungeschehen machte. Ja, es gab sogar Phasen in meinem Leben, die regelrechte Panikattacken bei mir auslösten.

– Ist man überfordert, wird man mitunter zur Gefahr. Und zwar für andere sowie sich selbst. Denken Sie bloß an die angeblich an Schizophrenie Erkrankten, die als gemeingefährlich geltenden Fanatiker und ganz allgemein an alle von der Gesellschaft Ausgegrenzten! Und darüber hinaus auch an die vielen Leute, die mit Waffen durch die Straßen hasten.

– Methodisch begründete Erläuterungen, die auf der Kunst des Diskurses basieren und Grundbedingungen sind, um Streitgespräche sowohl umfassend als auch einigermaßen kultiviert zu führen, werden in den sogenannten Nervenheilanstalten ja von fast keinem Arzt mehr befürwortet, obwohl sie gerade dort – ich weiß es – von großem, wenn nicht größtem Nutzen wären. Aber nein, ist man erst einmal als krank abgestempelt, bleibt man der Kranke, der Zerbrochene, das die Welt infrage stellende umnachtete Genie.

Doch ich möchte Sie nicht zu sehr mit meiner eigenen Vergangenheit konfrontieren. Zudem sehe ich die Dinge heute mit anderen Augen, allerdings nicht gänzlich verschieden. Und in der Natur, wissen Sie, gehört auch das Absonderlichste immer noch zur Normalität.

– Entschuldigung, aber ich muss jetzt doch postwendend, wie es heißt, das Thema wechseln, denn schauen Sie bitte einmal unauffällig nach rechts hinüber! Unauffällig, sagte ich, unauffällig!

– Sehen Sie, was ich sehe? Bemerken Sie, was ich bemerke?

– Ja, da, dort drüben zwischen den parkenden Reisebussen.

Nein, Sie müssen mit den Augen der Kurfürsten-Anlage folgen!

Da etwas weiter hinten stehen doch zwei Streifenwagen, nicht wahr?

Und vor einer Minute haben sie dort noch nicht gestanden, da bin ich mir sicher.

– Ja, genau. Jetzt haben Sie es! Exakt diese Stelle meine ich.

– Wissen Sie, bereits seit Tagen fallen mir diese Polizeifahrzeuge auf. Es wimmelt geradezu von Polizisten. Unablässig streifen sie durch die Parkanlagen. Um jeden Baum und jeden Busch. Weiß der Teufel, wen oder was sie suchen. Wahrscheinlich ist mal wieder jemand aus einer Anstalt geflohen. In Wiesloch ist das ja beinahe an der Tagesordnung. Und man sieht diesen Leuten, jenen Ausreißern überhaupt nicht an, ob sie tatsächlich gefährlich sind. Oftmals sind sie gut gekleidet, gebildet und bisweilen ausgesprochen höflich. Sehen aus wie Sie oder ich. Und dann stellt sich heraus, dass sie in ihrer Jacke ein Fleischermesser mit sich führen, mit dem sie dann einem spontanen Impuls zufolge auf den erstbesten Passanten einstechen, ihm womöglich sogar mit nur einem Schnitt die Halsschlagader durchtrennen.

Unfassbar, nicht wahr?

– Sie glauben ja gar nicht, wie leicht es ist, ein anderes Leben auszulöschen. Ein couragierter Stich oder ein präzise ausgeführter Schnitt und schon ist es geschehen.

– Herrje, mein rechtes Bein ist eingeschlafen. Zu lange auf der Bank gesessen, wieder einmal übertrieben. Ich glaube, es wird Zeit, dass ich mich ein wenig bewege.

Sind Sie übrigens schon einmal im PZN gewesen?

– Aber was frage ich denn da?

Sie können mit dem Begriff bestimmt nichts anfangen. Ich meine mit PZN nämlich die Wieslocher Irrenanstalt, die nunmehr, da es seriöser klingt, PZN genannt wird, was für Psychiatrisches Zentrum Nordbaden steht.

Also sind Sie je einmal dort gewesen?

Nicht als Patient, verstehen Sie mich bitte richtig, ich dachte da eher an einen Besucher.

– Nein, sagen Sie.

Ich bin erwartungsgemäß schon des Öfteren dort oben gewesen, kenne sozusagen die Örtlichkeiten ausnehmend gut. Es ist eine imposante Anlage, unbestritten, und landschaftlich reizvoll gelegen. Das muss man sagen. Und, wissen Sie, eine Anstalt gleich welcher Art, die auf einem Hügel liegt, verströmt ja besondere Kompetenz.

Wie dem auch sei, das PZN ist von einer idyllischen Landschaft umgeben. Und diejenigen, die Freigang haben, können kilometerweit spazieren gehen. Man hat einen herrlichen Fernblick, einerseits über den kleinen Odenwald, andererseits und insbesondere an klaren Tagen sogar über die Rheinebene hinaus bis zu den südpfälzischen Bergen. Sie können aber auch schon aus ihrem Zimmer heraus in den Kraichgau schauen. Er liegt ja sozusagen direkt vor Ihrer Nase.

– Und was augenscheinlich ist: Im gesamten Gelände gibt es Krähen zuhauf. Im Areal des PZN fühlen sie sich heimisch. Ich habe sie freilich auch dort studiert. Sobald ich an einem offenen Fenster stand und meine Lockrufe ausgestoßen habe, schauten sie zu mir herüber, erst eine, dann zwei, bald zwanzig oder dreißig, schließlich alle.

Über das PZN gäbe es noch allerhand zu erzählen, nicht bloß Erbauliches, wie Sie sich wohl denken, aber leider kann ich nicht länger bleiben, um Ihnen Gesellschaft zu leisten. Es ist schade, dass ich unsere nette Unterhaltung beenden muss. Doch wer weiß, womöglich trifft man sich irgendwann wieder, läuft sich sozusagen aus heiterem Himmel ein zweites Mal über den Weg. Wenn es so wäre, freute es mich. Ja, gewiss.

– Also, junger Mann, machen Sie es gut und meiden Sie Ärzte! Vor allem Neurologen und Psychotherapeuten. Polizisten und Kriminologen sind, wie ich ausreichend erkundet habe, zumeist wesentlich harmloser als Ärzte und deshalb leichter hinters Licht zu führen.

Wissen Sie, das wirklich Böse, und dies ist unbestritten, findet immer einen Weg. Das bestätigten mir sogar einige Psychotherapeuten, mit denen ich darüber gesprochen habe; mitunter über Stunden hinweg. Die sogenannten Stundengespräche, wie ich sie nannte.

Das Böse, meinten diese Doktoren größtenteils übereinstimmend, befalle mitunter dermaßen angriffslustig unser Gehirn, wie Unkraut ein Blumenbeet befalle. Und ein selbst bis dato unbescholtener Mensch könne quasi von jetzt auf nachher zum Raubtier werden. Man stecke bei keinem drin, sagten sie, ob Tischlermeister oder Landesbischof, ob Fährmann oder Geistesmensch.

Denken Sie stets an diesen Sachverhalt, wenn Sie Fremden gegenübertreten! Seien Sie immer skeptisch und behalten Sie so lange Ihren Optimismus in der Hinterhand, bis Sie sicher sind, wer Ihnen gegenübersteht; mit wem Sie es letztlich zu tun haben! Und legen Sie sich im Alter unbedingt eine Schusswaffe zu! Es ist keine schlechte Investition. Glauben Sie mir, glauben Sie dem Professor! Ich weiß, wovon und worüber ich spreche.

– So, nun muss ich aber los, denn auf leisen Sohlen sich heranschleichende Polizisten sind mir ein Gräuel; Polizisten und Ärzte gleichermaßen. Weißkittelabscheu und Polizistenabscheu. Den Psychotherapeuten sowie den Gesetzeshütern weiträumig aus dem Weg gehen, wie ich sage. Die Flucht nach vorne antreten. In solchen Fällen dann schweigen statt sprechen. Ein beharrliches Schweigen irritiert diese Spezies. Das habe ich herausgefunden.

– Danke, freundlich von Ihnen, dass Sie mir Gehstock und Tasche reichen.

– Ich wünsche Ihnen noch einen angenehmen und durch und durch gefahrlosen Abend! Und achten Sie auf ihren Kopf, halten Sie ihn fit, denn er ist ihr einziges Mittel, um in der von Grund auf krankmachenden Welt zurechtzukommen! Wenn schon so viele ihren Verstand verlieren und an sich sowie der Welt verzweifeln, nicht wahr, so gehören wir beide ja nicht zwangsläufig dazu. Vor allen Dingen nicht Sie, so jung und vital Sie sind, so ausnehmend attraktiv und muskulös.

– So jetzt halte ich aber den Mund und gehe endlich los.

– Vielleicht sollte ich mich morgen früh noch einmal am Oberen Mausbachweg versuchen, nicht den kompletten Weg machen, nein, nur das untere Drittel.

Was meinen Sie?

– Ja, den Oberen Mausbachweg machen, das müsste mir noch gelingen... Vielleicht sehe ich einen Sperber oder eine Schulklasse oder wie gewöhnlich auch niemanden... Waldarbeiter und Holzfäller werde ich womöglich treffen. Sie sind mir wohlgesinnte Leute. Und obwohl Sie mich kaum kennen, sind wir uns nahe... Einer Schwimmlehrerin werde ich aller Voraussicht nach nicht begegnen... Nein, eine Schwimmlehrerin im Mausbachweg, das wüsste ich, daran erinnerte ich mich... Und übermorgen dann mit dem Taxi ins Neuenheimer Feld... Oder lieber zum Schlierbachhang hinauf. Ihn habe ich ewig nicht mehr gemacht... In gar keinem Fall nach Wiesloch hinaus, stattdessen lieber den beschwerlichen Kirschenschlagweg in Angriff nehmen, wo ich fernab aller Geräusche allein sein kann... Keine Häuser, keine Stadt und keine Ampelanlagen. Keine Blaulichter, kein Krankenwagen, kein Arzt und kein Pfleger. Nur ich allein mit mir selbst, wo ich dann wieder zu dem werden kann, der ich einst gewesen bin... Veltenhöfer... Ja, Veltenhöfer sein und bleiben... Wer weiß, wie lange noch?

– Sie müssen verstehen, dass ich nur auf Bänken und in den Wäldern ein wenig zu Ruhe komme. Und draußen in der Natur ist es friedlich, nicht wie in diesen getarnten Gesundheitsanstalten, die doch nur bessere Gefängnisse sind. Und ist man erst einmal drinnen, wird man zur Schau gestellt, den weißen Krähen vorgeführt. Die schwarze Krähe wird von den weißen Krähen bespäht.

Wissen Sie, was armselig ist?

Dass sich diese Ärzte und Psychotherapeuten heranschleichen und vorgeben, sie gehörten dazu, seien selbst Vögel, seien Dohlen oder Raben. Und wenn sie dann ihre albernen Tricks auspacken, ihre dilettantischen Lockrufe ausstoßen, um dadurch etwas in Erfahrung zu bringen. Es ist erbärmlich und auch widerlich. Stümperhaft, das Ganze. Lachhaft, peinlich und in höchstem Maße grotesk.

Kein Vogel fiele jemals auf sie herein. Nicht einmal ein halbwegs intelligenter Mensch. Und ein Professor Veltenhöfer fällt schon zweimal nicht auf sie rein. Ein Veltenhöfer geht ihnen nicht auf den Leim. Das ist gewiss.

Verstehen Sie? Verstehen Sie, was ich sage?

– Ach, Sie sind schon gegangen?

– Schade. Aber auch gut. Außerdem war es vorherzusehen.

Sie gehen letztlich alle ... Früher oder später."

Carlos A. Aguilera, Theorie der chinesischen Seele

Manuel Alegre, Rafael, Roman

Alhierd Bacharevič, Die Elster auf dem Galgen

Murat Baltić, Westliche Wasser. Aus dem Bosnischen von Barbara Nollmann

Patrick Beck, Ich habe ein Haus aus Licht gebaut

Oliver Bendel, Nachrückende Generationen, Roman

Künstliche Kreaturen, Roman

Verlorene Schwestern, Roman

Jana Beňová, Parker. Aus dem Slowakischen von Andrea Koch-Reynolds

Reinhard Bernhof, Fluchtkind, Roman

Gesche Blume, Lilith im blauen Kleid, Roman

Thomas Böhme, Schwarze Archen, Erzählungen

Yvette K. Centeno, Im Garten der Nußbäume, Roman

Anfang. Aus dem Portugiesischen von Markus Sahr

Velibor Čolić, Bei Alberto. Aus dem Kroatischen von Alida Bremer

Ivan Dodovski, Der große Koffer. Aus dem Mazedonischen von Will Firth

Peter Gehrisch, Hans-Theodors Karneval, Roman

Ines Groß, Verführung, Roman

Uta Hauthal, Im Kreis, Novelle

Katrin Heinau, Vier Männer, Erzählungen

Evakuierung, Roman

Der Papst ist ein Schwede, Erzählung

Hochstaplerroman

Herberto Helder, Schritte ringsum. Aus dem Portugiesischen von Markus Sahr

Viktor Kalinke, Asche, Roman
Empörte Flut, Roman
Gertrud Katzenstein, Inventuren. Stories & Begebenheiten
Zilhad Ključanin, Wasserhochzeit. Aus dem Bosnischen von Astrid Philippsen
Inger Kock, Flüsternder Eukalyptus, Erzählungen
Herbert Kollenz, Marmotta, Roman
Herkus Kunčius, Ornament. Aus dem Litauischen von Mala Vikaite
Wjatscheslaw Kuprijanow, Im Geheimzentrum
Suzanne Latour, Spickerdeel, Roman
Ulrich van Loyen, Stilles Weites Land, Romanzen
Helder Macedo, Weiße Flecken von Afrika. Aus dem Portugiesischen von Markus Sahr
Jean-Michel Maulpoix, Der Geistschreiber
Esther Mohnweg, Winterschlaf, Roman
Uwe Nösner, Reise ans Ende des Traums, Prosastücke
Utz Rachowski, Beide Sommer, Erzählungen und Essays
Markus Sahr, Taschkenter Hefte, Roman
Uwe Salzbrenner, Hinter der Membran, Novellen
Ilona Schlott, Steißvogel, Prosaminiaturen
Jorge de Sena, Die Großkapitäne. Aus dem Portugiesischen von Markus Sahr
Marek Śnieciński, Andere Obsessionen
Walther Thümler, Eric und Andere
Esther Tusquets, Sieben Mädchenblicke auf dieselbe Landschaft, Erzählungen
Gerhard Weinreich, Schwichtenbergs letztes Spiel, Roman

Reihen im Leipziger Literaturverlag

- neue lyrik
- neue prosa
- neue szene
- bibliothek OSTSÜDOST
- bibliothek WESTNORDWEST
- portugiesische bibliothek
- älteste dichtung und prosa
- bücher für klein und groß
- essay
- graphik + art
- fotografie
- dokumentation
- stimme des autors – hörbuch
- poesiefilm

Bibliographische Information: Die Deutsche Bibliothek
Die Deutsche Bibliothek verzeichnet dieses Buch in der deutschen Nationalbibliographie, detaillierte Angaben sind erhältlich auf https://dnb.ddb.de

ISBN 978-3-86660- 258-8

1. Auflage, printed in the European Union.
Gesetzt aus der Gentium.
Reihengestaltung: Viktor Kalinke.
Umschlagbild: Andreas F. Cornelius.